Almanaque 1964

Ana Maria Bahiana

Almanaque 1964

Fatos, histórias e curiosidades de um ano que mudou tudo (e nem sempre para melhor)

COMPANHIA DAS LETRAS

Grafia atualizada segundo o Acordo Ortográfico da Língua Portuguesa de 1990, que entrou em vigor no Brasil em 2009.

Capa e projeto gráfico
Debs Bianchi | Biancheria

Pesquisa
Érico Melo

Preparação
Cacilda Guerra

Checagem
Isabel Jorge Cury

Revisão
Jane Pessoa
Marise Leal

Dados Internacionais de Catalogação na Publicação (CIP)
Câmara Brasileira do Livro, SP, Brasil)

Bahiana, Ana Maria
Almanaque 1964 / Ana Maria Bahiana. -- 1ª ed. --
São Paulo: Companhia das Letras, 2014.

ISBN 978-85-359-2395-7

1. Civilizações 2. História 3. História social
4. História universal - 1964 - I. Título -

14-00455   CDD-909

Índice para catálogo sistemático:

1. Almanaque 1964: História universal 909

[2014]
Todos os direitos desta edição reservados à
EDITORA SCHWARCZ S.A.
Rua Bandeira Paulista, 702, cj. 32
04532-002 — São Paulo — SP
Telefone: (11) 3707-3500
Fax: (11) 3707-3501
www.companhiadasletras.com.br
www.blogdacompanhia.com.br

Para d. Risoleta, d. Dora e dr. Feliciano

O que se libertou da história,
ei-lo se estira ao sol, feliz.

Carlos Drummond de Andrade,
"A palavra e a terra",
in *Lição de coisas*, 1962

Era uma garota, que como eles, amava os Beatles e os Rolling Stones

Minhas únicas lembranças do ano de 1964 são fragmentadas e episódicas. Uma camiseta branca com uma âncora vermelha e os dizeres "Choses St. Tropez", que eu achava o máximo. Dançar *hully gully* e Trini Lopez nas festinhas dos meus primos mais velhos. Brincar com meus irmãos. *Músicas na Passarela*, na Rádio Tamoio, o locutor Majestade anunciando com aquele barítono aveludado: "Música... ciclâmen...". Ler muito Júlio Verne e a *Antologia da poesia brasileira*. Torcer em vão para o Flamengo ganhar o Campeonato Carioca. *Os Jetsons, Os Flintstones, Patrulha Rodoviária, Dr. Kildare* e *Bat Masterson* na TV. A epifania de ouvir os Beatles pela primeira vez, numa festa da minha turma de colégio, o compacto de "She Loves You/ I Want To Hold Your Hand" que alguém trouxera da Inglaterra, rodando numa vitrola portátil.

Dois dias sem aula entre março e abril, que teriam sido melhores se o tempo não estivesse tão feio (nada de pegar onda em frente à rua Joana Angélica...). Muitas discussões acaloradas ao redor da mesa de jantar numa casa que abrigava quatro gerações e muitos pontos de vista diferentes.

Apenas muitos anos depois tive a visão, claustrofóbica e espantosa, de que aqueles dois dias chuvosos haviam, na verdade, definido toda a minha vida adulta. A minha e a de toda a minha geração. E a que veio antes. E as que viriam depois. Há dias em que sinto muita raiva. Há dias em que sinto uma enorme gratidão. Atrito e sombra, de um modo ou de outro, me testaram, me moldaram e me deram a oportunidade de encontrar pessoas extraordinárias e participar de momentos únicos. No meu cartão na roleta do tempo estava escrito: sua vida será muito interessante.

Ao preparar este livro, invoquei todos esses sentimentos, respirei sua energia e depois pedi que eles se sentassem num canto, velando por mim e pelo trabalho.

A intenção, com este *Almanaque*, não é analisar ou explicar os fatos do ano que mudou a história recente do Brasil — obras muito melhores já o fizeram, e com certeza outras mais ainda virão. O que quero, aqui, é dar uma visão o mais completa possível de como se vivia, como se pensava, como se falava em 1964, no Brasil e no mundo. Para isso, procurei sempre me ater ao máximo às fontes primárias, aos relatos do momento, como registrados e reportados em jornais, revistas e documentos originais, buscando um equilíbrio que permitisse ao leitor um olhar sobre todos os lados do que estava se passando.

Tive também o cuidado de, embora reconhecendo a importância dos fatos de março-abril, não deixar que eles dominassem a narrativa e fossem a única voz do ano. Tantas outras coisas interessantes, importantes, curiosas, proféticas, audazes, bonitas, patéticas, sombrias e claras aconteceram em 1964. Trazer à tona essas pessoas, esses acontecimentos e essas vozes de debaixo do entulho de 31 de março foi um norte para mim.

E, como o Brasil está no mundo, o mundo também faz parte deste *Almanaque*, com o foco mais preciso nos fatos que diretamente afetam os rumos do país ou a eles fazem paralelo. A narrativa do "nós" é quase uma fuga da narrativa do "eles" — a Guerra Fria, os direitos civis, a nova geopolítica, as novas estéticas, os Beatles e os Rolling Stones. As duas melodias às vezes se encontram, às vezes se contrapõem, às vezes tomam rumos opostos. Foram tempos dissonantes.

Eu, por acaso, porque tirei aquela sorte na roleta do tempo, estava viva em 1964, ainda que como uma garota no ainda ameno subúrbio à beira-mar que era então Ipanema, no Rio de Janeiro. Mas quis refazer essa viagem como quem não estivesse, pensando em todo tipo de leitura — a de quem habitava e a de quem não habitava este planeta cinquenta anos atrás. As descobertas foram muitas. Espero que para você também.

Ana Maria Bahiana
Los Angeles, janeiro de 2014

Os 60 até aqui

"Venham, venham todos/ onde quer que estejam/ e admitam que as águas à sua volta subiram/ e aceitem que em breve/ vocês estarão alagados até os ossos/ se vocês acham que sua vida vale a pena/ é melhor começar a nadar/ senão vocês afundarão como pedras/ porque os tempos estão mudando."
(Bob Dylan, "The Times They Are A-Changin", janeiro de 1964)

"Reafirmo que em 1964 o Brasil será atendido em seus anseios de desenvolvimento com reformas."
(João Goulart, em pronunciamento à nação em 9 de março de 1964)

Para melhor compreender o que se passa entre 1º de janeiro e 31 de dezembro de 1964, é essencial conhecer a moldura desse naco de tempo. Tudo o que acontece em 1964 se ancora de algum modo na turbulência que veio num crescendo desde o final da Segunda Guerra Mundial, com a progressiva e inevitável erosão dos impérios e o surgimento de duas potências polarizadoras, os Estados Unidos e a União Soviética, engajadas numa "guerra fria" que eclode em chamas em vários pontos mundo afora. Ao mesmo tempo, o pêndulo dos costumes começa a se mover do polo conservador onde está há mais de dez anos para o extremo oposto. É uma época de grandes mudanças.

Quando 1964 dobra a curva do tempo, estes são os grandes temas:

GUERRAS E CONFLITOS

∗*Vietnã* — Com o fim da guerra de independência da Indochina, em 1954, o Vietnã está dividido em dois países — o Vietnã do Norte, acima do paralelo 17, corresponde ao antigo protetorado de Anã, que gozava de maior autonomia durante o período colonial, tem como capital Hanói e regime comunista; e o Vietnã do Sul, abaixo do paralelo 17, que corresponde à antiga colônia de Conchinchina, mais ligada à França, tem como capital Saigon e regime teoricamente democrático, mas sujeito a uma infindável sucessão de golpes de Estado. Em dezembro de 1956, Hanói rejeita um plebiscito que indicaria um caminho para a reunificação do país — começa aí, de fato, um conflito gradualmente encampado pelos dois lados da Guerra Fria, a União Soviética (e a China) e os Estados Unidos. Entre 1961 e 1963, os Estados Unidos enviam mais de 16 mil "conselheiros militares" ao Vietnã, em tese para auxiliar o governo de Saigon a se defender contra a guerrilha vietcongue comandada por Hanói.

∗*Argélia* — O desabar dos impérios coloniais europeus, iniciados com a Primeira Guerra Mundial e acelerados com a Segunda, tem consequências importantes ainda no começo dos anos 1960. Na Argélia, um movimento de independência ganha ímpeto em 1954 e, reprimido com violência pela França, estende-se até março de 1962, com a independência do país.

∗*África portuguesa* — A partir de 1961, movimentos de independência tomam conta das colônias portuguesas, sobretudo em Angola, Guiné e Moçambique. A violenta repressão do regime do ditador António de Oliveira Salazar leva a uma guerra sangrenta que se estenderá até 1974.

∗*Congo* — A independência da antiga colônia belga vem em 1960, e com ela uma série de tensões internas entre diversas facções políticas, em grande parte manipuladas por interesses estrangeiros. As Nações Unidas, a pedido do primeiro-ministro Patrice Lumumba, intervêm com forças de paz em julho de 1960, mas os conflitos internos continuam e se intensificam. Ao final desse ano Lumumba é assassinado por seus inimigos e o Congo está fracionado em diversas regiões engajadas numa violenta guerra civil. Em setembro de 1961, em viagem ao país numa tentativa de obter um cessar-fogo, o secretário-geral da ONU, Dag Hammarskjold, morre quando seu avião cai na Rodésia do Norte, atual Zâmbia.

✳ *Chipre* — A ilha mediterrânea, ocupada por populações de origem turca e grega, entra a década de 1960 em plena guerra civil entre as duas comunidades, ambas lutando pela divisão do país em dois.

✳ *Cuba* — A pedra da Guerra Fria mais próxima do sapato dos norte-americanos por duas vezes traz Estados Unidos e União Soviética ao limite do confronto armado: em abril de 1961, quando um grupo de cubanos anticastristas, apoiados, treinados e armados pela CIA, tenta em vão tomar o poder na ilha invadindo-a a partir da baía dos Porcos; e em outubro de 1962, quando, em represália pela instalação, na Turquia, de mísseis norte-americanos voltados para União Soviética, esta planeja instalar em Cuba mísseis voltados para os Estados Unidos, o que gera um bloqueio naval americano no Caribe e uma série de hostilidades que quase deflagra uma guerra nuclear entre as duas potências.

SOCIEDADE E CULTURA

✳ *Muro de Berlim e a Alemanha dividida* — A União Soviética domina todo o Leste Europeu e toda a porção oriental da Alemanha. Berlim, situada na Alemanha Oriental, comunista, tem dois setores — o ocidental, administrado pela Alemanha do oeste, e o oriental, administrado pela Alemanha do leste. A fim de deter o fluxo de refugiados para o Ocidente, em agosto de 1961 o governo da Alemanha Oriental inicia a construção de um muro fortificado e guardado por sentinelas militares, dividindo Berlim em duas partes isoladas uma da outra.

✳ *Direitos civis e o assassinato de John Kennedy* — Eleito em 1960 por uma margem estreita, o jovem presidente norte-americano John F. Kennedy faz do combate à discriminação racial uma das plataformas de sua administração. Sua posse em janeiro de 1961 dá novo fôlego aos movimentos antirracistas que já vinham se organizando no Sul dos Estados Unidos, onde dominam a segregação e a discriminação raciais. Em agosto de 1963, 250 mil militantes antidiscriminação, negros e brancos, reúnem-se numa manifestação em Washington, diante do monumento a Abraham Lincoln — o presidente que aboliu a escravidão —, para ouvir o principal líder do movimento, Martin Luther King Jr., proferir um discurso histórico que começa com a frase "Eu tenho um sonho...". Em novembro de 1963, Kennedy é assassinado em plena comitiva presidencial durante uma visita a Dallas, no Texas.

✳ *Concílio Vaticano II* — Em outubro de 1962, o papa João XXIII abre o 21º concílio ecumênico da Igreja Católica, o segundo a se realizar no Vaticano. A primeira sessão vai até dezembro de 1962, e a segunda, prevista para 1963, é adiada devido à morte de João XXIII, em junho. Seu sucessor, Paulo VI, reconclama o concílio e abre sua segunda sessão em setembro de 1963. Várias mudanças importantes na liturgia e no posicionamento da Igreja na sociedade da segunda metade do século XX resultarão do Concílio Vaticano II.

✳ *A juventude do pós-guerra* — Um importante pico de gestações logo após a Segunda Guerra Mundial cria uma das maiores massas de jovens e adolescentes nas sociedades industriais. Apenas nos Estados Unidos são quase 80 milhões de habitantes que, na década de 1960, estão no final da adolescência ou entrando na casa dos vinte anos. A herança imediata da geração beat, a aprovação da pílula anticoncepcional em 1960, os acontecimentos polarizadores do começo da década — sobretudo os conflitos pós-coloniais, em especial no Sudeste Asiático, e a luta pela igualdade de direitos civis —, a pressão de um possível apocalipse nuclear, o desalento com a falta de opções numa sociedade ainda rigidamente conservadora fermentam uma massa que, em 1964, está pronta para se transformar em várias outras coisas.

Nesse cenário, onde está o Brasil? Quando os calendários entram em 1964, o país parece estar num estágio de interminável transição. Eleito em outubro de 1960 com 5,6 milhões de votos (contra 3,8 milhões de Henrique Teixeira Lott e 2,1 milhões de Adhemar de Barros), Jânio Quadros, um advogado que fez uma campanha altamente demagógica, toma posse num ambiente de otimismo, prometendo a continuação do processo de modernização do Brasil e a abertura de novas possibilidades. Jânio toma posse em janeiro de 1961. Nos sete meses de seu

mandato, ele confere a Ordem Nacional do Cruzeiro do Sul ao
ministro cubano Ernesto "Che" Guevara — perdendo de imediato
o apoio da União Democrática Nacional (UDN), parte essencial
da coligação que o levou ao poder —, alinha o Brasil firmemente
como nação neutra, não alinhada (postura desenvolvida por San
Tiago Dantas e pelo ministro das Relações Exteriores, Afonso
Arinos de Melo Franco), cria os primeiros parques ecológicos
do país e implanta uma política de austeridade e contenção de
gastos públicos, numa tentativa de controlar a inflação herdada de
Juscelino Kubitschek. Também proíbe o uso de biquíni nas praias,
o lança-perfume nos bailes de Carnaval e as rinhas de galo em todo
o território nacional.

Em agosto de 1961, Jânio assina uma resolução que retira da
empresa norte-americana Hanna Mining a concessão de exploração
de uma série de jazidas de ferro em Minas Gerais, restituindo-as
à reserva nacional. Depois de quatro dias sob pressão de seus
ministros militares, Jânio renuncia.

Seu vice é João "Jango" Goulart, um próspero estancieiro do
Rio Grande do Sul, eleito pelo Partido Trabalhista Brasileiro
(PTB) graças ao apoio dos sindicatos. Segundo Elio Gaspari,
"sua presença no palácio do Planalto era um absurdo eleitoral a
serviço de um imperativo constitucional". Quando Jânio renuncia,
Jango está ausente do país, numa viagem diplomática à China.
Os ministros militares, com o apoio da UDN, querem impedir
sua posse. Depois de muitas negociações, Goulart é empossado
presidente com poderes reduzidos, dentro de um modelo
parlamentarista de governo,

Em 1963 é convocado um plebiscito para decidir pela
permanência do parlamentarismo ou o retorno ao presidencialismo.
Vence o presidencialismo, por 9,5 milhões de votos contra 2 milhões.

Goulart agora é presidente de fato, e anuncia sua intenção de dar
andamento a diversas reformas, inclusive a agrária. Em outubro
de 1963, tenta se apossar de mais um naco de poder, pedindo ao
Congresso que decrete estado de sítio, manobra que visa retirar do
seu caminho seus principais adversários (e os homens que já sonham
em substituí-lo nas eleições que virão em 1965): Carlos Lacerda,
governador do estado da Guanabara (que inclui somente a cidade do
Rio de Janeiro), e Adhemar de Barros, governador de São Paulo.

Quando 1963 termina, o país está dividido, doente e febril.
Dependendo do jornal, Jango pende irremediavelmente ou

para a direita ou para a esquerda, mas já predomina a tese da "comunização" do país. O pano de fundo da violenta controvérsia política são as chamadas "reformas de base" — agrária, urbana (chamada de "terror urbano" pelo *Jornal do Brasil*, do Rio de Janeiro, o mais comedido dos grandes jornais), educacional, tributária, política. Para os setores mais conservadores, a Superintendência de Reforma Agrária (Supra), criada em 1962, é considerada a linha de frente executiva da transformação do campo brasileiro no campo de batalha da implantação do comunismo. O deputado José Bonifácio (UDN-MG) denuncia o plano de reforma agrária como um golpe para esconder "interesses comunistas dos mais graves".

A *Última Hora*, de Samuel Wainer, é o único jornal importante a defender o regime janguista. Todos os demais advogam, em maior ou menor grau, pela intervenção militar, fazendo alusões frequentes à expectativa de não realização das eleições de 1965 e ao temor de rompimento da ordem democrática pelas esquerdas.

Nos Estados Unidos, Thomas Mann toma posse como novo secretário de Estado assistente para assuntos interamericanos. Um de seus principais mandatos será garantir a dominância geopolítica dos Estados Unidos na América Latina, sobretudo em seu maior e mais populoso país — o Brasil. Em 1961, quando Jango toma posse, Mann começa a fazer contato com todos os seus inimigos políticos, no que em breve se chamará Operação Brother Sam.

Ao longo do segundo semestre de 1963, reuniões e mais reuniões acontecem, no Rio, em São Paulo, em Belo Horizonte, em Porto Alegre, em Washington. Trinta e três brasileiros formam-se num curso especial do American Institute for Free Labor Development [Instituto Americano Para o Livre Desenvolvimento do Trabalho], um "centro trabalhista controlado pela CIA" (segundo o ex-agente Philip Agee em seu livro *Inside the Company: CIA Diary*), e são mandados de volta ao Brasil, para promover encontros e seminários dentro dos sindicatos.

Em dezembro de 1963, um plano completo está elaborado. É como se 1964 já tivesse acontecido.

***

*****Janeiro***

"Segundo a nossa análise de dados concretos – colhidos nos cinco continentes –, [1964] promete ser altamente positivo para os mais diversos campos da atividade humana."

(Justino Martins, *Manchete*, 11 de janeiro)

"Lute pela DEMOCRACIA. A democracia é a única forma de governo dos povos livres [...]. Os extremismos, a ditadura ou o comunismo trazem consigo sempre um rastro de ódio, sangue, guerra, prepotência, miséria e sórdida escravidão."

(Anúncio de boas-festas da rede de lojas de eletrodomésticos Rei da Voz, 1º de janeiro)

"O grande partido político do Brasil é, como se sabe, o Exército nacional. O meio talvez mais prático de dar ao povo a certeza de que um presidente da República eleito vai realmente poder executar o programa prometido seria eleger, ao mesmo tempo, o ministro da Guerra do seu quinquênio."

(Antonio Callado, *Jornal do Brasil*, 2 de janeiro)

Astronautas brincam num simulador de antigravidade.

O ANO É BISSEXTO e começa no meio da semana — uma quarta-feira, dia de Mercúrio, deus da comunicação, dos viajantes, da sorte, do comércio (vêm de seu nome palavras como MERCado e MERCantil), das fronteiras, dos truques e dos ladrões, e guia das almas dos mortos ao submundo.

A lua começa a minguar. No Rio de Janeiro, o tempo é bom passando a instável, com trovoadas esparsas à tarde e à noite, ventos variáveis e temperatura máxima de 37,2°C e mínima de 20,5°C.

Na primeira página do *Jornal do Brasil* desse 1º de janeiro — por um acaso de ironia cósmica presciente, uma batelada de exemplares chega às bancas impressa com a data de 1º de janeiro de 1968 —, um classificado implora a quem encontrar "pulseira de ouro com medalha de cem pesos chilenos", perdida "na Academia Militar das Aguuhas [sic] Negras, na festa do aspirantado", que "tenha a bondade de avisar pelo telefone 26-8231. Generosa gratificação, dado o grande valor estimativo da joia".

Na página 8 do jornal carioca, o Professor Saturno, de Belo Horizonte, faz predições para o novo ano, anunciando a morte — "uma das quais violenta" — de cinco políticos, a continuação da seca no Nordeste, grandes incêndios, uma revolução e o casamento de Jacqueline Bouvier Kennedy, viúva do presidente norte-americano John F. Kennedy, assassinado em novembro do ano anterior.

Com um foco "mais realista", a primeira edição do ano da ilustradíssima revista *Manchete* faz outras previsões para o ano que começa: um "grande salto para a frente no domínio da energia elétrica" para o Brasil; aceleração da corrida espacial, com vantagem para a União Soviética; transmissão direta, ao vivo, da Olimpíada de Tóquio, em outubro, graças a "satélites do tipo Telstar" lançados pelos Estados Unidos; e a cura do câncer pelo "emprego radical do cobalto".

O Réveillon dos chiques e famosos no Rio.

No Rio de Janeiro, não mais a capital da República (desde abril de 1960), mas ainda o centro da vida social, cultural e política do país, um grande baile de réveillon reúne mais de 3 mil pessoas em cinco salões do hotel Copacabana Palace. Figuras da alta sociedade e autoridades do governo João Goulart pulam Carnaval até as quatro da manhã e, observa o repórter José Rodolpho Câmara, da *Manchete*, "as mulheres preferiram vestidos curtos aos compridos".

Não muito longe dali, na avenida Vieira Souto, em Ipanema, o ex-presidente Juscelino Kubitschek celebra o Ano-Novo em família, e a neta Jussara é o centro das atenções.

O presidente João Goulart veraneia com a família no palácio Rio Negro, em Petrópolis, na serra fluminense, mas não deixa de despachar com seus principais assessores. Até a viagem ao Mato Grosso para recepcionar o presidente do Paraguai, no dia 18, ele recebe visitas de, entre outros, San Tiago Dantas, Miguel Arraes e Leonel Brizola, além de Argemiro de Assis Brasil (chefe da Casa Militar da Presidência da República) e Jair Dantas Ribeiro (ministro da Guerra).

Segue-se um verão desconfortável, pontuado por greves, alta dos preços, racionamento de água e energia elétrica — resultado da prolongada seca — e uma inflação cada vez mais fora de controle. "Há uma espécie de irritação generalizada, [...] mau humor", diz um comentário na página de editoriais do *Jornal do Brasil* no dia 8.

Em 1962 e 1963, o índice de preços subiu 52% e 81,3% (o maior da história), respectivamente. Logo no primeiro dia do ano é anunciado um aumento de 100% no preço dos cigarros e mais um imposto, uma "contribuição compulsória" de até 20% da conta de energia elétrica, supostamente para capitalizar a Eletrobras, criada pelo presidente João Goulart em 1962. "Para angustiar ainda mais a vida da população, forçada a custear as melhorias de salários que se renovam em razão da desvalorização do dinheiro, surgem pretextos para elevar ou criar impostos e taxas. [...] A partir deste mês as contas de luz vêm acrescidas de uma taxa do tipo empréstimo visando a assegurar a existência de uma nova autarquia, que, para não fugir à regra, terá assessores, consultores e técnicos que absorverão a receita arrecadada", escreve o colunista Martins Alonso no *Jornal do Brasil* do dia 8.

A inflação corroía todos os valores.

O país entra o ano vendo sua moeda — o cruzeiro — atingida por uma erosão de 70% do seu valor. A cotação oficial do dólar no primeiro dia do ano é de Cr$ 600,00 (compra) e Cr$ 620,00 (venda), mas a cotação paralela, no fim do mês, vai até Cr$ 1500,00.

Segundo uma pesquisa do Instituto de Arquitetos do Brasil, 50% da população do país vive em favelas, mocambos, choças e outras "habitações irregulares" sem "condições mínimas de área, luz, salubridade, conforto e higiene".

A maioria dos jornais afirma que a inflação e a "comunização" do Executivo federal são as grandes vilãs, a causa de todos os tormentos do país. Com raríssimas exceções (como os jornais cariocas *Última Hora* e *Correio da Manhã*), o tom da imprensa quanto à presidência de João Goulart oscila entre a profunda desconfiança e a franca hostilidade.

No Rio de Janeiro, todo dia é dia de apagão anunciado e planejado — com as usinas da Light no vale do rio Paraíba do Sul funcionando precariamente, um rigoroso racionamento de energia leva a cortes diários de luz de até duas horas. O recém-adquirido ritual familiar de compartilhar o *Repórter Esso*, "testemunha ocular da história", ancorado por Gontijo Teodoro, na TV Tupi do Rio, vê-se temporariamente interrompido, substituído por silenciosa contemplação (ou acaloradas discussões, dependendo da família) à luz de velas e lampiões de querosene.

Uma nova era para as notícias.

Uma nota de serviço publicada pelo superintendente da Polícia Judiciária da Guanabara, Paulo Sales Guerra, autoriza policiais em serviço a matar suspeitos que resistam à prisão.

Em São Paulo, a represa Billings está quase totalmente seca por conta da severa estiagem, e a capital paulista entra no racionamento no dia 20 de janeiro. A seca também causa uma enorme quebra nas safras agrícolas, chegando a 60% no estado.

Uma matéria de quinze páginas em cores na primeira edição do ano da *Manchete* anuncia o fim dos problemas de abastecimento de água do Rio de Janeiro: a "nova adutora do Guandu, considerada a obra do século no Rio [...] resolverá o problema do abastecimento de água até o ano 2000".

A esperança estampava as capas de revista.

Na mesma reportagem, entre viadutos, a restauração do estádio do Maracanã, a recuperação das praias da ilha de Paquetá e a "intenção de promover a exploração turística da baía de Guanabara", as primeiras fotos aéreas do Aterro do Flamengo, com os jardins de Roberto Burle Marx — que será oficialmente inaugurado em 1965 —, e da Vila Aliança, no subúrbio de Bangu, parte do Plano de Habitação Popular, de "urbanização e higienização das favelas", pelo qual "um trabalhador adquire sua casa para pagar em dez anos".

Uma geladeira custa Cr$ 110 000,00. Um ar-condicionado, luxo recém-importado, Cr$ 210 000,00. Um ventilador, Cr$ 25 500,00. O indispensável rádio de pilha, cerca de Cr$ 19 000,00.

•**Praias da moda:** Inferninho, "no fim de Ipanema entre o Posto Telegráfico e a sentinela do forte de Copacabana, aberta nas pedras do Arpoador por um golpe descuidado do polegar do Criador", e do Pepino, "no finalzinho da praia da Gávea e na entrada para o carro, pouco depois do largo de São Conrado". A primeira é "a mais quente do Rio de Janeiro, refrescada somente quando sopra vento de leste", dominada por jogadores de vôlei e "turistas franco--germânicos". A segunda tem "pouca gente. Cerveja. Almoço no restaurante da d. Maria. Banheiro com chuveiro para tirar areia. Estacionamento a Cr$ 200,00".

Nos cinemas, imensos palácios com cortinas diante da tela, onde as sessões têm intervalo e jornal da tela, e trailers e desenhos animados entretêm o público antes da atração principal, o novo ano traz as estreias de *O processo*, *A gata borralheira*, *O indomado*, *A vingança de Monte Cristo* e o brasileiro *O beijo*, de Flávio Tambellini, estrelado por Jorge Dória, Norma Blum e Reginaldo Farias, continuando uma série de adaptações da obra de Nelson Rodrigues que recentemente incluí-ra *Boca de ouro* e *Bonitinha mas ordinária*. Aos sábados e domingos, matinês de desenhos animados, como o favorito *Festival Tom & Jerry*. Os brasileiros também começam o ano vendo *O satânico dr. No*, a primeira versão cinematográfica de uma das franquias literárias mais populares do momento — *James Bond* —, lançada no exterior em 1962.

No teatro, o grande sucesso é Fernanda Montenegro em *Mary, Mary*, versão brasileira da peça de Jean Kerr que já circulara por Londres e Nova York — "As falas encontraram nova criação na arte de Fernanda Montenegro. Ela as repete  com tamanha riqueza de nuanças que, em certos momentos, tem-se a impressão de que a atriz inventou o texto e a autora apenas o transcreveu", escreve Zevi Ghivelder na *Manchete*.

Com direção de Paschoal Carlos Magno, uma das Caravanas da Cultura, do Ministério da Educação e Cultura (MEC), viaja pelas cidades das margens da rodovia Rio-Bahia com teatro, cinema e biblioteca.

É lançada a primeira edição da primeira grande enciclopédia brasileira, nos moldes da *Britannica*: a *Enciclopédia Barsa*, dirigida pelo escritor e jornalista Antonio Callado.

Há uma profunda inquietação no ar. Os proprietários de imóveis e fazendas ameaçam resistir às medidas do governo sobre o controle dos aluguéis e as desapropriações da reforma agrária. No Nordeste, sobretudo no interior de Pernambuco e da Paraíba, sucedem-se choques, muitas vezes sangrentos, entre camponeses e a polícia a serviço dos latifundiários. "A Paraíba [...] vive uma situação pré-revolucionária, séria, grave, que se manifesta na expressão do primeiro camponês que se encontra na estrada", reporta o enviado especial do jornal *Última Hora*, na edição de 20 de janeiro.

Parte do funcionalismo federal começa o ano com atraso nos salários, que só serão pagos em março. No Rio, moradores de Copacabana picham as árvores do bairro: QUEREMOS ÁGUA!

As greves se sucedem no início do ano: mais de 40 mil marítimos cruzam os braços, reivindicando direitos trabalhistas, e fecham os portos do país. Milhares de ensacadores de café também paralisam suas atividades e interrompem o embarque e o desembarque do produto nos portos do Rio de Janeiro, Santos e Paranaguá. O protesto é seguido pelo dos trabalhadores do Grupo Light (que no Rio detém o monopólio do fornecimento de gás, luz, telefone e bondes). Funcionários públicos de cinco estados param de trabalhar no dia 15 e reivindicam o pagamento do 13º salário; entre eles estão servidores civis da Marinha, previdenciários, motoristas do serviço público, servidores do Departamento Nacional de Estradas de Rodagem (DNER) e do Departamento Nacional de Endemias Rurais. O comandante da Marinha promete reprimir a greve dos servidores civis "com

metralhadoras", se necessário. Num editorial de primeira página intitulado "O nosso direito", no dia 17, o *Jornal do Brasil* afirma e adverte: "Se [os sindicatos] não respeitam a lei, e o governo não os obriga a cumpri-la, instala-se a anarquia — e o regime sem lei. Daqui advertimos o presidente da República para o risco dos acontecimentos imprevistos e precipitados pelo medo e pela insegurança nos espíritos. O Brasil tem um presidente constitucional *trabalhista* mas não está sob o governo de uma oligarquia sindical".

Os donos de escolas particulares se voltam contra o governo por causa do congelamento oficial das mensalidades; no fim do mês, o MEC ameaça encampar as escolas que praticarem aumentos abusivos.

O mês termina com um recorde negativo no resultado das exportações. O governo cogita reatar relações com o Fundo Monetário Internacional (FMI) para refinanciar a dívida externa de US$ 4 bilhões.

Duas palavras começam a se infiltrar nas conversas, comentários, bastidores e imprensa: *impeachment* e *golpe*.

***

• *Points* da moda: as barracas do largo de São Conrado — "não há esnobismo que resista a uma água de coco gelada, a um milho verde quentinho ou a um frango no espeto" — e a piscina de água salgada do clube Costa Brava, no Joá.

• Esportes da moda: boliche — "é o esporte do verão em Saint-Tropez" — e patinação no gelo "no Gelorama da igreja Nossa Senhora da Paz", em Ipanema.

Linha do Tempo

1 O governador do Rio Grande do Sul, Ildo Meneghetti, denuncia a articulação de um golpe esquerdista no estado.

3 Primeiro clipe dos Beatles, a nova sensação da música pop, vai ao ar na TV dos Estados Unidos. Em novembro de 1963, o grupo esteve em turnê pela Grã-Bretanha divulgando seu novo compacto, o 45 rotações com as músicas "She Loves You" e "I Want to Hold Your Hand". Os ecos dos berros de iê-iê-iê chegaram até a América do Norte e, pela primeira vez na história da banda, as três emissoras de televisão dos Estados Unidos, CBS, ABC e NBC, cobriram o show de 16 de novembro em Bournemouth, Inglaterra. A CBS veiculou uma entrevista com Paul McCartney e John Lennon no mesmo mês, mas o primeiro clipe integral de uma canção dos Beatles — "She Loves You", ao vivo, com uma malta de adolescentes berrando ao fundo — vai ao ar neste dia, no programa de Jack Paar, da rede NBC.

3 Partida para o Egito dos primeiros batalhões de militares brasileiros do Batalhão Suez, que vão render o contingente enviado no ano anterior. Desde 1957, tropas do Exército brasileiro integram as forças de paz da ONU que visam manter o cessar-fogo entre egípcios e israelenses desde a guerra de 1956.

4 *"Até chegar ao governo [Jango] era um líder popular, afirmativo, e depois que chegou ao governo adotou esta política conciliatória que o está enfraquecendo e frustrando a todos nós."* Leonel Brizola, falando ao *Jornal do Brasil*.

4 a 6 O papa Paulo VI visita Israel e Jordânia, tornando-se o primeiro pontífice a viajar a bordo de um avião e a visitar a Terra Santa e, em mais de um século, o primeiro a cruzar as fronteiras da Itália. Na agenda, o primeiro encontro entre os líderes das igrejas Católica e Ortodoxa desde o século XV — no monte das Oliveiras, Paulo VI se reúne com o patriarca ortodoxo Atenágoras I.

6 *Começa no Granada Theater, no subúrbio londrino de Harrow on the Hill, a primeira turnê dos* Rolling Stones *como principal atração. O trio rhythm and blues pop The Ronettes faz o número de abertura. Desde sua criação em 1962 até este momento, a banda excursionara pela Grã-Bretanha apenas como atração secundária.*

7 Reunião convocada pelo ministro da Viação e Obras Públicas, Expedito Machado, discute as conclusões do grupo de trabalho que estudou a questão da travessia Rio-Niterói. Duas opções são debatidas: túnel submerso ou ponte sobre a baía de Guanabara.

7 *Brigitte Bardot, musa do cinema francês, desembarca no Aeroporto Internacional do Galeão, acompanhada pelo namorado, o produtor musical e playboy Bob Zagury.*

08 "Que esta sessão do Congresso seja conhecida como a que fez mais pelos direitos civis do que as últimas cem sessões combinadas; que seja aquela que implementou a maior redução de impostos da nossa era; que ela seja a que declarou uma guerra sem tréguas à pobreza e ao desemprego nestes Estados Unidos; a que reconheceu as necessidades de nossos cidadãos mais velhos; a que reformou nossas ineficientes políticas de transporte público; a que implementou o programa mais eficiente e eficaz de ajuda internacional; e a que construiu mais casas, mais escolas, mais bibliotecas e mais hospitais do que qualquer outra sessão do Congresso em nossa República." *Presidente Lyndon B. Johnson em seu primeiro discurso sobre o estado da União ao Congresso norte-americano.*

09 Tropas norte-americanas abrem fogo contra civis panamenhos que protestam contra o controle da Zona do Canal do Panamá pelos Estados Unidos (resultado de um acordo selado na época da independência do país, em 1903). Ao longo de quatro dias de conflito morrem 21 civis, além de quatro militares norte-americanos.

11 O cônsul norte-americano em Belo Horizonte, Herbert Okun, encontra-se reservadamente com o governador de Minas Gerais, Magalhães Pinto.

11 Pela primeira vez na história, o chefe do Serviço de Saúde Pública dos Estados Unidos, Luther Leonidas Terry, emite um parecer público de que fumar pode ser nocivo para a saúde.

12 A monarquia de maioria árabe da ilha de Zanzibar, África Oriental, liderada pelo sultão Jamshid bin Abdullah, é derrubada por uma insurreição de nacionalistas africanos de esquerda, apoiados pela União Soviética e pela China. Os Estados Unidos denunciam a influência de Cuba no golpe de Estado. Segue-se um "terror antiárabe" em Zanzibar, com matanças e expropriações.

10 O Panamá anuncia o rompimento de relações diplomáticas com os Estados Unidos.

13 Fidel Castro vai a Moscou pela segunda vez (a primeira visita aconteceu em abril de 1963). O líder cubano assina um acordo de cinco anos de exportação de açúcar para a União Soviética e discute com o premiê Nikita Khruschóv o assassinato do presidente norte--americano John Kennedy, ocorrido no ano anterior.

13 The Times They Are a-Changin', *terceiro LP de Bob Dylan, é lançado nos Estados Unidos e na Grã Bretanha. Dylan está absolutamente imerso em sua fase folk, usando os formatos do blues rural e das baladas bluegrass para comentar questões sociais e políticas — a partir da faixa título, um flagrante de uma nação (e um mundo) em plena transformação, flertando com o caos. O repertório inclui, entre outras, "Boots of Spanish Leather", "The Lonesome Death of Hattie Carroll", "With God on Our Side" e "North Country Blues". O LP chega ao vigésimo lugar da parada norte-americana e ao quarto da parada britânica.*

15 *Em sua coluna no Jornal do Brasil, Carlos Castello Branco, o mais bem informado dos colunistas políticos brasileiros, revela que o presidente está preparando para março uma marcha de 100 mil trabalhadores a fim de pressionar o Congresso a aprovar as "reformas de base".*

15 Num choque entre camponeses, policiais e funcionários da Companhia Usinas São João e Santa Helena, no município de Mari, na Paraíba, dez pessoas morrem e dezenas ficam feridas quando a polícia abre fogo de metralhadora sobre os camponeses. "A situação em João Pessoa e em todo o vale da Paraíba apresenta-se em estado de choque ou em pé de guerra com os proprietários de terras arregimentando seus vigias, capangas e pistoleiros de toda natureza", reporta o correspondente do jornal *Última Hora*. A culpa pelo massacre é atribuída a um discurso de Francisco Julião, líder das Ligas Camponesas, que no dia anterior teria estimulado a invasão da usina. No mesmo dia, circulam em São Paulo boatos de quebra-quebra generalizado no Rio e do assassinato do governador Carlos Lacerda. Nenhum dos dois é verdadeiro.

17 "O processo de subversão do Brasil está em franca ascensão. Do jeito que vai, só a reação armada do povo pode deter este governo incompetente que hoje ilegalmente suscita greves e depois fala com os grevistas em pé de igualdade. Estamos assistindo à podridão gradativa do Brasil, pela atuação do presidente João Goulart." Deputado Abel Rafael, do Partido de Representação Popular de Minas Gerais, em discurso na Câmara.

17 *Primeira menção aos Beatles na imprensa brasileira, na capa do Caderno B do Jornal do Brasil: "Juntos são os Beatles, separados, se chamam Paul, John, George e Ringo. Os Beatles são a última febre inglesa, lenitivo sonoro e coreográfico para o escândalo Profumo". A matéria também informa que eles "vestem-se de cor-de-rosa, devoram bombons de groselha com velocidade industrial, usam barbas e bigodes postiços quando saem à rua, mas as enormes cabeleiras que ostentam são absolutamente autênticas".*

Os alegres Beatles

O maior bigode do mundo

Caderno **B**
Rio, 6ª-feira, 17 de janeiro de 1964

Mandy tem boa memória

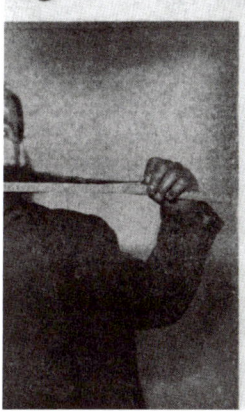

17 O presidente João Goulart assina a Lei de Remessa de Lucros, que taxa e restringe o envio de rendimentos de empresas estrangeiras instaladas no Brasil. "O Brasil vai agora pôr em prática uma legislação que outros países já adotaram e executam", diz Jango em discurso. E acrescenta: "Não há no esforço que estamos empreendendo para ordenar devidamente uma realidade de nossa atual paisagem econômica a mais leve sombra de violência à ordem jurídica e pública. [...] É oportuno repudiá-las com energia, as acusações, francas ou disfarçadas com que nos têm procurado atingir. Tais acusações partem precisamente daqueles setores comprometidos com as frustradas tentativas de golpe contra as instituições".

18 *O ditador do Paraguai, Alfredo Stroessner, chega ao Brasil para negociações sobre a Usina de Sete Quedas (futura Itaipu). É assinado um acordo para a construção da obra, prevista para durar vinte anos.*

18 A Autoridade Portuária de Nova York e Nova Jersey apresenta ao público o projeto do arquiteto Minoru Yamasaki para a construção de um complexo de escritórios num terreno pertencente à prefeitura de Nova York, na ponta sul da ilha de Manhattan. O projeto, aprovado pelo governo do estado de Nova York em 1943 e paralisado até 1962, inclui duas torres de 110 andares para escritórios, sedes empresariais e restaurantes, além de cinco prédios menores. O complexo se chama World Trade Center.

20 A gravadora norte-americana Capitol lança o primeiro álbum dos Beatles nos Estados Unidos, *Meet The Beatles!*.

20 *Começa em Aylesbury, no condado inglês de Buckinghamshire, o julgamento dos quinze acusados de planejar e realizar, em agosto de 1963, o assalto ao trem pagador que faz a rota entre Londres e Glasgow, na Escócia, conhecido como The Great Train Robbery [O grande assalto ao trem]. Entre os réus está Ronald Biggs, que fugirá para o Brasil daí a seis anos.*

20 Morre no Rio de Janeiro o escritor, jornalista e dramaturgo Aníbal Machado, autor de *Viagem aos seios de Duília*, *O piano* e *Tati, a garota*.

20 Em Tanganica, vizinho continental de Zanzibar, na África Oriental, um levante militar expulsa os militares britânicos remanescentes da ocupação colonial. Ocorrem saques e violência contra a população de origem europeia. O Reino Unido envia soldados e embarcações militares para a região, e ocupa Quênia, Uganda e Tanganica no final do mês.

21 Os Estados Unidos condicionam o fornecimento de ajuda financeira ao Brasil à estabilização da economia do país.

22 Em Belo Horizonte, insuflado pela imprensa e pela arquidiocese local, um grupo de manifestantes impede a realização do I Congresso de Unidade dos Trabalhadores da América Latina (Cutal), visto como um evento subversivo. O congresso é transferido para Brasília, e o fato é saudado pela direita mineira como "uma vitória memorável das forças democráticas".

22 O *Jornal do Brasil* noticia que a oposição a João Goulart começou a se armar, formando milícias antirrevolucionárias para resistir ao suposto golpe comunista.

23 A peça *After the Fall*, de Arthur Miller, estreia em Nova York, com direção de Elia Kazan e protagonizada por Barbara Loden (mulher de Miller) e Jason Robards, com a jovem Faye Dunaway num pequeno papel. A peça, sobre um intelectual nova-iorquino cuja esposa se suicida, é recebida com indignação e críticas negativas devido ao inevitável paralelo com a vida do próprio Miller, que, em agosto de 1962, perdera sua então esposa, Marilyn Monroe, num aparente suicídio. "Três horas e meia de falta de gosto, uma autobiografia confessional constrangedoramente explícita", escreve o crítico da revista *New Republic*. "Fofoca barata de tabloide, um ato de exibicionismo com tons de misoginia." A carreira da peça se encerra quatro dias depois.

23 "É o fim da picada": comentário do governador paulista Adhemar de Barros ao *Jornal do Brasil*, sobre a desapropriação de terras na faixa de dez quilômetros de rodovias, ferrovias e açudes federais. A minuta do decreto de desapropriação chega a ser "suavizada" pela Superintendência de Reforma Agrária (Supra), criada em 1962 e agora chefiada por João Pinheiro Neto, por pressão de políticos da União Democrática Nacional (UDN) e do Partido Social Democrático (PSD). Antes mesmo da assinatura do decreto, prevendo forte resistência dos proprietários atingidos, Goulart cria os Batalhões Agrários, formados pelas Forças Armadas para garantir a execução ordeira da reforma agrária. O PSD ruralista recebe bem essas "milícias rurais", como garantia de que o processo não será radical como nos países marxistas. Já o jornal *O Estado de S. Paulo* se horroriza com o fato de o Exército estar sendo envolvido nesse ato de "espoliação de terras".

25 **O governo de Minas Gerais anuncia que vai prender quem desfilar de biquíni no Carnaval de rua ou nos clubes.**

24 "Vivemos a era do pseudoacontecimento. A expressão é do jornalista americano Richard H. Rovere, significando o acontecimento forjado e difundido pela classe dominante sem qualquer repercussão social. "Leiam os jornais: a maioria das notícias políticas não passa de futrica inconsequente", escreve Paulo Francis em sua coluna na *Última Hora*.

24 *A favela do Pasmado, em Botafogo, no Rio de Janeiro, é incendiada. É parte de uma sucessão de expulsões de favelados da Zona Sul do Rio para os novos conjuntos habitacionais criados pelo governo estadual em bairros distantes da Zona Oeste, conduzida pela secretária de Serviços Sociais da Guanabara, Sandra Cavalcanti.*

* * * * *

26 *Pressionado por denúncias de corrupção na Petrobras, João Goulart exonera o presidente e toda a diretoria da empresa. Sai o general Albino Silva, acusado de uma transação suspeita de importação de petróleo e que denunciava o "aparelhamento" da empresa, e em seu lugar entra o marechal Osvino Ferreira Alves, ex-comandante do I Exército e corresponsável, com o general Assis Brasil, pela implementação do "dispositivo militar" de sustentação a Jango.*

27 A França e o Reino Unido anunciam o estabelecimento de relações diplomáticas com a China comunista, para desgosto dos Estados Unidos. Abre-se caminho para a entrada da China na ONU, no lugar de Taiwan, então chamada Formosa.

29 Com um concerto da Filarmônica de Viena interpretando a *Sétima sinfonia* de Beethoven e a *Sinfonia nº 40* de Mozart, começa na Áustria a nona edição dos Jogos Olímpicos de Inverno. Pela primeira vez desde o final da Segunda Guerra Mundial, Alemanha Ocidental e Oriental competem juntas, como um único time.

30 No Vietnã do Sul, num golpe pacífico e com o apoio tácito dos Estados Unidos, o general Nguyen Khanh depõe o primeiro-ministro Duong Van Minh. É a continuação de uma série de golpes e contragolpes entre as facções que dividem as Forças Armadas do país desde a independência, em 1954, com a subsequente divisão do país em Vietnã do Norte e Vietnã do Sul.

28 Caças soviéticos abatem um avião de treinamento da Força Aérea norte-americana sobre Erfurt, na Alemanha Oriental. Os três tripulantes morrem.

 29 Estreia nos Estados Unidos e na Grã-Bretanha *Dr. Strangelove or: How I Learned to Stop Worrying and Love the Bomb*, dirigido, produzido e escrito por Stanley Kubrick (em parceria com Terry Southern). Sátira feroz do medo nuclear instaurado pela Guerra Fria, o filme traz Peter Sellers em três papéis: um capitão da Força Aérea britânica, o presidente dos Estados Unidos e o dr. Strangelove do título, um cientista alemão especializado em armas nucleares, importado diretamente da Alemanha nazista — uma fusão de vários cientistas alemães que desenvolveram o programa nuclear norte-americano depois da Segunda Guerra Mundial. O filme rapidamente se torna um sucesso de crítica e público, acumulando mais de US\$ 4 milhões apenas nos Estados Unidos, e será indicado a quatro Oscars em 1965.

*** Fevereiro ***

"Vai custar muito sangue."

(Presidente João Goulart advertindo sobre a possibilidade de um golpe de direita, "Coluna do Castello", *Jornal do Brasil*, 1º de fevereiro)

"Carnaval! Falta água! Falta pão! Falta feijão! Dó-Ré-Mi não falta não! Lança-Perfume Dó-Ré-Mi (ouro metálica) toma parte (messssmo) no equipamento do folião."

(Anúncio na *Manchete*, 1º de fevereiro)

***

"Lá em casa tinha um bigorrilho/ Bigorrilho fazia mingau/ Bigorrilho foi quem que me ensinou/ A tirar o cavaco do pau/ Trepa Antônio/ Siri tá no pau/ Eu também sei tirar/ O cavaco do pau."

("Bigorrilho", composição de Paquito, Romeu Gentil e Sebastião Gomes, sucesso do Carnaval na voz de Jorge Veiga)

"Esse governo, meu amigo, não é de nada. É igual ao Belo Antônio. Fala muito, mas não é de nada."

(Leonel Brizola, *Jornal do Brasil*, 21 de fevereiro)

O CARNAVAL COMEÇA CEDO, na segunda semana do mês. A coluna de moda da Revista de Domingo, do *Jornal do Brasil* (que não é uma revista, mas um caderno do jornal), propõe as fantasias Marquesa de Santos ("fantasia que está na moda, com corte diretório e com a vantagem de servir para festas black tie") e Negrinho Acendedor de Lampiões ("se você é magrinha e gosta de pular muito. Sobre malha negra use um short e um blusão de percaline listrada") para o baile do Copacabana Palace, cujo tema é "Rio Antigo".

No domingo de Carnaval, dia 9, o tempo é bom, passando a instável no fim do período, temperatura em elevação, ventos vindos do oeste em rajadas. À noite, durante o desfile das escolas de samba do Primeiro Grupo na avenida Presidente Vargas, no centro do Rio de Janeiro, morre o compositor, radialista e torcedor fanático do Flamengo Ary Barroso. Ary é sepultado no dia seguinte, segunda-feira de Carnaval, num caixão coberto com a bandeira do clube, ao som de "Aquarela do Brasil", executada por uma banda militar.

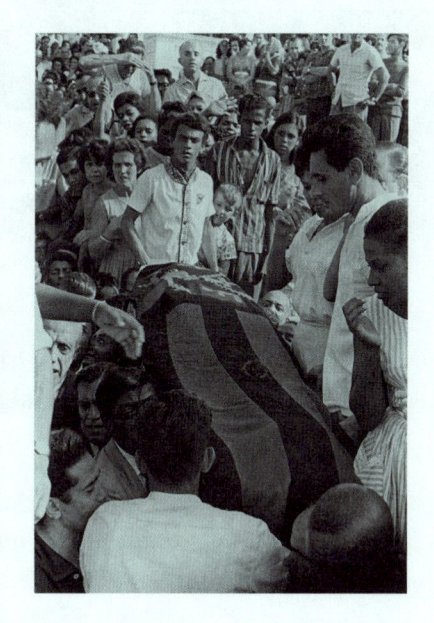

O adeus ao flamenguista Ary Barroso.

As músicas mais cantadas em todo o país são "Cabeleira do Zezé", "Bigorrilho", "Se a canoa não virar", "Cegonha", "Mag, Inês e Ana" e "Deixa o meu pranto rolar".

No desfile das escolas de samba cariocas do Primeiro Grupo, a Portela sai vitoriosa, com o enredo "O segundo casamento de d. Pedro I"; o Salgueiro fica em segundo lugar, com "Chico Rei", e a Mangueira em terceiro, com "Histórias de um preto velho".

Os astros do cinema italiano Elsa Martinelli e Alberto Sordi e o playboy dominicano Porfirio Rubirosa dão o ar da graça como convidados especiais dos camarotes e no "baile de Carnaval mais famoso do mundo" (segundo o jornal *Última Hora*), o do Theatro Municipal do Rio de Janeiro, ao lado de Maysa, Norma Bengell, o costureiro Dener Pamplona de Abreu e as eternas misses Marta Rocha e Adalgisa Colombo.

Evandro de Castro Lima, com "Napoleão", e Isabel Valença, com "Rainha Rita de Vila Rica", são os vencedores do desfile de fantasias do Municipal, na categoria luxo. Isabel desfila com o mesmo traje criado pelos artesãos do Salgueiro para o desfile da escola. Clóvis Bornay, com "Marajá da Índia, rei de Camacura", e Marguerite Marie Ventre, com "Primavera na Holanda", são hors-concours. Wilza Carla chora muito ao ser desclassificada no concurso do Copacabana Palace, mas no Municipal emplaca um segundo lugar na categoria originalidade com "Sinfonia de inverno".

Animação em meio à morte e à violência.

Na Quarta-Feira de Cinzas o jornal *Última Hora* diz, na primeira página, que o Carnaval foi "o mais animado de todos os tempos"; e, numa matéria na mesma primeira página, "Espancamentos em massa no Carnaval da polícia": "A violência policial contra homens, mulheres e crianças foi a nota mais triste do Carnaval carioca". O "Carnaval da borracha" incluiu um bloco inteiro, "dispersado a golpes de cassetete", e até os radialistas que cobriam os desfiles do Segundo Grupo na avenida Rio Branco, no centro da cidade.

Jango passa o Carnaval com a família em Guarapari, no Espírito Santo. Magalhães Pinto, em Araxá, Minas Gerais. Carlos Lacerda, em Petrópolis, na serra fluminense.

Fora o Carnaval, a morte de Ary Barroso e a retórica dos políticos, o mês é relativamente tranquilo e até meio morno.

Logo nos primeiros dias do mês, antes do Carnaval, o general Albino Silva, ex-presidente da Petrobras, afirma em seu depoimento na CPI do Petróleo que atribui à ação de comunistas infiltrados o escândalo que ocasionou sua exoneração do cargo. As denúncias envolvem subornos e desvio de recursos públicos na importação de petróleo.

O deputado federal e ex-ministro da Fazenda San Tiago Dantas (já afastado para tratar o câncer de pulmão que o matará em setembro) entrega ao presidente João Goulart um esboço do programa de "reformas mínimas", incluindo as alterações na Constituição e em leis ordinárias que seriam necessárias para sua implementação. San Tiago propõe a formação de uma Frente Ampla parlamentar, multipartidária, para conduzir as reformas de base. Por razões distintas, a UDN e o PSD, e mesmo alas do Partido Trabalhista Brasileiro (PTB), criticam e inviabilizam o chamado Programa Mínimo. O esboço contém uma proposta de legalização do Partido Comunista Brasileiro (PCB).

Prossegue a tensão no campo. Em Goiás, São Paulo, Triângulo Mineiro e outros lugares de Minas Gerais as associações de fazendeiros anunciam que os camponeses que ousarem invadir suas terras serão recebidos a bala. Jango determina a apreensão das armas dos exércitos de jagunços recrutados pelos fazendeiros para repelir os invasores, e o Exército envia oitenta homens para controlar a área de Governador Valadares (MG).

Em meados do mês, Jango anuncia que, para dar o exemplo, desapropriará duas de suas próprias fazendas, uma em Goiás e outra no Rio Grande do Sul. Os ruralistas, alarmados, publicam um manifesto pedindo às Forças Armadas que fiquem alerta para rechaçar a comunização do campo "por elementos estranhos aos lavradores".

Em sua bem informada coluna "Segunda Seção", no *Jornal do Brasil*, o jornalista Wilson Figueiredo comenta que o Estado-Maior do Exército estaria convencido da existência de uma "guerra revolucionária" travada pelos comunistas para tomar o poder sem violência, e que diversos políticos da oposição compartilham essa crença, vocalizados pelo presidente da UDN, o deputado mineiro Olavo Bilac Pinto.

Notícias da intensificação do comércio do Brasil com países socialistas como Tchecoslováquia, Iugoslávia e a própria União Soviética contribuem para aumentar a ansiedade da oposição. Cresce a hostilidade entre a Associação de Marinheiros e Fuzileiros Navais e o comando da Marinha. No final do mês, o Ministério da Marinha pede explicações ao MEC sobre a exibição (promovida pela União Nacional dos Estudantes — UNE), para marinheiros e fuzileiros no auditório da entidade, no centro do Rio, de *O encouraçado Potemkin*, filme "considerado subversivo".

Quanto mais distante fica o Carnaval, mais se intensifica a expectativa de golpe, tanto no governo quanto na oposição. A coluna de Carlos Castello Branco noticia que no dia 18 o presidente da UDN, Bilac Pinto, se reuniu com o governador de Minas, Magalhães Pinto, para discutir uma estratégia de "resistência" ao golpe comunista que se avizinha. O partido também teria "retomado" os contatos militares "em nível de altos escalões". De qualquer

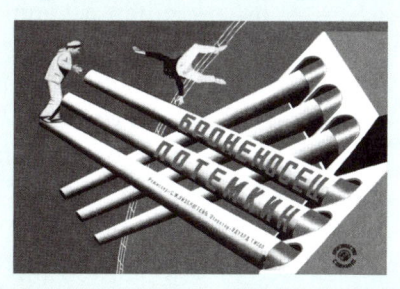

modo, a UDN marca sua convenção nacional para os dias 11 e 12 de abril.

A vida nas cidades continua difícil. Além de água e luz, falta agora açúcar. No Rio de Janeiro, o governador Carlos Lacerda anuncia aumento no preço do metro cúbico de gás e das passagens de bonde, supostamente para cobrir o reajuste dos funcionários da Rio Light — uma alfinetada no sindicalismo apoiado pelo governo federal.

O Ministério da Fazenda anuncia que o déficit da União em 1963 foi de mais de Cr$ 500 bilhões (receitas de Cr$ 930 bilhões e despesas de Cr$ 1,4 trilhão), aumento de 80% em relação ao exercício de 1962. O dólar no início do mês permanece na faixa de Cr$ 600,00, mas a cotação paralela supera os Cr$ 1 300,00.

Um apartamento de três quartos no Leblon, no Rio de Janeiro, pode ser alugado por Cr$ 140 000,00 mensais. Um apartamento de três quartos "tipo casa", no Méier, é oferecido a Cr$ 50 000,00 mensais para aluguel. Uma Lambretta custa Cr$ 170 000,00 à vista. Uma máquina de escrever "moderna, Underwood" sai por Cr$ 40 000,00.

Os donos de carros mais satisfeitos, segundo uma pesquisa realizada pela Marplan para o *Jornal do Brasil* em São Paulo, são os que pilotam Volkswagens, Rural Willys, DKW Vemag e Dauphine/Gordini, nesta ordem.

Oduvaldo Vianna Filho ganha o Prêmio Latino-Americano de Teatro da Casa de las Américas, de Cuba, com a peça *Quatro quadras de terra*; o grupo Mambembe, criado por Paulo Afonso Grisolli, leva clássicos da dramaturgia aos operários da Refinaria Duque de Caxias e ao galpão da Escola de Belas-Artes em Niterói, como parte do Plano de Popularização do Teatro do Serviço Nacional de Teatro (SNT), dirigido pelo escritor e dramaturgo paulista Roberto Freire.

Na televisão, o novo sucesso do verão é o programa de variedades *Times Square*, da TV Excelsior, "com a participação de Daniel Filho, que começou trabalhando em teatro de revista, depois teatro sério, cinema, iniciando-se agora em papéis humorísticos", segundo a coluna "Panorama" do *Jornal do Brasil*.

Em sua coluna semanal na Revista de Domingo do *Jornal do Brasil*, Gilda Chataigner aconselha: "Que tal comprinhas pela manhã? Não se esqueça dos enlatados pois se você sair do Rio […] irá precisar de salsichas e patês. Conjuntinhos para o weekend? Veja as espetaculares calças de estopa da Portofino, com cintinho branco e azul e cintura *saint-tropez*. À noite fique em casa […] lendo o delicioso *Homem ao cubo*, de Leon Eliachar".

***

Linha do Tempo

1 Os Beatles chegam ao primeiro lugar na parada de sucessos dos Estados Unidos com o compacto com as canções "I Want to Hold Your Hand" e "She Loves You".

2 O presidente dos Estados Unidos, <u>Lyndon Johnson</u>, rechaça a proposta de Charles de Gaulle para a "neutralização" do Sudeste Asiático, e afirma que levará a guerra ao comunismo "até o fim". Na primeira semana do mês, o vietcongue intensifica os ataques contra tropas do regime sul--vietnamita, controlado pelo general Nguyen Khanh desde o golpe de Estado de 30 de janeiro. No fim de fevereiro, diversas vitórias da guerrilha comunista forçam Lyndon Johnson a trocar o comandante das forças americanas no Pacífico.

2 Segundo a coluna de Carlos Castello Branco no *Jornal do Brasil*, Jango afirma a solidez de seu "dispositivo militar" e assegura que os golpistas da UDN não terão sucesso na tentativa de conquista do poder que se avizinha. Sobre a resistência ao golpe, Jango diz que ela será implacável, e que a eventual vitória dos reacionários "vai custar muito sangue". Ele afirma ter nas mãos o "V Exército", alusão ao poder sindicalista ao lado dos quatro exércitos regionais do país (I — Rio de Janeiro; II — São Paulo; III — Porto Alegre; IV — Recife).

***

2 O boneco G.I. Joe é lançado no mercado norte--americano.

3 *"O Brasil está tentando obter [...], em amplas gestões com o governo norte--americano e órgãos internacionais de crédito, que os Estados Unidos se tornem fiadores de todas as nossas dívidas, as quais, dentro de um esquema inicialmente proposto pelo governo brasileiro, começariam a vencer após um prazo de carência de quinze anos, prevendo-se desde logo que somente no século XXI conseguiríamos liquidar os compromissos até agora acumulados." Jornal do Brasil.*

3 Jango assina decreto que promove uma devassa na Petrobras para apurar as denúncias de corrupção, criando a Comissão Especial para Assuntos de Petróleo.

3 *Negros e porto--riquenhos protestam contra a segregação racial nas escolas públicas de Nova York.*

4 O presidente oferece uma fazenda da União na região de Governador Valadares a camponeses que ameaçam invadir fazendas particulares no Vale do Rio Doce — solução sugerida pelo governador mineiro Magalhães Pinto.

5 João Goulart recebe no palácio Laranjeiras uma delegação de sindicalistas que reivindica o reajuste do salário mínimo, e pede o apoio dos trabalhadores para a implantação das reformas.

6 A visita de João Pinheiro Neto, superintendente da Supra, a Governador Valadares é recebida com o comércio local fechado em protesto contra a presença desse "agente comunista de um governo comunista".

6 Cuba interrompe o fornecimento de água da base norte-americana de Guantánamo em represália à interceptação de pesqueiros cubanos ao largo da costa da Flórida, nos Estados Unidos.

6 *Luís Carlos Prestes chega a Moscou e se encontra com Khruschóv. De lá segue para a Alemanha Oriental.*

* 7 * Os Beatles desembarcam no aeroporto John Fitzgerald Kennedy, em Nova York, para uma série de apresentações na TV norte-americana. São recebidos por 10 mil adolescentes em transe. Numa matéria da CBS, o repórter diz: "Começou a invasão britânica, e seu nome de código é beatlemania".

7 *Ieda Vargas, Miss Brasil e Miss Universo 1963, é presa em Miami, acusada de furto de peças de lingerie numa loja de departamentos, no valor de US$ 24,94. É libertada depois de pagar US$ 500,00 de fiança. A miss garante que tudo não passou de um mal-entendido causado pela sua dificuldade com o idioma ianque.*

9 (DOMINGO DE CARNAVAL) Após mais uma crise grave de cirrose hepática, doença diagnosticada em 1960, morre aos 61 anos o compositor e radialista Ary Barroso, nas últimas horas do domingo de Carnaval, no Hospital Gabriel de Lucena, no Rio de Janeiro, exatamente quando a escola de samba Império Serrano, da qual era sócio benemérito, entra no desfile da avenida Presidente Vargas, com o enredo "Aquarela do Brasil", inspirado na canção mais célebre de Ary. Em sua homenagem, o Baile de Máscaras do Flamengo (clube que era a paixão do compositor) é interrompido por um minuto de silêncio, seguido pela execução de "Aquarela do Brasil".

9 Os Beatles fazem sua primeira apresentação no programa de TV *Ed Sullivan Show*, interpretando "All my Loving", "Till There Was You", "She Loves You", "I Saw Her Standing There" e "I Want to Hold Your Hand". Segundo o instituto de pesquisa Nielsen, 45% dos espectadores dos Estados Unidos — um total acachapante de 73 milhões de pessoas — veem o programa.

9 Terminam em Innsbruck, na Áustria, os Jogos Olímpicos de Inverno. A União Soviética obtém o maior número de medalhas: 25, sendo onze de ouro. Seguem-se Noruega, com quinze, e Áustria, com doze.

10 (SEGUNDA-FEIRA DE CARNAVAL) Após o velório numa capela do cemitério São João Batista, no bairro de Botafogo, Ary Barroso é sepultado num caixão coberto pela bandeira do Flamengo, ao som de "Aquarela do Brasil", executada por uma banda militar. Estrelas da música brasileira, como Linda e Dircinha Batista, Blecaute, Carlos Galhardo, Aurora Miranda e Ataulfo Alves, comparecem ao enterro. O presidente do Flamengo, Fadel Fadel, e o ministro da Justiça, Abelardo Jurema, também estão presentes. João Goulart envia uma coroa de flores.

10 O Planalto anuncia que, "por iniciativa pessoal" do presidente João Goulart, a diplomacia brasileira estuda reconhecer a China comunista até o mês de maio. Quando da renúncia de Jânio Quadros, em 1961, Jango, como seu vice, estava em visita oficial naquele país.

11 *(TERÇA-FEIRA DE CARNAVAL) A tensão entre as populações grega e turca da ilha-nação de Chipre, independente desde 1960, explode em conflitos no distrito de Limassol, deixando dezenas de feridos. As potências ocidentais e a Organização do Tratado do Atlântico Norte (Otan) hesitam em intervir.*

13 O governador do Maranhão, Newton Bello (PSD), oferece ao presidente todas as terras públicas do estado (2/3 do território) para fins de reforma agrária.

13 O ministro chefe do Gabinete Civil da Presidência da República, Darcy Ribeiro, fala à nação em cadeia nacional para defender a realização das reformas de base (agrária, eleitoral, tributária, bancária e constitucional) como meio de evitar uma revolução. Simultaneamente, o comício da Central, quando o presidente anunciará o início dessas reformas, é marcado para 6 de março, mas logo depois transferido para sexta--feira, 13 de março. O secretário de Segurança Pública da Guanabara imediatamente declara que não permitirá a realização do comício em frente à Central do Brasil.

16 *A Associação Rural de Anápolis (GO) anuncia a criação de um "dispositivo de defesa" ao longo da rodovia Belém-Brasília contra "as ameaças de invasões de terras". No dia 17, fazendeiros do Triângulo Mineiro enviam manifesto ao presidente João Goulart, informando que estão "dispostos a ir às últimas consequências em defesa de nossas propriedades".*

17 Começa em Dallas, Texas, o julgamento de Jack Ruby, pela morte de Lee Harvey Oswald, o assassino do presidente John Kennedy, em 1963.

17 *O governador do estado da Guanabara, Carlos Lacerda, demite os onze policiais da 2ª Subseção de Vigilância, mais conhecida como Invernada de Olaria, acusados de terem espancado o advogado das Ligas Camponesas Clodomir Morais, sua companheira, Célia Lima, e o motorista do casal, José Francisco da Silva. Em despacho, o governador diz: "É uma subseção, essa, que lida com a escória da sociedade, malandros contumazes, facínoras, meliantes cínicos. Numa diligência de rotina, apanhou os três criminosos que viriam a ser condenados pela Lei de Segurança Nacional. Aplicaram-lhes o tratamento tradicionalmente dado a meliantes contumazes, sem que a sociedade proteste e nem a Sociedade Protetora dos Animais se manifeste".*

17 "O teatrólogo Dias Gomes, autor de *O pagador de promessas*, desmentiu ontem ao *Jornal do Brasil* que pretenda escrever uma peça inspirada na dupla personalidade do presidente João Goulart, porque tal fato nunca lhe passou pela cabeça, e enquadrou a notícia como sendo brincadeira de alguém. Informou Dias Gomes que terminou a peça *O terço do herói* [sic], que nada tem a ver com o presidente da República nem com o deputado Leonel Brizola." *Jornal do Brasil.*

17 *Dom Hélder Câmara, arcebispo auxiliar do Rio de Janeiro, reza a missa de sétimo dia de Ary Barroso, na catedral da Candelária.*

19 *"As leis existem para impedir que meros indivíduos façam justiça com as próprias mãos, segundo seus critérios pessoais. Em se tratando de 'Herr' Carlos, quem pode garantir a moralidade do seu critério sobre meliantes? A experiência mostra que 'Herr' Carlos tem a moral de um rinoceronte: chifra quem atravessa seu caminho, indiscriminadamente."* Paulo Francis, comentando o despacho do governador Carlos Lacerda, coluna *"Informa e Comenta"*, da Última Hora.

19 Em rede nacional de rádio e TV, Jango anuncia uma reforma cambial, com a instituição de uma taxa especial de câmbio para certos produtos importados com influência na taxa de inflação (petróleo e derivados, trigo, máquinas e equipamentos). O presidente também anuncia oficialmente as negociações com os Estados Unidos e a Europa para o reescalonamento da dívida externa. O discurso é bem recebido pela oposição udenista, que o considera um aceno às forças conservadoras, e condenado pelas esquerdas.

20 O governador Carlos Lacerda ordena que a polícia política do estado invada a gráfica onde estão sendo impressos exemplares de cartilhas do Movimento de Educação de Base, ligado à ala progressista da Igreja, alegando tratar-se de material subversivo.

* * *

20 *"Para começar, nem tive o trabalho de ler a notícia. Quis saber o que era isso com meu gerente Edson e ele me informou do que se tratava. Quase tive uma coisa. Detesto dinheiro, principalmente contar dinheiro, e, segundo Edson, era isso o que eu teria que fazer. Para mim dinheiro nunca valeu nada. Sou um artista."* O costureiro Dener, sobre o rumor de que teria sido nomeado para o cargo de tesoureiro da Caixa Econômica Federal em Brasília.

21 "Mencionei que Washington está cada vez mais preocupado com a influência comunista no Brasil, cada vez mais aberta e com maior apoio, acrescentando que ela está maior até mesmo que quando da visita do procurador-geral dos Estados Unidos em dezembro de 1962. Ele respondeu defendendo a legalização do PCB, dizendo que ele genuinamente acredita que isso irá reduzir a infiltração e a influência dos comunistas sobre outros partidos, e demonstrar o quanto a força [dos comunistas] é na verdade pequena se comparada ao barulho que fazem. [...] Disse a ele que a preocupação de Washington ia além da questão da legalização do PCB, e era particularmente grande quanto à forte presença comunista na Petrobras, nas comunicações, em sindicatos importantes, no Ministério da Educação etc. A estratégia a longo prazo é obter poder, e se táticas a curto prazo mudarem da moderação para a violência, não haveria perigo muito sério de paralisação do país a não ser que fossem feitas concessões ao gosto comunista? Ele me respondeu que eu deveria parar de me preocupar com isso." Telegrama do embaixador norte-americano Lincoln Gordon ao Departamento de Estado dos Estados Unidos, a respeito de uma reunião com o presidente João Goulart no dia anterior.

21 # Jango faz um discur Vila Militar, em Deo Rio, rechaçando as golpismo e prometen as Forças Armadas.

22 *João Goulart assina os decretos que elevam os diversos níveis do salário mínimo em 100% e amenizam as disparidades regionais. Na Guanabara, o maior mínimo setorial vai para Cr$ 42 000,00; no Piauí, para Cr$ 18 000,00.*

24 "Visualmente, eles são um pesadelo: terninhos apertados num estilo meio eduardiano meio beatnik, cabelo parecendo grandes fôrmas de pudim. Musicalmente, são quase um desastre: guitarras e bateria despejando uma batida impiedosa que dispensa ritmos secundários, harmonia e melodia. Suas letras são uma catástrofe, uma misturada sem nexo de sentimentos românticos banais [...]. Provavelmente vão desaparecer em breve, como prevê a maioria dos adultos." Matéria da revista *Newsweek* sobre os Beatles.

25 *O embaixador norte-americano Lincoln Gordon e o chefe do Gabinete Militar da Presidência da República, general Assis Brasil, reúnem-se no palácio do Planalto.*

25 *Em Belo Horizonte, onde grupos de estudantes "nacionalistas" (pró--Jango) e "democráticos" (de oposição) travam batalhas verbais através de alto--falantes instalados em lados opostos de uma rua do centro, um comício da Frente de Mobilização Popular (dos "nacionalistas") é interrompido pela ação violenta de grupos "democráticos" contrários à "comunização" do país. O confronto descamba para o caos no centro da cidade, com saques e quebra-quebras, deixando um saldo de sessenta feridos.*

so apaziguador na doro, subúrbio do acusações de do reaparelhar

25 *Num dos eventos esportivos mais aguardados do ano, o jovem boxeador Cassius Clay, de 24 anos, derrota Sonny Liston em Miami Beach, tornando-se campeão dos pesos pesados. É uma surpresa para a imprensa esportiva norte--americana, que apostava firme em Liston, mais agressivo, mais experiente e mais pesado. "A única modalidade em que Clay pode derrotar Liston é em leitura de dicionário", prognosticara o repórter esportivo do* Los Angeles Times *na edição da manhã.*

29 "O comício do dia 13 no Rio, com a assinatura do decreto da Supra, está sendo encarado com apreensões nos meios políticos oposicionistas e até mesmo governistas." Jornalista Carlos Castello Branco, no *Jornal do Brasil*.

✳ ✳ ✳

28 **O ministro da Justiça cria o Comissariado de Defesa da Economia Popular, espécie de polícia de fiscalização de preços, para tentar combater a especulação e a alta da inflação.**

Março

"Nenhuma força será capaz de impedir que o governo continue a assegurar absoluta liberdade ao povo brasileiro. E para isto podemos declarar, com orgulho, que contamos com a compreensão e o patriotismo das bravas e gloriosas Forças Armadas."

(João Goulart no comício da Central do Brasil, 13 de março)

"Peça a seus adidos, ainda sem consultar as autoridades brasileiras, para que preparem recomendações sobre os tipos de armas e munições mais prováveis de serem empregadas, tendo em conta o que se conhece da situação."

(Telegrama do secretário de Estado norte-americano a Lincoln Gordon, embaixador dos Estados Unidos em Brasília, 30 de março. Classificado como Top Secret)

"**Estamos confiantes em que esses planos [contra o vietcongue] indicam o caminho da vitória.**"

(Robert McNamara, secretário de Defesa dos Estados Unidos, num discurso em Saigon em 12 de março)

"Agora, só Deus, só a Virgem podem salvar-nos. Agora está feito. O nosso dispositivo, porém, também está pronto."

(Adhemar de Barros no comício da Marcha da Família com Deus pela Liberdade, 19 de março)

"Baixa o pau só em comunista."

(Um cabo da Polícia Militar mineira dando ordens aos soldados durante a repressão ao comício trabalhista em Belo Horizonte no dia 25 de fevereiro, citado por Wilson Figueiredo no *Jornal do Brasil*, 4 de março)

NA NOITE DE TERÇA-FEIRA, dia 31, o tempo é instável, sujeito a chuvas, com a temperatura em declínio. A média no sul do país é de 23°C. Os ventos são moderados e vêm do quadrante sul. Para Brasília o Serviço de Meteorologia prevê "tempo instável com pancadas esparsas". A lua está minguando.

O ano no Brasil praticamente começou — é a primeira semana útil depois da Semana Santa. Calendário brasileiro empírico: depois das férias, depois do Carnaval, depois da volta às aulas, depois da Páscoa. Agora, sim. Agora começa.

Muito a propósito, nessa terça-feira, dia 31, a Cervejaria Brahma inicia uma nova campanha no jornalismo impresso. Sobre uma foto da praça dos Três Poderes, em Brasília, um copo de chope e os dizeres: "Em BRASÍLIA, onde desponta o bom gosto, bebe-se, como em todo o Brasil, Brahma Chopp!".

Segundo a astróloga Stella, do caderno Folha Ilustrada da *Folha de S.Paulo*, este é o horóscopo do dia 31 para os nativos do signo de Peixes, como João Goulart: "Procure melhorar no emprego. Melhore a produção e espere que sua iniciativa seja recompensada".

Como muitos jornais não circulam às segundas-feiras e as edições de fim de semana foram fechadas entre quinta e sexta-feira da semana anterior, os comentários do dia giram em torno dos desempenhos do Santos (2 a 0 contra o Vasco, no estádio do Pacaembu, em São Paulo) e do Botafogo (2 a 0 contra a Portuguesa no Maracanã, no Rio de Janeiro) no domingo.

Outros assuntos em pauta no dia incluem os "Beatle Babies", quatro criancinhas da cidade norte-americana de Macon, na Geórgia, que posaram para fotos de fraldas e perucas semelhantes ao penteado do quarteto de Liverpool, e os "canarinhos Beatles", aves com um "topete" natural de penas, "descobertas" por um ornitologista na Pensilvânia, Estados Unidos (e vendidas em grupos engaiolados de quatro); a chegada da meia-estação, "tempo outonal das gabardinas, sedas e toiles" segundo Gilda Chataigner no *Jornal do Brasil*; e a estreia do pseudodocumentário italiano *Mundo cão*, que o crítico Claudio Mello e Souza chama de "belo, forte, pitoresco, dramático, poético".

Há um eco importante ainda ressoando das edições de domingo: aquela matéria de capa de todos os jornais na qual um grupo de almirantes e oficiais da Marinha, através de um manifesto, afirma que eles "continuam unidos e dispostos a resistir por todos os meios ao seu alcance às tentativas de comunização do país". São ainda as repercussões de um levante de marinheiros que paralisou o Rio de Janeiro na Quarta-Feira Santa e foi concluído dramaticamente, com muitas idas e vindas, no Sábado de Aleluia.

Na superfície, o mês tem uma enganadora aparência de normalidade. A volta às aulas, no dia 9. Os preparativos para a Páscoa. O fim da circulação dos lotações na Zona Sul do Rio. O primeiro voo direto, semanal, entre São Paulo e Paris, pela Air France, saindo do Aeroporto Internacional de Viracopos, em Campinas. O começo do torneio Rio-São Paulo de futebol, em que Bangu, América e Santos estão bem cotados.

A temporada de cinema afinal começa, e anuncia-se para breve as estreias de *Ganga Zumba*, de Cacá Diegues; *Os fuzis*, de Ruy Guerra; *O gato de madame*, com Mazzaropi e Odete Lara; *Lawrence da Arábia*, de David Lean; *A noite*, de Michelangelo Antonioni; *Pão de Açúcar*, com Odete Lara "e grande elenco internacional" e direção de Paul Sylbert; *Terra sem Deus*, de José Carlos Burle, com Maurício do Vale; *Sodoma e Gomorra*, com Anouk Aimée. O sucesso do filme francês *A guerra dos botões*. O frisson por *Os fuzis* ter sido preterido pela comissão do Itamaraty encarregada de escolher um enviado brasileiro ao Festival de Cinema de Cannes em favor de *Deus e o diabo na terra do sol*, de Glauber Rocha, que provoca delírio em sessões fechadas e tem lançamento previsto para abril. As filmagens de *Noite vazia*, de Walter Hugo Khouri, com Norma Bengell e Odete Lara.

Peter O'Toole: clássico como T. E. Lawrence.

A parada de sucessos, dominada por "Doce amargura", com Moacyr Franco, "Sabe Deus", de Carlos Alberto, "Acorrentados", de Agnaldo Rayol, "The Hully Gully", de Chubby Checker e "Dominique", versão brasileira, cantada por Giane, do sucesso internacional da belga "Irmã Sorriso", Jeanine Deckers. O novo programa de Bibi Ferreira, *Bibi Sempre aos Domingos*, da TV Excelsior, transmitido para Rio e São Paulo. O zum-zum sobre essa moça, Nara Leão, a "musa da bossa nova" (segundo a revista *Fatos e Fotos*), que, depois do sucesso do pocket show Pobre menina rica, na boate carioca Au Bon Gourmet, gravou seu primeiro long-play para o prestigioso selo Elenco, interpretando Zé Kéti, Nelson Cavaquinho e Cartola. Esse novo trio de bossa-jazz, o Zimbo Trio, que faz sucesso na boate paulistana Oásis. A denúncia de plágio do grande sucesso do Carnaval "Bigorrilho", que seria uma cópia de "O malhador", de Donga, Pixinguinha e Mauro de Almeida, lançada em 1919.

Em São Paulo, a *Folha* lamenta a "falta de oportunidades de lazer" para o paulistano. No Rio, o *Jornal do Brasil* descobre o bar Dezon, em Copacabana, no qual "se reúne diariamente um grupo de jovens inadaptados às convenções sociais burguesas, para jogar xadrez, discutir pintura, cinema, amor, música, fumar maconha, cheirar cocaína, exercitar os músculos — em brigas eventuais — ou o francês aprendido na Aliança Francesa".

A Simca apresenta seu lançamento do ano, o Simca Chambord Tufão V-8, um sedã quatro portas com "radiador de óleo, avanço manual do distribuidor e freios Twinplex". A General Motors do Brasil contra-ataca com quatro novos modelos: uma picape, dois caminhões e uma caminhonete de cabine dupla, a C-14.

Jeanne Moreau, musa de Pierre Cardin.

Em Paris, os grandes costureiros apresentam suas propostas para a primavera/verão no hemisfério norte. Pierre Cardin, um verdadeiro deus da *couture*, desfila modelos "medindo rigorosamente 1,67 m, a altura ideal para ele, ou seja, a altura de Jeanne Moreau", em saias feitas de lenços de seda, mangas Tom Jones, "vaporosas e bufantes em organdi ou musselina", decotes imensos, vestidos assimétricos "para grande gala". Yves Saint-Laurent, grande rival que em breve tomará a dianteira levando seu trabalho para o prêt-à-porter, propõe uma coleção "tipicamente francesa", com tailleurs de casacos curtos e influência provençal nas "roupas para campo e praia". Chanel lança as blusas escocesas em laranja e rosa, longos fourreaux negros com penas de avestruz e os coques na nuca envoltos em largas fitas de veludo negro que em breve se tornam coqueluche como "coque Chanel".

Não há muito registro na imprensa brasileira, mas, no exterior, a coleção mais comentada não é nenhuma dessas, e sim a de um novato, o francês André Courrèges, que, três anos depois de abrir sua própria maison, propõe um estilo nunca visto: vestidos curtos, túnicas, calças, peças altamente estruturadas, em preto, branco e cores primárias, linhas puras inspiradas em Mondrian e uso farto de materiais não convencionais: plásticos, vinil, metal. A coleção, batizada Space Age [Era Espacial], divide a imprensa de moda. É chamada de grosseira, vulgar, pouco prática, nada comercial — afinal, a clientela das *maisons de couture* é essencialmente de meia-idade, conservadora e abonada. Mas a revista francesa *Vogue* abraça Courrèges na largada, apresentando suas peças num editorial da edição de março e afirmando que ele traz "um novo olhar, o olhar da nova geração, da era espacial".

Mas, por trás da aparente normalidade, há um Brasil em queda livre. A situação econômica é gravíssima, uma prensa entre o endividamento do país e a combinação perversa de inflação e especulação que enlouquece os preços. No início do mês, o dólar oficial supera a barreira de Cr$ 1000,00. Em cerca de quinze dias o paralelo vai a Cr$ 1500,00, a Cr$ 1700,00 no dia 20, e fecha março a Cr$ 1800,00.

Greves se sucedem — logo na primeira semana do mês uma greve dos trabalhadores da indústria do fumo deixa Guanabara, São Paulo e Minas Gerais sem cigarros. Depois, o Rio de Janeiro fica sem transportes públicos e telecomunicações por dias, graças a duas paralisações sindicais. No Rio Grande do Sul o desabastecimento de gasolina chega a níveis críticos, e o governador Ildo Meneghetti pede auxílio federal para solucionar o problema do transporte naval de combustível, chegando a cogitar o pedido de uma intervenção da Marinha.

Há manifestações. Passeatas. Conclamações. Ameaças. Denúncias. Contendas. As manchetes dos jornais são bombásticas, exclamativas, no limiar da histeria. No início do mês a "Coluna do Castello", no *Jornal do Brasil*, revela que as esquerdas e a Frente Parlamentar Nacionalista avaliam que o comício do anúncio das reformas de base, marcado para sexta-feira 13, será o ponto de partida de uma ofensiva política de João Goulart com vistas a sua permanência no poder mediante uma "ditadura consentida" amparada pelas massas populares. Num editorial no dia 8, o *JB* afirma que "o rei está nu". Enquanto isso, Paulo Francis "informa e comenta", na *Última Hora*, que em toda parte há ações golpistas do Instituto Brasileiro de Ação Democrática (Ibad), uma das muitas fachadas de operações da CIA no Brasil.

Tantos discursos são feitos e não feitos que a revista *Fatos e Fotos*, na última semana do mês, abre sua matéria mais importante com um ranking de quem conseguiu e quem não conseguiu falar, um ensaio fotográfico sobre "a hora de bater" e "a hora de correr", e um longo ensaio sobre "A arte do golpe", em quatro estilos: "à brasileira", "à hispano-americana", "à asiática" e "à africana".

Os telégrafos da embaixada norte-americana e do Departamento de Estado, em Washington, estão trabalhando dia e noite. Mas isso ainda não se sabe.

O que se sabe é a progressão sistemática, quase elegante, das grandes eclosões do outono. O comício da Central. O motim dos marinheiros. E aquela noite chuvosa do dia 31.

***

Linha do Tempo

1 João Goulart completa 45 anos.

1 **Termina o horário de verão.**

✽✽✽
✽✽✽
✽✽✽
✽✽✽

2 *O coronel Domingos Ventura, responsável pela segurança do comício de João Goulart na Central do Brasil, no Rio de Janeiro, dia 13, afirma que a Polícia do Exército "reagirá prontamente" a qualquer provocação ou ameaça à integridade física do presidente. Anuncia-se que 3 mil homens da PE farão a segurança do evento (num total de 8 mil militares).*

2 Numa aula magna na Escola Superior de Guerra, o marechal Castello Branco, chefe do Estado-Maior do Exército, afirma que "em alguns países o Exército vê-se obrigado a apoiar regimes ditatoriais ou de força, o que não ocorre em nosso país, onde o regime é apoiado principalmente pelo povo, e seu Exército pode colocar-se sem dificuldades ao lado da legalidade".

✳2✳ *A TV Tupi estreia a novela* Alma Cigana, *adaptação de Ivani Ribeiro para o original de Manuel Muñoz Rico. Estrelada por Ana Rosa (em papel duplo) e Amilton Fernandes, com direção de Geraldo Vietri, é a primeira novela diária, no horário nobre, da Tupi (sua principal concorrente, a TV Excelsior, já adota o formato desde o ano anterior). Primeira novela da teledramaturgia brasileira a ser gravada em videoteipe,* Alma Cigana *se tornará um dos maiores ucessos do ano.*

✳3✳ *Os banhistas da praia de Botafogo, no Rio de Janeiro, são surpreendidos por uma bizarra operação de desembarque anfíbio de uma tropa da Marinha com canhões, fuzis e metralhadoras — uma "demonstração" em honra do 156º aniversário do Corpo de Fuzileiros Navais.*

✳4✳ Matéria da revista norte--americana US News and World Report afirma que "o Brasil poderá ser a China comunista da América Latina", por conta de seu "ressentimento em relação aos Estados Unidos e ao clima para modificações revolucionárias".

✳4✳ A ONU solicita ao Brasil e ao Canadá, entre outros países, o envio de tropas para compor uma força de paz em Chipre, mas o governo brasileiro recusa, alegando não poder colaborar no momento devido a problemas financeiros e ao fato de que soldados brasileiros já integram forças de paz no Oriente Médio e no Congo. É iminente uma invasão turca da ilha.

✳5✳ *O secretário de Defesa norte--americano,* Robert McNamara, *viaja ao Vietnã do Sul pela quarta vez em dois anos, para supervisionar a ação das tropas dos Estados Unidos, cada vez mais envolvidas nos combates contra a guerrilha comunista. A violência aumenta com a notícia da viagem.*

* 6 * *O líder negro norte-americano Malcolm X, suspenso da organização religiosa Nação do Islã, anuncia em Nova York os preparativos para a fundação de um partido nacionalista afro-americano.*

* 6 * *O ex-presidente Juscelino Kubitschek, senador pelo PSD-GO, afirma à bancada mineira que está disposto a apoiar a instauração da reeleição do presidente da República. No mesmo dia, Carlos Lacerda anuncia sua intenção de se candidatar à presidência.*

* 6 * *Retorna a Washington a missão do FMI que veio coletar informações sobre a economia brasileira e o combate à inflação.*

* 7 * Oitocentas mulheres pernambucanas lançam um "movimento de defesa da democracia", em manifestação que inclui uma homenagem ao comandante do IV Exército, general Justino Alves Bastos.

* 8 * O conjunto britânico Dave Clark Five apresenta-se pela primeira vez no Ed Sullivan Show, da cadeia de televisão norte-americana CBS. O quinteto, segundo representante da "Invasão Britânica" a marcar presença nos Estados Unidos, interpreta seu grande sucesso "Glad All Over", que acabara de desbancar "I Want to Hold Your Hand", dos Beatles, nas paradas de sucesso britânicas.

* 9 * Em rede nacional, João Goulart, ladeado pelo general Argemiro de Assis Brasil e por Darcy Ribeiro, fala à nação para explicar as reformas econômicas que implantará até o final do mandato, visando o saneamento financeiro do Estado e o combate à inflação. As medidas incluem cortes no orçamento de 1964 e a concessão de empréstimos para trabalhadores sindicalizados.

* 9 * O presidente do Banco do Brasil, Nilo Medina Coeli, emite nota oficial contra boatos de que haveria um pedido de falência impetrado contra o banco. "Salta aos olhos o absurdo do pedido, já que ninguém poderá jamais acreditar que esteja o Banco do Brasil em insolvência, incapaz de honrar cheque contra ele emitido, em forma regular. Somente o desvario de paixões políticas poderia levar o emitente do cheque ao impatriotismo de arrastar o maior estabelecimento de crédito do país ao pelourinho do descrédito público".

* 9 * *Um jornalista da revista O Cruzeiro, Douglas Silva, é agredido em seu quarto de hotel no Recife, e atribui o episódio a "elementos do Partido Comunista".*

10 *"[Manterei] posição firme de defesa das instituições, ameaçadas pela subversão desencadeada no país." Auro de Moura Andrade, em discurso ao tomar posse como presidente do Senado.*

11 As embaixadas dos Estados Unidos e do Reino Unido são saqueadas por uma multidão em Phnom Penh, capital do Camboja.

11 *O cardeal*, de Otto Preminger, com John Huston e Romy Schneider, e *As aventuras de Tom Jones*, de Tony Richardson, com Albert Finney e Susannah York, são escolhidos respectivamente melhor filme/drama e melhor filme/comédia ou musical na 21ª edição do Globo de Ouro, em Los Angeles. Elia Kazan vence como melhor diretor por *Terra de um sonho distante*. Leslie Caron (por *A mulher que pecou*) e Shirley MacLaine (por *Irma La Douce*) levam o prêmio de melhor atriz respectivamente nas categorias drama e comédia/musical. Sidney Poitier (por *Uma voz nas sombras*) e Alberto Sordi (por *Il diavolo*) ganham como melhores atores nas mesmas categorias.

12 Malcolm X
deixa oficialmente
a Nação do Islã.

12 Congregados marianos e integrantes do movimento Ação Católica entram em confronto durante quatro horas no centro de Belo Horizonte.

13 O Conselho de Segurança da ONU aprova uma resolução para constituir uma força de paz internacional em Chipre. O general brasileiro Carlos Flores Piva Chaves assume provisoriamente o comando das forças da ONU, que começam a chegar a Chipre no dia 14.

13 Começa às 18h, na praça Cristiano Ottoni, em frente à estação ferroviária Central do Brasil e ao Ministério da Guerra, no centro do Rio de Janeiro, o comício agendado pela presidência para anunciar diversas medidas de reforma. O governador Carlos Lacerda, numa tentativa de esvaziar o evento, decretara ponto facultativo no estado da Guanabara. Os bancos fecham ao meio-dia (menos o Banco do Brasil), assim como quase todas as escolas e estabelecimentos comerciais. Todas as guarnições militares no país estão em estado de prontidão. A oposição udenista, liderada por Olavo Bilac Pinto e pelos deputados Pedro Aleixo e Adauto Cardoso, se coloca numa "vigília cívica" para defender as instituições. Itens básicos do comício:

- a assinatura dos decretos da Supra, declarando de interesse social e passíveis de desapropriação para reforma agrária as fazendas ociosas com mais de quinhentos hectares situadas numa faixa de dez quilômetros de rodovias, ferrovias e açudes da União, e a encampação das refinarias privadas pela Petrobras em cerimônia nessa tarde no palácio Laranjeiras;

- o anúncio do tabelamento dos aluguéis;

- o início do movimento popular das reformas de base por meio de propostas de plebiscitos e emendas constitucionais.

Cerca de 200 mil pessoas comparecem ao comício. Contrariando boatos que chegaram até o *Jornal do Brasil* — de que, por motivos de segurança, João Goulart teria mandado a mulher e os filhos para Brasília —, a primeira-dama, Maria Thereza, está ao lado de Jango no palanque, elegante num vestido azul. O palanque, aliás, é o mesmo de onde Getúlio Vargas anunciou a instauração do Estado Novo, em 1937.

Além de Jango, falam, pela ordem: José Lélis, representante sindical da Guanabara; Olímpio Mendes, da União Brasileira dos Estudantes Secundaristas (Ubes); Sérgio Magalhães, deputado da Frente Parlamentar Nacionalista; Seixas Dória, governador de Sergipe; senador Arthur Virgílio, líder do PTB no Senado; João Pinheiro Neto, superintendente da Supra; José Serra, presidente da UNE; Miguel Arraes, governador de Pernambuco; Doutel de Andrade, líder do governo na Câmara; Leonel Brizola; Eloy Dutra, vice-governador do estado da Guanabara; Badger Teixeira da Silveira, governador do estado do Rio de Janeiro; e, finalmente, Jango. A fala presidencial dura cerca de uma hora, das 20h46 às 21h50.

Simultaneamente, senhoras paulistas — entre elas a esposa do governador da Bahia, Antônio Lomanto Júnior — rezam um terço nas escadarias da catedral da Sé, "pedindo a proteção de Deus contra a ameaça comunista no Brasil".

14 "O que se vê por aí é comunismo no duro."

Adhemar de Barros, em pronunciamento comentando o comício da Central.

13 _Jack Ruby_ é julgado culpado da morte de Lee Harvey Oswald, assassino do presidente John Kennedy, e condenado à execução na cadeira elétrica.

14 Mais de cem famílias são removidas à força da favela Getúlio Vargas, no Leblon, no Rio de Janeiro, e levadas para conjuntos residenciais nos subúrbios da Zona Oeste da cidade. Lacerda e Sandra Cavalcanti comandam pessoalmente a operação.

15 No palácio Laranjeiras, João Goulart assina o decreto do tabelamento de aluguéis de imóveis desocupados em todo o país. A exposição de motivos, de cinco páginas, inclui este parágrafo: "O escândalo contra a economia popular é tamanho que se leem anúncios de aluguel por US$ 400,00 e US$ 500,00 mensais, como se não houvesse lei tornando nulos os contratos em moeda estrangeira conforme decreto nº 23501 de 27/11/33, art. 1º".

15 _Em Juiz de Fora, um efetivo de mais de mil policiais é mobilizado para garantir a segurança de um comício de Miguel Arraes contra a ação de 3 mil manifestantes, que empunham crucifixos e rosários, rogando a Deus contra a "praga comunista"._

15 Elizabeth Taylor e Richard Burton, que viviam um tórrido e escandaloso caso de amor desde que trabalharam juntos no filme *Cleópatra*, no ano anterior, se casam em Montreal, no Canadá. Exultante, ela declara: "Estou tão feliz que nem acredito. Este casamento vai durar para sempre".

15 O papa Paulo VI indica para o posto de arcebispo de Recife e Olinda (vago desde o dia 7, com o falecimento de dom Carlos Coelho) dom Hélder Câmara, reconhecido pelo engajamento social.

15 *Os Estados Unidos e o Vietnã do Sul anunciam que vão estender a guerra até o Vietnã do Norte: é o marco inicial da escalada do conflito.*

16 João Goulart envia ao Congresso mensagem pedindo a reforma da Constituição, que inclui o voto dos analfabetos, a supressão da indenização prévia nas desapropriações de interesse nacional e da vitaliciedade de cátedra, a adoção do princípio de delegação legislativa, a legalização do Partido Comunista e a autorização para que Executivo e Legislativo possam convocar plebiscitos para determinar as reformas constitucionais.

＊16＊ *"Os líderes da UDN vão desenvolver, a partir de amanhã, um trabalho de arregimentação nas áreas militares para obter base capaz de sustentar a decretação do impeachment do presidente João Goulart, do qual se tornou passível, de acordo com estudos jurídicos udenistas feitos durante a madrugada e a manhã de ontem, depois do seu pronunciamento no comício realizado anteontem nas imediações do Ministério da Guerra." Coluna "Coisas da Política"*, Jornal do Brasil.

＊16＊ Em Nova York, mais de 250 mil estudantes faltam às aulas para protestar contra o racismo e a favor da Lei de Direitos Civis promulgada pelo presidente Lyndon Johnson.

＊18＊ *Uma greve geral promovida pela Confederação Geral do Trabalho paralisa a França durante uma visita do presidente De Gaulle ao México.*

＊ ＊ ＊

18 "Uma análise da fase mais recente da crise (deslanchada pelo comício do dia 13 de março e pela mensagem do presidente ao Congresso) levou-nos a concluir que há elementos perigosos presentes, inexistentes em outros momentos críticos. [...] Existe uma compreensão geral de que Goulart 'se definiu'. Este compromisso (que parece muito mais firme e explícito do que qualquer outro momento do passado de Goulart) até o momento recebeu apoio consistente de toda a esquerda — incluindo Brizola, PCB e diversos grupos e subgrupos. [...] O impulso da ofensiva de Goulart não parece ter nenhum elemento de abrandamento (por exemplo, rumores de dissensão nas esquerdas, recuos do presidente etc.). [...] Nossa sugestão é que haja discreta colocação de matérias na imprensa, originando-se em Washington, indicando a preocupação do governo dos Estados Unidos com os fatos recentes no Brasil." Telegrama do embaixador Lincoln Gordon ao Departamento de Estado norte-americano.

18 A gravadora norte-americana Verve lança *Getz/Gilberto*, LP que reúne o saxofonista Stan Getz e a cantora Astrud Gilberto — então casada com João Gilberto. Antonio Carlos Jobim, compositor da maioria das faixas, acompanha a dupla ao piano e assina os arranjos. O repertório inclui "The Girl from Ipanema", versão para o inglês (de Norman Gimbel) de "Garota de Ipanema", de Tom e Vinícius; "Desafinado"; "Corcovado", "Só danço samba" e "Vivo sonhando". *Getz/Gilberto* torna-se rapidamente um enorme sucesso de crítica e público, impulsionando "Girl from Ipanema" para o topo das paradas e tornando a bossa nova o ritmo da moda nos Estados Unidos.

19 Em São Paulo, uma multidão estimada entre 50 mil (segundo Paulo Francis) e 500 mil pessoas (segundo a maioria dos jornais) participa da Marcha da Família com Deus pela Liberdade, ao som da banda da Força Pública. Entre os oradores do palanque armado na praça da Sé estão o presidente do Senado, Auro de Moura Andrade, e o governador Adhemar de Barros. No mesmo horário, a polícia impede uma contramanifestação de estudantes da Faculdade do Largo São Francisco que incluiria o enterro simbólico de Adhemar.

19 Numa reunião no apartamento de Brizola no Rio, Miguel Arraes e outros líderes da esquerda consideram que Jango de fato prepara um golpe. No campo oposto, Magalhães Pinto e Adhemar de Barros se encontram reservadamente em São Paulo após a marcha.

19 "[João Goulart] é um presidente fora da lei." Carlos Lacerda, em entrevista ao *Jornal do Brasil*.

19 # Os Estados Unidos anunciam uma nova arma que será testada pelas Forças Armadas: o "raio da morte", ou raio laser.

19 "A única coisa pior do que a situação econômica do Brasil é a situação política. Goulart é um incompetente, um delinquente juvenil, que representa uma minoria de brasileiros. A curto prazo ele parece interessado apenas em sua sobrevivência. A longo prazo, ele provavelmente vai apoiar uma revolução do tipo peronista, com muita corrupção nos altos escalões e apoio das classes trabalhadoras. [...] Nossas relações com as Forças Armadas do Brasil são boas. Isto é muito importante. [...] Nossos esforços com estudantes no Brasil começaram, mas ainda há muito o que fazer. Este é um setor crucial na América Latina que, em sua maior parte, nós abandonamos nas mãos de nossos inimigos. [...] No caso de uma guerra civil, a embaixada está preparada." Memorando de Gordon Chase, do Conselho de Segurança Nacional dos Estados Unidos, para William Bundy, assessor especial do presidente dos Estados Unidos para assuntos de segurança nacional.

20 *Leonel Brizola se encontra reservadamente com Jango na Granja do Torto, em Brasília. Para pressionar a imprensa, majoritária e abertamente antijanguista, o chefe da Casa Civil, Darcy Ribeiro, anuncia no mesmo dia que o governo estuda decretar o monopólio estatal do papel de imprensa.*

20 *Manchete da* Folha de S.Paulo *a respeito da Marcha da Família:* "São Paulo parou ontem para defender o regime". *Manchete do* Jornal do Brasil: "Povo paulista une-se para preservar a Constituição". Tavares de Miranda em sua coluna na Folha Ilustrada, da* Folha de S.Paulo: "O desfilar contínuo, compacto, como um rio que desembocou no mar da praça da Sé, onde milhares já esperavam ansiosos. E as gentes das calçadas aguardando a chegada de seus grupos? E a gente das sacadas aplaudindo a passagem do cortejo cívico? [...] Uma beleza! Realmente, São Paulo, pela sua família, pela sua gente que trabalha e produz a grandeza dessa pátria comum, esteve ontem mostrando que nem tudo está perdido, em defesa da Constituição, e que o amanhã é de nossos filhos". Carlos Lacerda, que assistiu à marcha, mas não discursou, declara: "São Paulo está começando a salvar o Brasil".*

20 O governo federal desembolsa Cr$ 15 bilhões pela encampação das refinarias privadas pela Petrobras.

20 Em manifesto à nação, Magalhães Pinto, governador de Minas Gerais, cobra do presidente João Goulart "uma atitude franca e clara, pois sem desconhecermos a existência de transformações revolucionárias em curso, resultantes da tomada de consciência do nosso povo, afirmamos que a revolução comandada de cima não é outra coisa senão o golpe de Estado".

21 O socialista Salvador Allende anuncia sua candidatura à presidência do Chile nas eleições de setembro.

21 Gigliola Cinquetti, de dezesseis anos, vence o Festival Eurovisão da Canção, em Copenhague, Dinamarca, com "Non ho l'età", de Nicola Salerno e Mario Panzeri.

24 "É inútil pretender restringir as manifestações em São Paulo a senhoras grã-finas e desocupadas. O fascismo apela para o descontentamento de todas as classes sociais. Hitler e Mussolini tinham massas: esta palavra aliás é de origem fascista. Os líderes populares brasileiros, à exceção dos sindicais, funcionam de cima para baixo, isto é, através de formulações sistemáticas. O povo é mais empírico." Paulo Francis em sua coluna do jornal *Última Hora*.

21 Contrariando ordens superiores, os diretores da Associação de Marinheiros e Fuzileiros Navais — cujo presidente é o cabo José Anselmo dos Santos — comparecem a um programa da Rádio Mayrink Veiga em homenagem aos trabalhadores da Petrobras. O evento é parte das celebrações de aniversário da associação, previstas para continuar dia 25, com uma solenidade na sede do Sindicato dos Metalúrgicos do Rio de Janeiro, para a qual é convidado o presidente João Goulart.

22 "Arte, aqui para nós, é na base da câmera na mão e da ideia na cabeça." Glauber Rocha, em entrevista ao *Jornal do Brasil*.

23 A secretária de Serviços Sociais da Guanabara, Sandra Cavalcanti, é recebida com vaias e pedradas durante uma tentativa de remoção de famílias da favela da praia do Pinto, no Leblon. Sandra atribui a recepção violenta à infiltração comunista.

24 É lançado o primeiro livro de John Lennon, *In His Own Write*, uma coletânea de poemas, crônicas e desenhos.

24 João Goulart anuncia um abono imediato de 100% para o funcionalismo público federal e regulamenta a profissão de jogador de futebol.

25 *"O gênio, o mau-caráter, o louco, o revolucionário é Glauber Rocha, baiano, 25 anos, realizador de* <u>Deus e o diabo na terra do sol</u>. *Dizem que sofreu a influência de Kurosava [sic]. De Eisentein [sic]. De Buñuel. De fulano. De sicrano. Trata-se, porém, de um filme de Glauber Rocha. [...] Apresentando Geraldo Del Rey no papel do vaqueiro que se transforma em beato e Yoná Magalhães vivendo sua mulher Rosa, que o acompanha pelos desesperados caminhos de Deus e do diabo. E Othon Bastos, na figura de Corisco, o diabo louro que plantou o inferno na terra, ao lado de Sonia dos Humildes, no papel de sua mulher Dadá. Maurício do Vale no papel do jagunço Antônio das Mortes que, sem ter santo padroeiro, jurou em dez igrejas que cortaria a cabeça de Corisco. E mais o beato Sebastião, representado por Lidio Silva, o deus negro que anunciava uma chuva de ouro do sol." Carlos Leonam em sua coluna "... De Homem para Homem",* no Jornal do Brasil, *comentando a inclusão do filme de Glauber na seleção do Festival de Cannes do ano.*

* * *

25 Liderados por José Anselmo dos Santos, conhecido como Cabo Anselmo, mais de 3600 marinheiros amotinam-se e reúnem-se no Sindicato dos Metalúrgicos, exigindo melhores condições de trabalho e apoiando as reformas de base propostas por Jango.

26 (QUINTA--FEIRA SANTA) O secretário de Defesa norte--americano, Robert McNamara, afirma que os Estados Unidos estão determinados a aumentar a ajuda militar ao Vietnã do Sul na guerra contra os rebeldes comunistas.

26 O ministro da Marinha, Sílvio Mota, ordena a prisão dos líderes do motim e envia fuzileiros navais comandados pelo contra--almirante Cândido Aragão para debelar o levante. Os fuzileiros, contudo, aderem aos amotinados. João Goulart, ao saber do ocorrido, dá ordens proibindo qualquer repressão ao movimento dos marinheiros e exonera Aragão. Mota, sob pressão, se demite.

26 A "Coluna do Castello", no *Jornal do Brasil*, noticia que uma "circular reservada" de autoria do chefe do Estado-Maior do Exército, Humberto de Alencar Castello Branco, tem alcançado grande repercussão nos meios militares, que já estaria em estado de prontidão em muitas unidades.

26 *"Mulher carioca. Mãe carioca. Esposa carioca. Irmã carioca. O nosso direito de amar a Deus e a liberdade e a dignidade de nossos maridos, filhos e irmãos estão ameaçados pelos comunistas, primários em seus instintos e brutos em seus sentimentos." Anúncio de convocação para a Marcha da Família com Deus pela Liberdade, marcada para o dia 2 de abril no centro do Rio de Janeiro.*

27 (Sexta-Feira Santa) O ministro do Trabalho, Amaury Silva, negocia um acordo e os marinheiros amotinados deixam a sede do sindicato, cercado por tanques e tropas da Polícia do Exército. Uma rajada de metralhadora vinda do prédio vizinho ao Ministério da Marinha deixa um morto e vários feridos. Os líderes do movimento são imediatamente presos pelas autoridades navais, sob acusação de motim. Horas depois João Goulart anistia os amotinados, para constrangimento e revolta das Forças Armadas. O novo ministro da Marinha, Paulo Mário da Cunha Rodrigues — que os jornais denunciam como tendo sido escolhido a partir de uma lista sugerida ao presidente pelo Comando Geral dos Trabalhadores (CGT) —, recebe o Cabo Anselmo, que é carregado em triunfo por seus companheiros. João Goulart restitui a Aragão o comando dos fuzileiros e vai para Brasília passar a Páscoa em família.

∗∗∗

27 Às 17h36, um terremoto de magnitude 9,2 na escala Richter abala a região central do Alasca, nos Estados Unidos, deixando um saldo de 128 mortos, milhares de feridos e vasta destruição na cidade de Anchorage, uma das maiores do estado. O terremoto gera um tsunami que atinge uma grande área costeira do Pacífico, causa devastação em cidades do Canadá, do Havaí e do noroeste dos Estados Unidos.

28 (SÁBADO DE ALELUIA) O rei Saud, da Arábia Saudita, é forçado por seu irmão, Faisal, a abdicar o trono.

28 *Almirantes e oficiais do Clube Naval denunciam publicamente, num manifesto à nação, a comunização iminente do Brasil.*

28 Em Juiz de Fora, os generais Olímpio Mourão Filho, Odylio Denys e outros se reúnem com o governador Magalhães Pinto. Tema do encontro: a escolha da data do início de uma mobilização militar para depor João Goulart. Os conspiradores se decidem por 4 de abril. Quando se descobre que o dia cairá numa lua minguante, muda-se a data da mobilização para 8 de abril.

28 "Minha conclusão informada é que Goulart está definitivamente engajado numa campanha para assumir poder ditatorial, aceitando, para este fim, a colaboração ativa do Partido Comunista Brasileiro e de outros revolucionários da esquerda radical. Se ele tiver sucesso, é mais do que provável que o Brasil se veja sob completo domínio comunista. Embora Goulart possa estar esperando se livrar de seu apoio comunista e partir para o modelo peronista que ele pessoalmente prefere." Telegrama do embaixador norte--americano Lincoln Gordon ao Departamento de Estado dos Estados Unidos. Classificado como Top Secret e extremamente urgente.

28 Os Beatles tornam-se as primeiras celebridades pop a terem suas estátuas de cera expostas no museu Madame Tussauds, em Londres.

29 (Domingo de Páscoa) Início das transmissões, a partir de um navio ancorado a cinco quilômetros da costa britânica, da Radio Caroline, a primeira rádio pirata do Reino Unido, desafiando o monopólio da BBC e tocando exclusivamente rock 'n' roll.

29 O governador Carlos Lacerda muda-se para o palácio Guanabara. É parte essencial de um elaborado plano de defesa do palácio, em preparação desde o ano anterior, e que prevê um arco de cinco batalhões da Polícia Militar em torno do prédio, uma linha de militares e civis voluntários, fortemente armados, nos edifícios da vizinhança, e o posicionamento do 2º Batalhão da Polícia Militar como linha de frente, com caminhões e armas antitanques. Em sua primeira noite no palácio, Lacerda assiste até altas horas o filme *PT 109*, sobre um episódio da juventude do presidente John Kennedy, interpretado por Cliff Robertson, em combate durante a Segunda Guerra Mundial.

29 *Última Hora* anuncia suas novidades para 1964: uma revista em cores; séries com a vida do jogador Leônidas da Silva, o "Diamante Negro", e a "Crônica Ilustrada dos Grandes Amores da História do Brasil", a seção "Jovem Guarda", de Sérgio Marques, com "fatos curiosos sobre o modo de viver, agir e pensar das novas gerações"; e a coluna de Stanislaw Ponte Preta (pseudônimo do jornalista, escritor e compositor Sérgio Porto).

30 *Grupos de mods e rockers se enfrentam na praia do balneário de Clacton-on-Sea, no primeiro dos grandes conflitos de gangues que marcarão o ano na Inglaterra.*

30 Recomeça o racionamento de energia elétrica no Rio e em São Paulo, diariamente das 8h às 11h e das 17h40 às 22h40, com revezamento entre os bairros.

30 O Clube Militar apoia o manifesto dos oficiais do Clube Naval divulgado no dia 28. O jornal francês *Le Figaro* noticia: no Brasil vai ocorrer algo, mas "o que vai acontecer? E quem o fará?".

30 Numa reunião de mil sargentos no Automóvel Clube do Rio de Janeiro, João Goulart pede o apoio das Forças Armadas para suas reformas de base. "A crise que se manifesta no país foi provocada pela minoria de privilegiados que vive de olhos voltados para o passado e teme enfrentar o luminoso futuro que se abrirá à democracia pela integração de milhões de patrícios nossos na vida econômica, social e política da nação, libertando-os da penúria e da ignorância", afirma Goulart em seu discurso, acrescentando: "O momento que estamos vivendo exige de cada brasileiro o máximo de calma e de determinação, para fazer face ao clima de intrigas e envenenamentos que grupos poderosos estão procurando criar contra o governo, contra os mais altos interesses da pátria e contra a unidade de nossas Forças Armadas".

* * *

30 Reunidas no Colégio São José, no bairro carioca da Tijuca, as organizadoras da Marcha da Família com Deus pela Liberdade, marcada para o dia 2 de abril, fazem seus últimos preparativos. Falando às senhoras, o deputado Danilo Nunes, da UDN, alerta sobre possíveis provocações comunistas e denuncia uma iminente greve dos transportes e outros boatos alarmistas visando "intranquilizar as mulheres da Guanabara". A marcha conta com o apoio e a participação, entre outros, da Federação das Filhas de Maria do Rio de Janeiro, da Frente da Juventude Democrática, da Falange Patriótica, da Cruz Vermelha Brasileira e da Sociedade de Amigos das Adjacências da Rua da Alfândega (Saara).

30 *O coronel Vernon Walters, adido militar da embaixada norte-americana em Brasília, envia um telegrama para o Ministério da Guerra dos Estados Unidos, informando que está saindo de uma reunião com "líderes do movimento de resistência a Goulart" e que "foi decidido que a ação começaria esta semana". Acrescenta que o major Gustavo Moraes Rego partirá na manhã seguinte para Recife "levando instruções para o comandante do IV Exército, Justino Alves Bastos".*

30 "A política dos Estados Unidos com relação ao Brasil é baseada na determinação de apoiar de todos os modos possíveis a manutenção de um governo representativo e constitucional no Brasil, livre da ameaça constante de ditadura da esquerda através da manipulação de Goulart/Brizola. É de grande importância que haja uma preferência da posição de legitimidade por aqueles que se opõem a influências comunistas e extremistas. É altamente desejável, portanto, que se alguma ação for empreendida pelas Forças Armadas, ela seja precedida ou acompanhada de uma clara demonstração de ações inconstitucionais por parte de Goulart e seus colegas ou que a legitimidade seja confirmada por atos do Congresso (se estiver livre para agir) ou por declarações dos governadores-chave ou por algum outro meio que confirme uma reivindicação substancial de legitimidade.

"Com relação à capacidade de apoio dos Estados Unidos, podemos agir prontamente com medidas financeiras e econômicas. No que diz respeito à assistência militar os fatores logísticos são importantes. Navios de superfície carregados com armas e munições não poderiam chegar ao sul do Brasil antes de pelo menos dez dias. Transporte aéreo pode ser fornecido imediatamente se houver pistas de pouso seguras e disponíveis em Recife, ou em outros aeródromos no Nordeste do Brasil, com capacidade para o pouso de grandes jatos. [...] Com a situação evoluindo de modo tão rápido, estamos solicitando que todos os nossos postos no Brasil enviem um fluxo constante de informação a Washington sobre acontecimentos em suas áreas, e que se mantenham alerta 24 horas." Telegrama do Departamento de Estado norte-americano para a embaixada dos Estados Unidos em Brasília, às 21h52, hora de Washington.

30 Em Washington, às 18h (21h, horário de Brasília), Dean Rusk, secretário de Estado, reúne-se com um grupo de assessores, representantes da CIA e do Ministério da Defesa, para preparar instruções para o embaixador Lincoln Gordon. As 21h35, hora local, Rusk e o grupo recebem um telefonema do presidente Lyndon Johnson, que está no Texas. O tema é "a situação brasileira". Rusk abre a conversa dizendo: "A crise está chegando ao auge e deve culminar dentro de um dia ou dois, talvez esta noite. Podemos ter notícias a qualquer momento. As Forças Armadas e os governadores, particularmente os dos estados mais populosos da Costa Leste, parecem estar montando uma resistência de verdade. [...] Pedi a Bob McNamara para preparar alguns navios de carga com suprimentos". Ao terminar a conversa, Johnson diz a seu secretário: "Melhor voltarmos a Washington o mais rápido possível. Não ajuda em nada permanecer aqui enquanto o hemisfério se torna comunista".

31 *"A situação política está próxima do caos. O presidente Goulart é uma curiosa combinação de teimosia com fraqueza. Ele provou, nos últimos anos, que ama o poder, precisa de poder e fará quase tudo para se manter no poder."* New York Times.

"Seria rematada loucura continuarem as forças democráticas desunidas e inoperantes, enquanto os inimigos do regime vão, paulatinamente, fazendo ruir tudo aquilo que os impede de atingir o poder [...]. A democracia não deve ser um regime suicida, que dê aos seus adversários o direito de trucidá-la, para não incorrer no risco de ferir uma legalidade que seus adversários são os primeiros a desrespeitar." O Globo.

"Aquilo que os inimigos externos nunca conseguiram começa a ser alcançado por elementos que atuam internamente, ou seja, dentro do próprio país. Deve-se reconhecer, hoje, que a Marinha como força organizada não existe mais. E há um trabalho pertinaz para fazer a mesma coisa com os outros dois ramos das Forças Armadas." Folha de S.Paulo.

3h O general Olímpio Mourão Filho, comandante da 4ª Região Militar, em Juiz de Fora, ordena que suas tropas marchem para o Rio de Janeiro. É o Destacamento Tiradentes, uma combinação de tropas do Exército e da Polícia Militar de Minas Gerais, comandado pelo general Antônio Carlos da Silva Muricy. O general Amaury Kruel, comandante do II Exército, em São Paulo, é surpreendido pela iniciativa de Mourão Filho e se recusa a aderir ao movimento, que ele chama de "só uma quartelada".

4h30 A notícia da movimentação do Destacamento Tiradentes chega ao palácio Guanabara. Carlos Lacerda põe o plano de defesa em ação: barricadas são erguidas em torno do palácio, a PM instala uma pesada metralhadora na porta do salão nobre. Lacerda arma-se com sua metralhadora INA calibre 45.

Manhã Notícias da marcha chegam ao general Argemiro de Assis Brasil, ministro chefe da Casa Militar, que se mostra confiante na habilidade das forças governamentais em conter o levante. O IV Exército (Recife) também dá sinais de se sublevar.

16h No Rio, uma grande movimentação de tanques e voos rasantes de aviões da Força Aérea Brasileira (FAB) assustam a população. São manobras defensivas visando proteger João Goulart e membros do seu gabinete, aquartelados no palácio Laranjeiras.

20h No Rio, Lacerda se reúne com seu secretariado e correligionários no palácio Guanabara. Entre eles estão os deputados Roberto de Abreu Sodré e Raul Brunini, Sandra Cavalcanti, o coronel Américo Fontenelle e os jornalistas Hélio Fernandes e Sebastião Nery. Depois da reunião é rezada uma missa na capela Santa Terezinha, nos jardins do palácio.

20h30 Um grupo de fuzileiros navais (fiéis ao governo João Goulart) invade a sede do *Jornal do Brasil* na avenida Rio Branco, no centro do Rio. Meia hora depois, o grupo recebe ordens para se retirar.

21h Uma nota oficial da presidência da República comunica a rebelião de Minas e anuncia o deslocamento de unidades do I Exército para "conter a sublevação contra a ordem constitucional e os poderes constituídos". O texto da nota acrescenta que "o governo federal manterá intangíveis a unidade nacional, a ordem constitucional e os princípios democráticos e cristãos em que ele se inspira, pois conta com a fidelidade das Forças Armadas e com o patriotismo do povo brasileiro".

22h No Rio, um comboio de fuzileiros navais do Batalhão Riachuelo deixa o quartel da Ilha do Governador e se dirige ao palácio Laranjeiras, cercado pelas "linhas de defesa" montadas por Carlos Lacerda. Não há troca de tiros.

22h10 Em São Paulo, o general Amaury Kruel liga para o presidente João Goulart. Serão três dramáticos telefonemas em sequência, nos quais ele pede a Jango que rompa com a esquerda e ponha o CGT na ilegalidade. Goulart responde dizendo que isso seria uma "derrota humilhante" para ele, que passaria a ser "um presidente decorativo". O presidente conclui dizendo a Kruel: "General, seja fiel às suas convicções. Ponha suas tropas na rua e me traia".

23h "Recebida a mensagem de que 'o balão subiu' em Minas Gerais e a revolta contra o governo Goulart deve começar em São Paulo dentro de duas horas. Não temos confirmação. Não há maiores detalhes a não ser reportar que o general Mourão Filho está no comando." Telegrama da embaixada norte-americana no Brasil para o Departamento de Estado norte-americano.

23h46 Em Washington, o secretário de Estado, Dean Rusk, o secretário de Defesa, Robert McNamara, o diretor da CIA, John McCone, e os chefes do Estado-Maior norte-americano reúnem-se para planejar a "assistência militar pós-golpe" ao Brasil. Uma opção é enviar uma força-tarefa da Marinha com suprimentos e um esquadrão da Aeronáutica com munição. O grupo determina, no caso de uma guerra civil pós-golpe, "o envio de armas e apoio de forma aberta, por todos os meios necessários, à facção cuja vitória melhor serve aos interesses dos Estados Unidos".

TEMPO — bom, com nebulosidade, nevoeiro pela manhã. TEMPERATURA — em ligeira elevação. VENTOS — variáveis, fracos a moderados. MAXIMA — 31.2. MINIMA — 20.2. (Mais detalhes na Agenda JB, pág. 12)

JORNAL DO BRASIL

Rio de Janeiro — Sexta-feira, 10 de abril de 1964 — Ano LXXIV — N.º 84

Elefante
caçado o
por garo
Página

COMANDO DA REVOLUÇÃO EDITA AT INSTITUCIONAL EM VIGOR ATÉ 196

O Alto Comando Militar da Revolução, constituído pelos Ministros da Guerra, General Artur Costa e Silva; da Marinha, Almirante Augusto Rademaker; e da Aeronáutica, Brigadeiro Correia de Melo, editou ontem o Ato Institucional que mantém a Constituição de 1946 e as Constituições estaduais e impõe uma série de medidas que serão observadas durante o processo revolucionário a se encerrar a 31 de janeiro de 1966.

Entre as medidas impostas pelo Ato Institucional destacam-se a eleição do nôvo Presidente da República dentro das próximas 24 horas, podêres ao Presidente para que decrete o estado de sítio por 30 dias, a suspensão, por seis meses, das garantias constitucionais ou legais de vitaliciedade e estabilidade e a auto-atribuição dos Comandantes-em-Chefe editôres do Ato para a suspensão dos direitos políticos, pelo prazo de 10 anos, e cassação de mandatos, excluída a apreciação judicial.

O Comando da Revolução sustenta que o Ato Institucional se destina a assegurar ao nôvo Govêrno a ser instituído os meios necessários à obra de reconstrução econômica, financeira, política e moral do Brasil, de maneira a poder enfrentar, de modo direto e imediato, os graves e urgentes problemas de que dependem a restauração da ordem interna e o prestígio internacional do País.

Como preâmbulo do Ato Institucional, os Chefes militares fazem a seguinte justificativa:

"É indispensável fixar o conceito do movimento civil e militar que acaba de abrir ao Brasil uma nova perspectiva sôbre o seu futuro. O que houve e continuará a haver neste momento, não só no espírito e no comportamento das classes armadas, como na opinião pública nacional, é uma autêntica revolução.

A revolução se distingue de outros movimentos armados pelo fato de que nela se traduz, não o interêsse e a vontade de um grupo, mas o interêsse e a vontade da Nação.

A revolução vitoriosa se investe no exercício do Poder Constituinte. Êste se manifesta pela eleição popular ou pela revolução. Esta é a forma mais expressiva e mais radical do Poder Constituinte. Assim, a revolução vitoriosa, como o Poder Constituinte, se legitima por si mesma. Ela destitui o Govêrno anterior e tem a capacidade de constituir o nôvo Govêrno. Nela se contém a fôrça normativa, inerente ao Poder Constituinte. Ela edita normas jurídicas sem que nisto seja limitada pela normatividade anterior à sua vitória. Os Chefes da revolução vitoriosa, graças à ação das Fôrças Armadas e ao apoio inequívoco da Nação, representam o Povo e em seu nome exercem o Poder Constituinte, de que o Povo é o único titular. O Ato Institucional que é hoje editado pelos Comandantes-em-Chefe do Exército, da Marinha e da Aeronáutica, em nome da revolução que se tornou vitoriosa com o apoio da Nação na sua quase totalidade, se destina a assegurar ao nôvo Govêrno a ser instituído os meios indispensáveis à obra de reconstrução econômica, financeira, política e moral do Brasil, de maneira a poder enfrentar, de modo direto e imediato, os graves e urgentes problemas de que depende a restauração da ordem interna e do prestígio internacional da nossa Pátria. A revolução vitoriosa necessita de se institucionalizar e se apressa pela sua institucionalização a limitar os plenos podêres de que efetivamente dispõe.

O presente Ato Institucional só poderia ser editado pela revolução vitoriosa, representada pelos Comandos em Chefe das três Armas que respondem, no momento, pela realização dos objetivos revolucionários, cuja frustração estão decididas a impedir. Os processos constitucionais não funcionaram para destituir o Govêrno, que deliberadamente se dispunha a bolchevizar o País. Destituído pela revolução, só a esta cabe ditar as normas e os processos de constituição do nôvo Govêrno e atribuir-lhe os podêres ou os instrumentos jurídicos que lhe assegurem o exercício do Poder no exclusivo interêsse do País. Para demonstrar que não pretendemos radicalizar o processo revolucionário, decidimos manter a Constituição de 1946, limitando-nos a modificá-la, apenas, na parte relativa aos podêres do Presidente da República, a fim de que êste possa cumprir a missão de restaurar no Brasil a ordem econômica e financeira e tomar as urgentes medidas destinadas a drenar o bolsão comunista, cuja purulência já se havia infiltrado não só na cúpula do Govêrno como nas suas dependências administrativas. Para reduzir ainda mais os plenos podêres de que se acha investida a revolução vitoriosa, resolvemos, igualmente, manter o Congresso Nacional, com as reservas relativas aos seus podêres, constantes do presente Ato Institucional.

Fica, assim, bem claro que a revolução não procura legitimar-se através do Congresso. Êste é que recebe dêste Ato Institucional, resultante do exercício do Poder Constituinte, inerente a tôdas as revoluções, a sua legitimação.

Em nome da revolução vitoriosa, e no intuito de consolidar a sua vitória, de maneira a assegurar a realização dos seus objetivos e garantir ao País um Govêrno capaz de atender aos anseios do povo brasileiro, o Comando Supremo da Revolução, representado pelos Comandantes-em-Chefe do Exército, da Marinha e da Aeronáutica, resolve editar o seguinte ATO INSTITUCIONAL: Art. 1.º — São mantidas a Constituição de 1946 e as Constituições Estaduais e respectivas Emendas, com as modificações constantes dêste Ato.

Art. 2.º — A eleição do Presidente e do Vice-Presidente da República, cujos mandatos terminarão em trinta e um de janeiro de 1966, será realizada pela maioria absoluta dos membros do Congresso Nacional, dentro de dois (2) dias a contar dêste Ato, em sessão pública e votação nominal.

§ 1.º — Se não fôr obtido o quorum na primeira votação, outra realizar-se-á, no mesmo dia, sendo considerado eleito quem obtiver maioria simples de votos; no caso de empate, prosseguir-se-á na votação até que um dos candidatos obtenha essa maioria.

§ 2.º — Para a eleição regulada neste Artigo, não haverá inelegibilidades.

Art. 3.º — O Presidente da República poderá remeter ao Congresso Nacional projetos de emenda da Constituição.

Parágrafo Único — Os projetos de emenda constitucional, enviados pelo Presidente da República, serão apreciados em reunião do Congresso Nacional, dentro de trinta (30) dias, a contar do seu recebimento, em duas sessões, com o intervalo mínimo de dez (10) dias, e serão considerados aprovados quando obtiverem, em ambas as votações, a maioria absoluta dos membros das duas casas do Congresso.

Art. 4.º — O Presidente da República poderá enviar ao Congresso Nacional projetos de lei sôbre qualquer matéria, os quais deverão ser apreciados dentro de trinta (30) dias, a contar do seu recebimento na Câmara dos Deputados e de igual prazo no Senado Federal; caso contrário, serão tidos como aprovados.

Parágrafo Único — O Presidente da República, se julgar urgente a medida, poderá solicitar que a apreciação do projeto se faça, em trinta (30) dias, em sessão conjunta do Congresso Nacional, na forma prevista neste artigo.

Art. 5.º — Caberá, privativamente, ao Presidente da República, a iniciativa dos projetos de lei que criem ou aumentem a despesa pública; não serão admitidas a êsses projetos, em qualquer das Casas do Congresso Nacional, emendas que aumentem a despesa proposta pelo Presidente da República.

Art. 6.º — O Presidente da República, em qualquer dos casos previstos na Constituição, poderá decretar o estado de sítio, ou prorrogá-lo, pelo prazo máximo de trinta (30) dias; o seu ato será submetido ao Congresso Nacional, acompanhado de justificação, dentro de quarenta e oito (48) h.

Art. 7.º — Ficam suspensas, por seis (6) meses, as garantias constitucionais ou legais de vitaliciedade e estabilidade.

§ 1.º — Mediante investigação sumária, no prazo fixado neste artigo, os titulares dessas garantias poderão ser demitidos ou dispensados, ou, ainda, com vencimentos e vantagens proporcionais ao tempo de serviço, postos em disponibilidade, aposentados, transferidos para a reserva ou reformados por decreto do Presidente da República ou, em se tratando de servidores estaduais, por decreto do Govêrno do Estado, desde que tenham tentado contra a segurança do País, o regime democrático e a probidade da administração pública, sem prejuízo das sanções penais a que estejam sujeitos.

§ 2.º — Ficam sujeitos às mesmas sanções os servidores municipais. Neste caso, a sanção prevista no parágrafo primeiro lhes será aplicada por decreto do Governador do Estado, mediante proposta do Prefeito Municipal.

§ 3.º — Do ato que atingir servidor estadual ou municipal vitalício, caberá recurso para o Presidente da República.

§ 4.º — O contrôle jurisdicional dêsses atos, limitar-se-á ao exame de formalidades extrínsecas, vedada a apreciação dos fatos que os motivaram, bem como da sua conveniência ou oportunidade.

Art. 8.º — Os inquéritos e processos visando à apuração da responsabilidade pela prática de crime contra o Estado ou seu patrimônio e a ordem política e social ou de atos de guerra revolucionária poderão ser instaurados individual ou coletivamente.

Art. 9.º — A eleição do Presidente e do Vice-Presidente da República, que tomarão posse em 31 de janeiro de 1966, serão realizadas em 3 de outubro de 1965.

Art. 10.º — No interêsse da paz e da honra nacional, e sem as limitações previstas na Constituição, os Comandantes-em-Chefe que editam o presente Ato poderão suspender os direitos políticos pelo prazo de dez (10) anos e cassar mandatos legislativos federais, estaduais e municipais, excluída a apreciação judicial dêsses atos.

Parágrafo Único — Empossado o Presidente da República, êste, por indicação do Conselho de Segurança Nacional, dentro de sessenta (60) dias, poderá praticar os atos previstos neste artigo.

Art. 11.º — O presente ato vigora desde a sua data até 31 de janeiro de 1966; revogadas as disposições em contrário. Rio de Janeiro, 9 de abril de 1964. a.) Gen. Ex. Arthur da Costa e Silva; Ten.-Brig. Francisco de Assis Correia de Mello; Vice-Almirante Augusto Hermann Rademaker Grünewald.

Juscelino firme com Castelo

Página 3

Ajuda dos EUA vai aumentar

Página 3

Dutra desiste da candidatura

Página 3

Ação contra comerciantes desonestos

Página 12

Eleição do Presidente é amanhã

Página 3

DOPS acha bom na UNE e no CA

Detectives da DOPS apreenderam na sede da União Nacional dos Estudantes, no Centro Acadêmico Cândido de Oliveira e nos sindicatos dos tecelões e metalúrgicos, cêrca de 30 *coquetéis Molotov*, além de vários tonéis de gasolina com alto teor de octana e grande quantidade de estôpa para confecção de bombas.

O presídio especial da Ilha das Flôres está sendo adaptado para receber os comunistas: 39 presos que estavam lá desde a vitória da revolução foram removidos para local ignorado. Hoje o Diretor do presídio especial, Comissário José Pombo, apresentará à DOPS relatório sôbre as condições em que encontrou a Ilha das Flôres.

Um choque de fuzileiros navais, armados de metralhadoras, interditou, ontem à tarde, o 661 da Avenida A onde reside o A Cândido Aragão, apartamento foi um cofre. A Mar informou se, ness diligência, encont terial subversivo.

Entre o materia trado no escritór Leonel Brizola, n cio Avenida Cent ram documentos formação dos Gr 11, bônus de Cr$ Partido Comunis emitidos durante dos sargentos e co jetivo de angariar para o Moviment nalista Feminino, pela espôsa do ex nador gaúcho. Nc rial apreendido n figuram cartas Juscelino Kub Sérgio Magalhães lardo Jurema, emprêgo para pr (Noticiário na pá

Polícia já come a libertar pres

Começou ontem a libertação de pessoas prêsas para averiguações: a DOPS da Guanabara soltou cêrca de oitenta detidos, após comprovação de que não estavam envolvidos em atividades subversivas, e em Belo Horizonte o Delegado de Vigilância Social deliberou libertar 37 presos em idêntica situação.

O número de prisões, na Guanabara, tem decaído nos últimos dias, embora seja grande ainda o número de denúncias feitas à Polícia. Acontece, porém, que a maioria dos denunciantes age anônimamente, por telefone, e sem fornecimento de provas. Nesse caso as autoridades não os levam em consideração.

Uma tropa do 3.º Batalhão da Polícia Militar de Minas Gerais cercou ontem, em autêntica ção de guerra, a U dade de Brasília, pr do onze professôre rios alunos da dire centros acadêmicos blioteca foi inte para exame de um O arquiteto Osca meyer, que encabe lista dos professôre rem detidos, não f contrado.

Um bilhete ofen apareceu por bai porta do apartame General Olímpio M Filho, no Hotel No die, em Belo Horizo Delegacia de Vig prendeu, como su um funcionário da panhia de Cigarros Cruz, hospedado no tamento vizinho — próprio General M que não se consid ofendido, soltou-o. ciário na página 5)

Mazzilli: Ato é pa consolidar a orde

Em proclamação, ontem à noite, ao povo brasileiro, o Presidente Ranieri Mazzilli considerou o Ato Institucional como uma consolidação da "obra de que participaram o povo, podêres constituídos e as Fôrças Armadas, visando ao aniquilamento do comunismo ateu e à restauração da verdadeira ordem democrática no Brasil".

Frisou o Sr. Ranieri Mazzilli que outros não são "os fins do Ato Institucional, pois bem conhecemos o patriotismo, desinterêsse e compreensão das Fôrças Armadas que, nestes dias de tantas apreensões, souberam cumprir o seu dever mais nobre, atender maiores aspiraç nosso povo".

— Pode estar co te o povo brasilei ação dos podêres d tado, em suas Fôrç madas, assim com todos quantos te qualquer parcela d ponsabilidade pera Nação, porque, in dos todos dentro do mo pensamento e da ma vontade, junto guiremos para recon ta de nossos direitos lienáveis e consoli definitiva do regim mocrático, que não mais ser ameaçado insânia ou ambiçã maus brasileiros — o Sr. Mazzilli. (Pág

S. A. JORNAL DO BRASIL — End. Tel. JORBRASIL — Av. Rio Branco, 110/112 — (GB) — Tel. Rêde Interna 22-1818. Sucursais: Rua Barão de Itapetininga, 151 — conj. 21/22 (SP) — Tel. 32-8702. Av. W-3, Quadra 16, c/82 (Brasília). Tel. 2-8866. Rua dos Tamoios, 200, 22.º and. — Tel. 2-5848 (B. Horizonte) — Correspondentes: P. Alegre, Curitiba, Salvador, Recife, Natal, Estado do Rio, Washington, Nova Iorque, Paris. PREÇOS — VENDA AVULSA: Est. da Guanabara, Est. do Rio, Est. de Minas Gerais, Est. de São Paulo e Distrito Federal: Dias úteis, Cr$ 50,00 — Domingos, Cr$ 100,00. Demais Estados da Federação: Dias úteis Cr$ 70,00 — Domingos, Cr$ 130,00. Entrega domiciliar: Ano — Cr$ 10 200,00; Semestre — Cr$ 5 200,00; Trimestre — Cr$ 2 650,00; Mês — Cr$ 900,00. Assinatura Postal: Ano — Cr$ 6 000,00. Sem. Cr$ 3 000,00

ACHADOS E PERDIDOS

ACHA-SE em meu poder objeto do Sr. Nelson B. Cordeiro. Procurar Anibal — 5.º andar — Av. 13 de Maio n.º 13.

ALGUNS documentos perdidos — William Comer Bath. Gratifica-se bem. 57-6626.

ANEL DE BRILHANTE PERDIDO — Perdeu-se ontem às 10 horas, na Rua Barata Ribeiro, esquina de Constante Ramos, um anel de brilhantes de grande valor e pertencente a outra pessoa — Gratifica-se muito bem a quem entregá-lo na Rua Barata Ribeiro 686, ap. 701.

GRATIFICA-SE quem encontrou cachorro terrier. — Atende pelo nome Nero. — Tel. 22-3222.

GRATIFICA-SE a quem tenha encontrado uma maleta ou diversos documentos, tais como talão de cheques, título do Touring C. do Brasil, desenhos, plantas, certidão de nascimento e fotostática de Eunice Cot, bem como carteira de identidade de Valdir Teixeira Mendes. Informações tels. 23-0884 ou 42-7663.

O SR. JAIME SOUSA CRISPIM perdeu dentro do ônibus Nilópolis—Praça Mauá, uma carteira da Ordem dos Músicos do Brasil e outros documentos. Pede-se a quem os encontrou devolver ao José Roberto, na Rádio Mayrink Veiga ou telefonar p/ 23-3891.

PASTA PERDIDA — Gratifica-se bem a quem encontrou pasta preta perdida num banco na Rua Buenos Aires. Telefonar para Godoy 25-1289, 42-3806, 42-4188.

PERDEU-SE os talões de vendas n.ºs 751 e 801, da firma Internacional Pinturas Artísticas Ltda., Solicita-se entregar na Rua Voluntários da Pátria, 191, tel. 26-1567.

PERDEU-SE o Cartão de Inscrição do Departamento da Renda Mercantil, inscrição n. 100 038, em nome da firma CONFEITARIA PICCADILLY LTDA., estabelecida nesta praça, na R. Hilário de Gouveia n. 88-A, com o negócio de confecções e vendas de doces finos, bonbons, compotas, salgadinhos, sorvetes, enlatados, conservas, pão, biscoitos, café e balas.

PERDEU-SE o Alvará de Localização, inscrição n. 200 928, em nome de José Rinaldi Freire Gameiro, c/ consultório médico, na Rua Visconde de Pirajá, 282, sob. Agradece a quem devolver no local acima.

PERDEU-SE o Cartão de Inscrição da Renda Mercantil, inscrição n. 111 635, em nome de Nassau Decorações Ltda., sita na Rua México, 70, 10.º andar, sala 1 009-parte, com o negócio de comércio e representações de móveis, tapeçaria e decorações.

PERDEU-SE, no mês de março, na condução de Ipanema para a Cidade, um anel de brilhantes, tipo chuveiro. Por intercessão de Sto. Antônio, pede-se a quem o achou informar para Rua Montenegro, 157 — 47-4117. D. Irabenih.

QUEM ACHOU uma carteira de identidade do Ministério da Guerra, 1 Título de Eleitor e uma carteira de academia de judô em nome de Washington Santos Galindo, é favor comunicar-se p/ telefone 49-1943, que será gratificado.

RELOGIO PULSEIRA — Perdeu-se, Rolex para homem, c/ dedicatória a Fred Andrews, no trajeto ruas Redentor, Joana Angélica, Visconde Pirajá, Farmo Amoedo e Vieira Souto, Ipanema. Gratifica-se bem. Chamar Andrews p/ telefone: 27-3290 — Av. Vieira Souto, 272, ap. 401.

EMPREGOS

AUXILIARES DE ESCRITÓRIO

AUXILIAR Esc. — 70 mil. Av. Pres. Vargas, 529, 8.º.

AUXILIARES PRINCIPIANTES — Precisamos urgente de moças e rapazes para colocação imediata. Apresentando êste anúncio você terá direito a assistir inteiramente grátis a uma semana de aulas em qualquer dos nossos cursos: Dactilografia, Auxiliar de Escritório e Contabilidade, Inglês Comercial, Conversação e Redação, Matemática e Português, Taquigrafia, (Método Marti, adaptável ao Inglês), Correspondência Comercial e Secreta-

ADMISSÃO URGENTE — Môças e rapazes principiantes p/ iniciarem carreira de auxiliar de escritório em firmas industriais. Exigimos apenas noções de dactilografia — e vontade de aprender a trabalhar. Tratar c D. Ana — Av. Pres. Vargas n. 529, 18.º

AUXILIAR DEPTO PESSOAL — 70 80 000. Môças e rapazes c/ prática em fôlhas de pagamentos, datilografia e descontos p/ Institutos. Grandes firmas p/ Centro Z. Norte e Sul. Sábados livres. — Av. Pres. Vargas, 529 — 18.º, TED.

Abril

"É animador verificar como a mudança de governo no Brasil ocorreu dentro dos limites constitucionais."

(Lyndon Johnson, presidente dos Estados Unidos, *Última Hora*, 6 de abril)

"Limpeza total e intransigente é o que desejamos, ou voltaremos às ruas e às praças com todas as nossas forças."

("Manifesto à Nação" da Campanha da Mulher pela Democracia — Camde, 4 de abril)

"A nação está convicta do início de uma nova era."

(Editorial do *Jornal do Brasil*, 2 de abril)

"Os militares do Brasil sempre se viram como guardiões do processo democrático."

(Dean Rusk, secretário de Estado dos Estados Unidos, falando aos líderes do Congresso norte-americano, 2 de abril)

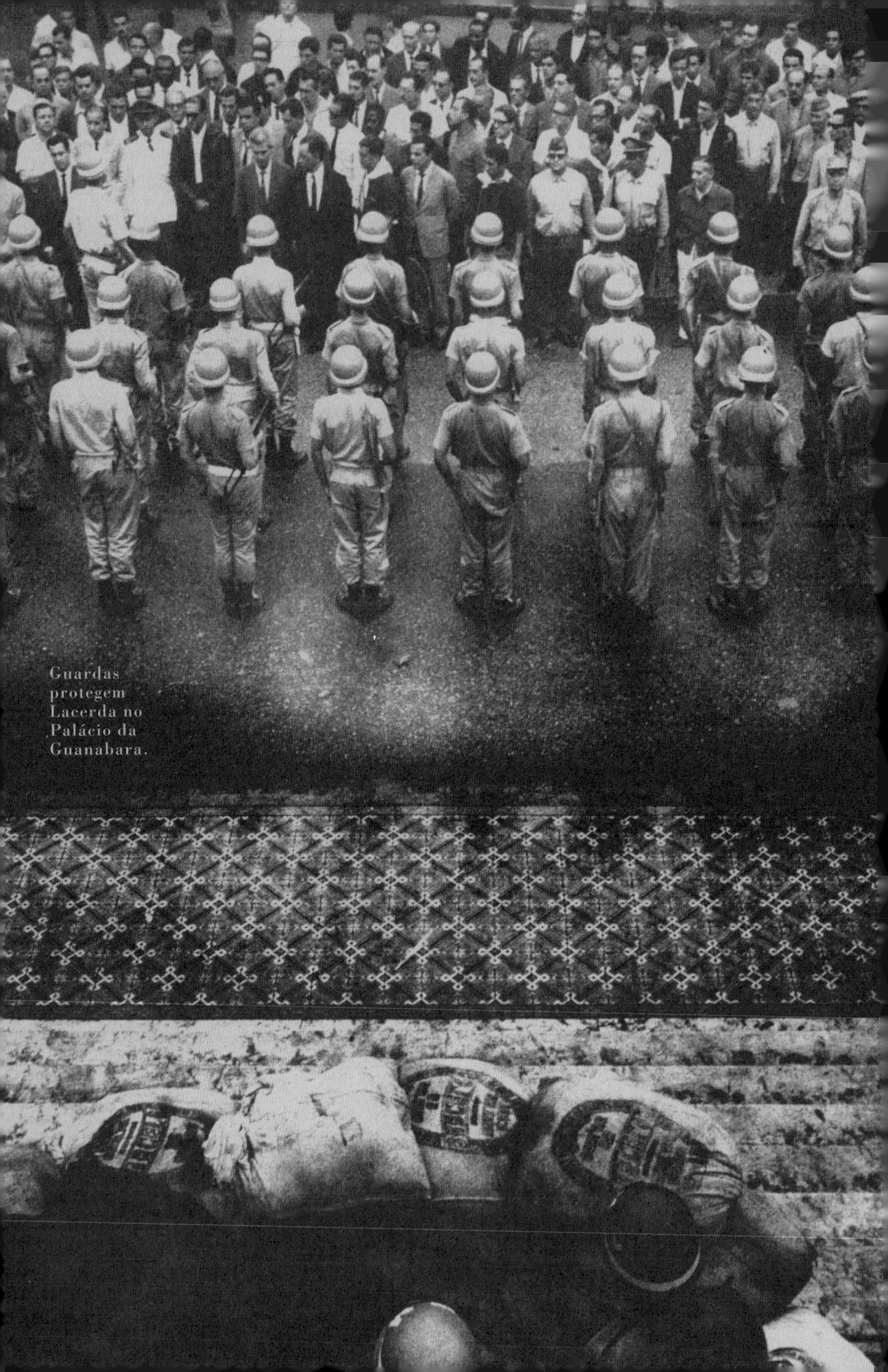

Guardas
protegem
Lacerda no
Palácio da
Guanabara.

CHOVE TORRENCIALMENTE no estado da Guanabara no primeiro dia do mês. Brasília, capital com quatro anos de vida, fica longe. A decisão final virá das ruas do Rio de Janeiro, caixa de ressonância de ecos provenientes de todos os pontos do país — e de muito mais além. Washington, por exemplo.

Tudo começa em Minas Gerais, na calada da noite. Em questão de horas há tropas nas estradas, cadetes em posição de combate nas serras fluminenses, baionetas caladas na praia de Copacabana, comboios da Marinha norte-americana descendo para o porto de Santos.

Em 72 horas o drama cresce, se espraia e termina. Assim, rapidamente, sobre o pano de fundo de um frenesi de telegramas, telefonemas e despachos entre Rio de Janeiro e Washington, invocações religiosas, discursos acalorados em alto-falantes, tanques nas ruas.

A imprensa está em festa. *Jornal do Brasil, O Globo, O Estado de S. Paulo, Folha de S.Paulo, Correio da Manhã*, as revistas *O Cruzeiro, Manchete, Fatos e Fotos*, as emissoras de rádio e TV atropelam-se para ver quem consegue publicar as manchetes e matérias mais eufóricas e adesistas. "Castello Branco: Poder total", exclama a capa da *Manchete*. "Edição histórica da revolução", proclama *O Cruzeiro*, a mais popular do país, numa edição extra que tem na capa um sorridente Magalhães Pinto sendo beijado na bochecha por sua nora, Terezinha. No miolo, assim como em várias reportagens pelos jornais, os conspiradores, felizes da vida, contam os detalhes do golpe vitorioso. Como ele vinha sendo planejado no Estado-Maior do Exército desde dezembro de 1963, e de modo acelerado depois do comício da Central, em 13 de março. O bem informado colunista Wilson Figueiredo, no *Jornal do Brasil*, revela no dia 9 que a senha dos militares para a deflagração do golpe foi: "A criança vai ser batizada". No CGT, a senha para a frustrada greve geral era: "Vá à missa amanhã".

As únicas vozes dissonantes são os jornais *Última Hora, A Noite* e *Diário Carioca*, e as rádios Nacional e Mayrink Veiga. Estas silenciam logo nos primeiros dias do mês. A redação da

Magalhães Pinto: sorrisos conspiratórios.

Última Hora, na histórica praça Onze carioca, é depredada na tarde do dia 1º, assim como a sede da UNE na praia do Flamengo e a Faculdade Nacional de Filosofia, no centro do Rio.

O primeiro saldo de perdas humanas é relativamente baixo: sete mortos, dois deles em Recife, os outros abatidos por tiros disparados por militares em frente ao Clube Militar, na Cinelândia, no Rio.

O saldo final, imensurável, só se saberá mais de 21 anos e duas gerações depois.

No começo fala-se em eleições. "Eleição já", diz a primeira página do *Jornal do Brasil* do dia 6, logo abaixo da manchete "Governadores e militares indicam Castello Branco". Há debates sobre as linhas e entrelinhas da Constituição, sobre o restauro da democracia, sobre a lisura da posse do presidente da Câmara. Washington começa a ficar ansioso — quer saber sobre processos democráticos, prazos para eleições, a "cor de legalidade", tão essencial para manter o favorecimento da opinião pública do mundo, a generosidade dos cofres internacionais.

Aos poucos, à medida que o mês avança, não se fala mais em votos.

Há todo um novo vocabulário a ser assimilado. Tantas palavras novas. "Revolução de 31 de março", "expurgo", "inquérito policial-militar", "detido para averiguações", "incomunicável, "Alto-Comando", "Comando Supremo da Revolução".

Os jornais começam a ter novas seções: as notas sobre apreensões de "material subversivo" — incluindo livros de Diderot, Dostoiévski e Stendhal — e armamentos para um possível golpe comunista que seria dado no dia 1º de maio; e as listas dos cassados, quase diárias depois do dia 9. As prisões: mais de mil só no Rio nos dois primeiros dias, 3 mil em todo o país até 6 de abril, e 5 mil até o início de maio, incluindo dezenas de professores e alunos "comunistas" da Universidade de Brasília, entre os quais o sociólogo e jornalista Perseu Abramo e o jurista Sepúlveda Pertence.

No fim da primeira semana do novo regime já estão lotados três navios-prisões ancorados na baía da Guanabara, e um deles, o *Raul Soares*, é rebocado até Santos no fim do mês para receber seiscentos presos de São Paulo.

O Comando Supremo explica tudo em terminologia militar: trata-se de "limpeza de terreno". Depois, tudo voltará ao normal.

Depois parece que não chega.

Quem pode vai para o exílio. Samuel Wainer, dono da *Última Hora*, se asila na embaixada do Chile. Abelardo Jurema, ex-ministro da Justiça, na do Peru. José Serra, ex-presidente da UNE, na da Bolívia. O economista Celso Furtado acei-

Samuel Wainer prova o gosto amargo do exílio.

ta uma posição de professor na Universidade Yale. Milhares atravessam as fronteiras do Uruguai e da Argentina.

No palácio do Planalto o novo presidente, marechal Humberto de Alencar Castello Branco, manda trocar um retrato de Getúlio Vargas pelo do Duque de Caxias. Roberto Campos, ex-embaixador nos Estados Unidos, é o novo ministro do Planejamento, pasta recém-criada.

O mês e o ano nunca mais serão normais, mas o poder da rotina, como uma trepadeira ultrarresistente, se instala aos poucos.

Os cortes diários de energia na Guanabara são suspensos no dia 13, mas o racionamento compulsório continua em vigor. Começam a operar novas turbinas e linhas de transmissão da usina de Furnas, que prometem garantir a oferta de energia a São Paulo e ao Rio de Janeiro. O Rio começa a ver os primeiros sinais de um boom imobiliário impulsionado pelas forças combinadas do congelamento de aluguéis e as remoções de favelas da administração Carlos Lacerda. São prédios ainda modestos em altura, com apartamentos vastos, de três e quatro quartos, salão duplo e quarto de empregada (em geral sem janelas) tomando o lugar de casas nos bairros pacatos da Zona Sul e Zona Norte. Com Cr$ 950 000,00 de sinal compra-se um deles, na privilegiada rua Timóteo da Costa, no Alto Leblon.

A Valisère lança a camisa "Volta ao Mundo", "100% nylon"; a primeira pasta de dente com flúor, a Anticárie Xavier, chega ao mercado; a Monark lança um novo modelo de bicicleta, a Brasiliana, numa campanha que funde futebol e Brasília; e o novo objeto de desejo sobre rodas é o Aero Willys 2600.

A estreia de Jorge Ben foi um sucesso acachapante.

Um jovem carioca de dezenove anos, Jorge Ben ("a nova sensação da bossa nova", segundo o *Jornal do Brasil*), celebra um recorde da indústria fonográfica: 100 mil cópias vendidas de seu LP de estreia, *Samba esquema novo*, lançado no final de 1963, que contém as faixas "Mas, que nada!", "Chove, chuva" ("a favorita das mulheres", ele diz ao *Jornal do Brasil*),"Por causa de você, menina" e "Balança pema". Safra de clássicos.

No Rio, Aloysio de Oliveira começa a produção de uma nova série de pocket shows na boate Zum Zum. Sylvinha Telles e o conjunto de Roberto Menescal abrem a temporada, seguidos por Vinicius de Moraes com Dorival Caymmi e o

Brigitte
e Bob:
inflacionando
Búzios.

Quarteto em Cy (show que é gravado ao vivo para um LP da gravadora Elenco), Lennie Dale (que também é gravado), Nara Leão e Edu Lobo com o Tamba Trio e o Quinteto Villa-Lobos.

Catherine Deneuve, convidada a abrir a Semana do Cinema Francês no Rio, passeia por Copacabana na companhia de uma pequena constelação de celebridades: Anthony Perkins (de bermuda, mocassins e meias brancas), Janet Leigh, Karl Malden e Lino Ventura.

A TV Excelsior anuncia nova programação, e nas TVs Rio do Rio de Janeiro e Record de São Paulo estreia a novela *Sonho de Amor*, adaptação de *O tronco do ipê*, de José de Alencar, a cargo de Nelson Rodrigues e estrelada por Fernanda Montenegro, Ítalo Rossi, Sérgio Britto e Zilka Salaberry.

La Deneuve, brilhando muito em Copa.

No cinema, a estreia de sucesso é *Moscou contra 007*, segunda aventura de James Bond. No *Jornal do Brasil* o crítico Claudio Mello e Souza reclama do título em português, mas recomenda entusiasticamente o filme dirigido por Terence Young e estrelado por Sean Connery, "uma verdadeira antologia de situações policiais e de aventuras, em que a violência e o suspense harmonizam-se e se sustentam de uma maneira estarrecedora".

A V Feira de Utilidades Domésticas (UD), no Pavilhão Internacional do parque do Ibirapuera, em São Paulo, tem entre suas principais atrações um "cérebro ou órgão eletrônico" capaz de executar músicas de Bach e Haendel.

Na primeira semana depois do golpe, o dólar paralelo cai para Cr$ 1400,00 e a Bolsa de Valores registra movimento recorde. No dia 14, a moeda americana já está em Cr$ 1150,00, e termina o mês a Cr$ 1200,00.

No final do mês, depois de longas férias no Brasil com o namorado Bob Zagury, Brigitte Bardot vai embora, deixando duas novidades: a calça *saint-tropez* e a cidadezinha de Búzios, no litoral fluminense, elevada subitamente de pacata vila de pescadores a *point* da moda graças à ilustre presença da estrela francesa. Deixa também um entusiasmado *billet-doux*: "Adorei a revolução no Brasil, na qual não houve morte nem tiros. Os brasileiros são mesmo adoráveis, pois resolvem seus casos sem briga".

***

Linha do Tempo

* 1 * **00h01** Começa uma greve geral ordenada pelo Comando Geral dos Trabalhadores. De imediato é paralisada a movimentação do porto de Santos e dos trens e bondes do Rio de Janeiro.

Madrugada As tropas do II Exército, comandado por Amaury Kruel, unem-se aos rebelados de Minas, depois da fracassada tentativa de concórdia com a série de telefonemas no final da noite do dia 31. Os pelotões do II Exército movimentam-se pela via Dutra em direção ao Rio de Janeiro. Na altura da cidade de Resende, encontram-se com os mineiros do Destacamento Tiradentes, comandado pelo general Antônio Carlos Muricy, os cadetes da Academia Militar das Agulhas Negras, liderados pelo general Emílio Garrastazu Médici, e o I Exército, sob o comando do general Armando de Moraes Âncora, leal ao governo federal. Médici, Âncora e Kruel se reúnem e decidem unir suas tropas, que agora se dirigem ao Rio.

8h Carlos Lacerda usa o sistema de som instalado no exterior do palácio Guanabara para, com um discurso acalorado, alertar a população que começa a se aglomerar pelas ruas ao redor. Dizendo estar em vias de ser atacado por tropas dos fuzileiros navais leais a Goulart, pede aos cariocas que espalhem a notícia pelo país. E acrescenta que, se o palácio Guanabara for invadido, ele lutará até a morte. "Não te aproximes que eu te mato com meu revólver!", Lacerda brada pelos alto-falantes. Seus aliados, o apresentador de TV Flávio Cavalcanti e o empresário Abraão Medina, dono da TV Rio, vibram e prometem pôr o discurso do governador no ar nessa tarde.

12h Em cadeia de rádio o governador de São Paulo, Adhemar de Barros, proclama: "Como um só corpo, como uma só alma, ergue-se a gente paulista. Ergue-se mais uma vez na defesa dos ideais democráticos, na salvaguarda dos valores supremos de nossa civilização cristã. [...] Com o Exército, a Marinha, a Aeronáutica e a Força Pública, com o apoio de todas as classes sociais, ressurge o São Paulo eterno para a eternidade do Brasil".

12h30 Vinte oficiais da Escola do Estado-Maior do Exército e vinte da Escola Superior de Guerra, chefiados pelo coronel César Montagna de Souza, tomam de assalto o forte de Copacabana, no Rio de Janeiro, que até então se mantém em defesa da presidência. Os oficiais chegam em carros particulares, seguidos por uma ambulância do Hospital Miguel Couto, e entram no forte atirando. A resistência é breve e pouca — em minutos os portões se abrem, aos gritos de "Não atirem! São dos nossos!". Tomado o forte, os quarenta oficiais se postam ao redor, em plena avenida Atlântica, baionetas em riste, esperando um contra-ataque que jamais virá.

12h45 Ao saber que o II e o I Exércitos aderiram ao levante mineiro, João Goulart deixa o palácio Laranjeiras num Volkswagen, seguido por seu carro oficial (uma Mercedes) e uma pequena comitiva motorizada que inclui seu secretário de imprensa, Raul Ryff. O comboio segue para o Aeroporto Santos Dumont, onde, num avião Viscount da FAB, parte para Brasília. Lá, Darcy Ribeiro, um dos mais próximos assessores de Goulart, tenta organizar milícias armadas para defender a legalidade, buscando liderar a resistência ao golpe. Goulart reúne-se com o comandante militar de Brasília, general Nicolau Fico, e com o chefe da Casa Militar, general Assis Brasil, e prepara um comunicado à nação, informando que pretende reagrupar as forças leais a partir do Rio Grande do Sul e conclamando a nação a repudiar o golpe.

13h Oficiais do IV Exército vão ao palácio das Princesas, em Recife, exigir do governador de Pernambuco, Miguel Arraes, que renuncie. Arraes se recusa, dizendo que não quer "trair a vontade dos que me elegeram". É imediatamente preso e levado para o segundo andar do palácio, de onde será transferido para uma pequena cela do 14º Regimento de Infantaria do Recife e de lá para a ilha de Fernando de Noronha, onde permanecerá durante onze meses.

14h15 O presidente Lyndon Johnson reúne-se na Casa Branca com o secretário de Estado, Dean Rusk, o secretário de Defesa, Robert McNamara, e a liderança da CIA para avaliar a situação no Brasil. Rusk informa o presidente Johnson de que a situação no Brasil é "excelente". McNamara afirma que a força-tarefa da Marinha norte-americana deve chegar ao porto de Santos no dia 10.

15h30 Os carros de combate e os agrupamentos de fuzileiros navais que ainda defendiam o presidente em pontos estratégicos do Rio de Janeiro abandonam seus postos.

20h Através de uma cadeia de emissoras de rádio e televisão que apoiam o golpe e adotam o nome "Cadeia da Liberdade", o governador de Minas Gerais, Magalhães Pinto, afirma : "A revolução é vitoriosa".

23h João Goulart deixa Brasília e ruma para Porto Alegre, onde conta com maior apoio político e militar, graças à lealdade do III Exército, comandado pelo general Ladário Telles. Voa no avião presidencial, sob ameaça de ser abatido pelas forças golpistas. O presidente ainda tem esperanças de neutralizar o golpe militar. Darcy Ribeiro propõe um plano de contra-ataque, utilizando as armas ainda leais: a Força Aérea, o II Exército e os fuzileiros navais. Mas Goulart hesita, temendo uma guerra civil, ao ser informado de que os golpistas teriam o apoio militar dos Estados Unidos.

23h30 Numa longa teleconferência, o Departamento de Estado norte-americano pede ao embaixador Lincoln Gordon que "confirme rumores da deposição de João Goulart". Gordon é categórico: "Acredito que tudo acabou, e que a revolução democrática triunfou 95%". Gordon ainda fornece mais detalhes: que o comando do I Exército será assumido pelo "general Costa e Silva, fortemente democrático", que Goulart deve "renunciar a qualquer momento" e que Castello Branco afirma "não precisar de apoio logístico dos Estados Unidos".

⁕2⁕ Às 3h45, o presidente do Congresso Nacional, Auro Soares de Moura Andrade, declara vaga a presidência da República, repudiando um comunicado escrito por Darcy Ribeiro e lido por Doutel de Andrade que confirmava a presença de Goulart em solo nacional. Moura Andrade chama Darcy Ribeiro de "mentiroso". O presidente da Câmara, Pascoal Ranieri Mazzilli, assume a presidência. É a segunda vez que Mazzilli ocupa o cargo — a primeira, em 1961, se deu em razão da renúncia de Jânio Quadros e da ausência do então vice-presidente João Goulart, em viagem diplomática à China. Tropas da 11ª Região Militar cercam o Congresso e outros pontos estratégicos de Brasília.

2 *No Rio de Janeiro, realiza-se a programada Marcha da Família com Deus pela Liberdade, agora renomeada Marcha da Vitória. Segundo o* Jornal do Brasil, *cerca de 1 milhão de pessoas comparecem. Na época, a cidade tem 2 milhões de habitantes.*

3 Em Washington, o secretário de Estado, Dean Rusk, reúne-se com líderes do Congresso norte-americano para atualizá-los quanto à situação no Brasil. Faz um resumo do relacionamento entre os Estados Unidos e João Goulart, e conclui que, "apesar de nossos esforços para persuadir Goulart a seguir um programa democrático de reformas, e apesar de nossos esforços para apoiar a economia brasileira através de grandes empréstimos, Goulart moveu-se na direção da criação de um regime autoritário de extrema esquerda". Rusk define os acontecimentos dos últimos dias como "algo muito diferente de um 'golpe' no estilo latino-americano, antes uma combinação de governadores, autoridades governamentais e líderes militares que se uniram para depor Goulart quando se convenceram de que ele estava levando o país ao desastre político e econômico". Acrescenta que os maiores problemas do Brasil pós-golpe serão as questões econômicas em torno da renegociação das grandes dívidas do país com empréstimos, a revisão da política econômica de Goulart e a reorganização da estrutura de governo. Rusk conclui dizendo que "os Estados Unidos não engendraram a revolta. Foi um esforço exclusivamente local. Temos novas esperanças de que o Brasil finalmente será capaz de resolver seus problemas".

4 Com a ajuda do general Argemiro de Assis Brasil, João Goulart deixa o Rio Grande do Sul e reúne-se com a família no exílio em Montevidéu.

6 A *Folha de S.Paulo* é apreendida pelo Departamento de Ordem Política e Social (Dops) por ordem do governador Adhemar de Barros, por conter uma entrevista com João Goulart, obviamente realizada na semana anterior.

3 Maria Thereza Goulart desembarca em Montevidéu, Uruguai, acompanhada dos filhos, Denise e João Vicente. Segundo o *Jornal do Brasil,* ela "chegou sorridente e esperou vinte minutos por um carro particular".

4 Os Beatles ocupam os cinco primeiros postos da parada de sucessos norte-americana, com seus compactos *Can't Buy Me Love, Twist and Shout, She Loves You, I Want to Hold Your Hand* e *Please Please Me.* É um fato sem precedentes na história da música popular.

3 *Estados Unidos e Panamá retomam relações diplomáticas. O novo embaixador americano, Jack Hood Vaughn, é boxeador profissional além de diplomata de carreira.*

6 Num telegrama para a embaixada norte-americana no Brasil, o Departamento de Estado enfatiza a necessidade de preservar "uma cor de legitimidade" no novo governo brasileiro e pede que a embaixada pense em modos pelos quais os Estados Unidos possam "influir apropriadamente nesse sentido". O motivo, citado no mesmo telegrama, é um telefonema de um repórter do *New York Times* pedindo um comentário a respeito de rumores de uma ameaça de estabelecimento de censura e fechamento do Congresso brasileiro. "Veja o que a embaixada pode fazer para desacelerar essas iniciativas", conclui o telegrama.

***6* As tropas mineiras, acampadas no estádio do Maracanã, deixam o Rio de Janeiro.**

7 *A IBM anuncia o* <u>System/360</u>*, primeiro conjunto de modelos de computadores mainframe capazes de realizar uma gama completa de aplicativos, tanto científicos quanto comerciais. Os modelos mais velozes e avançados, especializados em operações científicas, têm até 8 MB de memória.*

7 O Centro Popular de Cultura da UNE é fechado.

9 O Alto-Comando da Revolução (integrado pelos líderes da conspiração que derrubou Goulart) decreta o Ato Institucional nº 1, que torna o Congresso uma mera força auxiliar do "poder revolucionário" e dá ao comando militar e ao presidente da República as atribuições de cassar mandatos, além de demitir e suspender garantias

8 *O segundo filme de James Bond, Moscou contra 007, estreia nos Estados Unidos.*

individuais e direitos políticos (por dez anos: Jango, Brizola, Miguel Arraes, Darcy Ribeiro, Celso Furtado, entre outros, num total de 162 pessoas) de elementos considerados prejudiciais à nova ordem. Quarenta e oito deputados federais e centenas de representantes estaduais são cassados na primeira semana de vigência do AI-1.

JORNAL DO BRASIL

COMANDO DA REVOLUÇÃO EDITA ATO INSTITUCIONAL EM VIGOR ATÉ 1966

DOPS acha bombas na UNE e no CACO

Polícia já começa a libertar presos

Mazzilli: Ato é para consolidar a ordem

10 "No governo dele [Jango] mandavam os pelegos, os estudantes vermelhos, os camponeses doutrinados e os escravos de Moscou. Agora, caçaremos os comunistas por todos os lados do país. Mandaremos mais de 2 mil agentes comunistas — numa verdadeira Arca de Noé — para uma viagem de turismo à Rússia. Mas uma viagem que não terá volta. Que falem em democracia, agora, na Rússia." Adhemar de Barros, em entrevista a *O Cruzeiro*.

10 *"O sr. João Goulart é um leviano que nunca estudou — e não estudou porque não quis, não é porque não pôde. E agora, no governo do país, queria levar-nos ao comunismo." Carlos Lacerda, em entrevista a O Cruzeiro.*

10 Dean Rusk, secretário de Estado norte-americano, viaja ao Vietnã do Sul. Os guerrilheiros vietcongues combatem a duzentos quilômetros da capital, Saigon, e Rusk reafirma que os Estados Unidos levarão a guerra até o Vietnã do Norte, se necessário.

11 Num comunicado do premiê Nikita Khruschóv, a União Soviética condena "as atividades subversivas dos dirigentes chineses", e é apoiada por Cuba.

11 O Congresso brasileiro elege, em votação nominal, o chefe do Estado-Maior, marechal Humberto de Alencar Castello Branco, para a presidência do país (embora o artigo 139 da Constituição de 1946 determine que chefes de Estado-Maior são inelegíveis). Seu vice-presidente é o deputado mineiro José Maria Alkmin. É também revogado o decreto que regulava a reforma agrária, mas são mantidas outras reformas de base instauradas por Jango: o monopólio da importação de petróleo e a encampação das refinarias particulares.

13 Na Rodésia do Sul (atual Zimbábue), tem início o regime racista inspirado no apartheid sul-africano.

13 Com a estreia de *Os guarda-chuvas do amor* e a presença do diretor Jacques Demy, da estrela Catherine Deneuve e do compositor da trilha do filme, Michel Legrand, começa no Rio a Semana do Cinema Francês.

13 Cerimônia de entrega do 36º Oscar da Academia de Artes e Ciências Cinematográficas, no Auditório Cívico de Santa Monica, em Los Angeles, com Jack Lemmon como apresentador-anfitrião. Sidney Poitier é o primeiro ator negro a ganhar a estatueta na categoria de melhor ator, por *Uma voz nas sombras*. Frank Sinatra apresenta o Oscar de melhor filme, *As aventuras de Tom Jones*, que também tem como premiados o compositor de sua trilha musical, John Addison, seu roteirista, John Osborne, e seu diretor, Tony Richardson (que bate Federico Fellini, Martin Ritt, Otto Preminger e Elia Kazan na mesma categoria). Patricia Neal vence como melhor atriz por *O indomado*. Melvyn Douglas é o melhor ator coadjuvante pelo mesmo filme, e Margaret Rutherford, a melhor atriz coadjuvante por *Gente muito importante*. *Oito e meio*, de Fellini, vence como melhor filme estrangeiro, e a melhor canção é "Call Me Irresponsible".

14 Dom Hélder Câmara toma posse como arcebispo de Recife e Olinda e publica uma carta aberta, assinada por ele e um grupo de bispos, pedindo que os presos pelo golpe sejam tratados "com humanidade".

15 *O marechal Castello Branco toma posse como presidente da República.*

15 *"Dia de festa. Dia da Democracia vencedora." Editorial do* Jornal do Brasil.

15 Termina em Aylesbury, na Inglaterra, o julgamento dos integrantes da quadrilha responsável pelo assalto ao trem pagador, no ano anterior.

16 Os doze assaltantes do trem pagador britânico recebem sentenças num total de 307 anos de prisão pelo que o juiz chama de "um crime de violência sórdida inspirada por vasta ganância". Os sete líderes da quadrilha são condenados a trinta anos de prisão cada um.

16 *A Aliança para o Progresso (entidade criada pelo presidente Kennedy para promover a cooperação econômica entre Estados Unidos e América Latina) empresta US$ 4 milhões para o governo do estado da Guanabara.*

17 É lançado nos Estados Unidos o álbum do musical *Funny Girl*, com Barbra Streisand e o elenco original da Broadway.

18 Primeira reunião do embaixador Lincoln Gordon com o novo presidente, Castello Branco. O encontro, em Brasília, dura oitenta minutos. O principal assunto do encontro é a reação negativa da imprensa e do público dos Estados Unidos ao que Gordon chama de "excessos revolucionários e eliminação dos direitos políticos". A cassação de Celso Furtado, conhecido e respeitado nos meios acadêmicos norte-americanos, foi especialmente mal recebida. Castello Branco responde alegando que Furtado nomeou "vários comunistas" para a Superintendência do Desenvolvimento do Nordeste (Sudene). Gordon expressa preocupação também com o que chama de "estado policial e uso arbitrário e excessivo de força" em São Paulo, e como isso pode repercutir negativamente na opinião pública mundial.

16 Os Rolling Stones lançam seu primeiro álbum, *The Rolling Stones*, pelo selo London.

❋ ❋ ❋

20 Em Pretória, África do Sul, Nelson Mandela faz seu discurso "Estou preparado para morrer" durante seu julgamento, juntamente com nove outros líderes do partido Congresso Nacional Africano, por atos de sabotagem antiapartheid. Chamado a testemunhar na abertura dos trabalhos da defesa, Mandela fala por quatro horas, encerrando com as palavras: "Durante toda a minha vida eu me dediquei à luta do povo africano. Lutei contra a dominação dos brancos, e lutei contra a dominação dos negros. Meu ideal é uma sociedade democrática e livre, onde todas as pessoas possam viver em harmonia com oportunidades iguais. É um ideal que espero viver para ver. Mas, se necessário, é um ideal pelo qual estou preparado para morrer".

19 Golpe de Estado frustrado no Laos. O príncipe e primeiro--ministro Souvanna Phouma chega a ser deposto por militares de extrema direita, mas em seguida retorna ao poder.

19 (DIA DE SÃO JORGE) *Dá cavalo no jogo do bicho, levando as bancas cariocas a sério prejuízo.*

20 "O contraste entre o tom da minha conversa [com Castello Branco] e o tom das minhas audiências recentes com Goulart é como dia e noite. Castello Branco estava alerta, atencioso, inteligente, interessado na conversa. Não fez previsões infundadas sobre possibilidades futuras de ação, e não cobrei nada a esse respeito. Ele obviamente ainda está aprendendo o caminho em termos de organização, administração e política, mas me pareceu estar abordando as novas tarefas com consciência e cuidado. Saí da reunião sentindo que este é um começo mais que auspicioso." Telegrama do embaixador norte- americano Lincoln Gordon para o Departamento de Estado sobre o encontro do dia 18.

20 Lyndon Johnson e Nikita Khruschóv anunciam planos de frear a produção de material para a fabricação de armas nucleares. Os Estados Unidos prometem reduzir a fabricação de plutônio em 20%, e a de urânio enriquecido em 40%. A União Soviética se compromete a paralisar a construção de dois novos reatores militares. O Reino Unido também anuncia, dias depois, sua adesão ao plano.

21 "Sabe-se que as honradas autoridades militares estão preocupadas com a 'popularidade' do movimento que institucionalizou o golpe de força que elas (as autoridades militares) insistem em classificar de revolução. Já há em funcionamento no próprio Ministério da Guerra uma espécie de divisão (ou regimento ou pelotão) de relações públicas comandada pelo coronel Ruas. Sabe-se que alguns técnicos em propaganda estão bolando uma campanha destinada a popularizar aquilo que insistem em chamar de revolução." Carlos Heitor Cony, em sua coluna "Da Arte de Falar Mal", *Correio da Manhã*.

22 *É inaugurada a Feira Mundial de Nova York em honra do 300º aniversário de sua mudança de nome, de Nova Amsterdam para Nova York. A maior atração é a exposição da Pietá, de Michelangelo.*

22 Carlos Lacerda se licencia do governo da Guanabara e vai passar férias com a mulher e a filha na Europa e nos Estados Unidos.

22  É inaugurado no Rio de Janeiro "o maior túnel ventilado artificialmente da América do Sul", o Catumbi-Laranjeiras. Com 1350 metros de comprimento, levou dezesseis anos para ser construído, ao custo de mais de Cr$ 2 bilhões.

24 Dom Hélder Câmara se encontra com o presidente Castello Branco em Brasília.

24 *A União Soviética anuncia que apoiará Cuba em caso de agressão norte-americana. Fidel Castro protesta, veemente, contra os numerosos voos de espionagem e reconhecimento aéreo dos Estados Unidos sobre o território da ilha, ameaçando abater as aeronaves.*

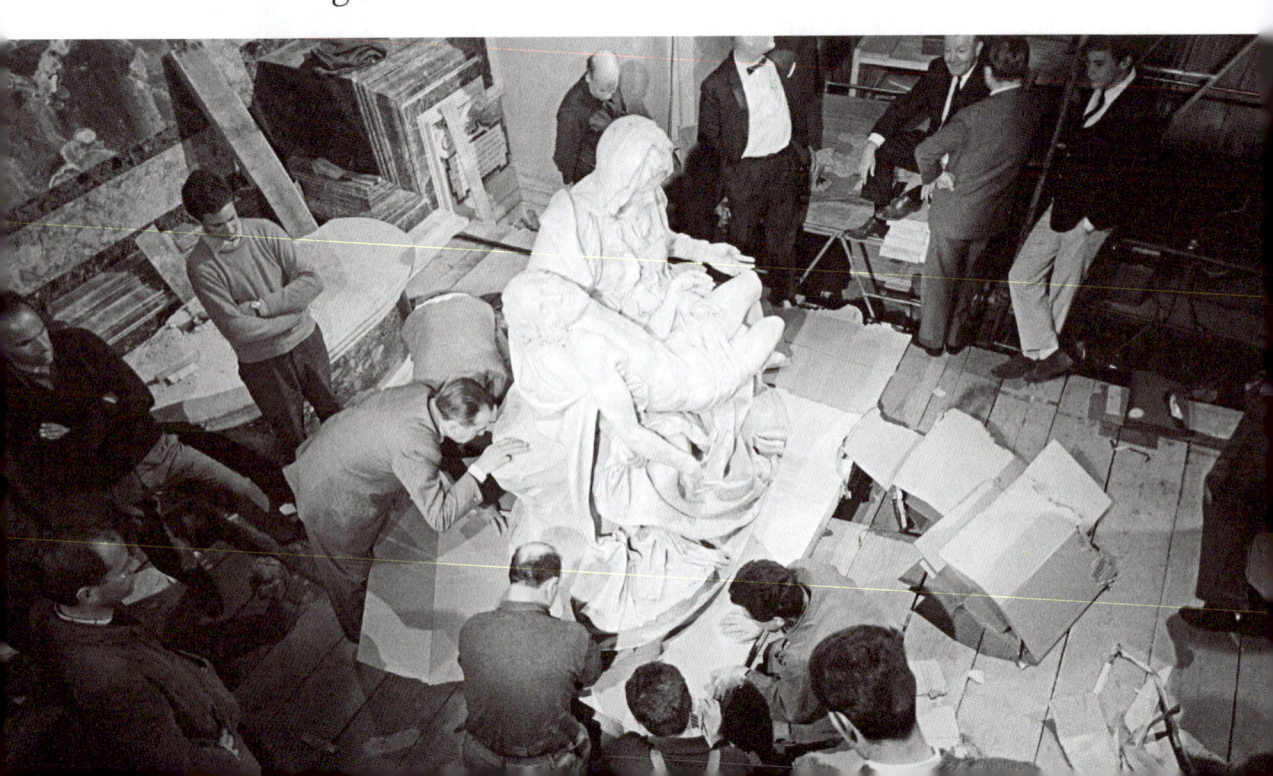

26 *Tanganica e Zanzibar se unem para formar a República Unida da Tanzânia.*

29 Começa o XVII Festival de Cinema de Cannes. O Brasil concorre com *Deus e o diabo na terra do sol*, de Glauber Rocha, e *Vidas secas*, de Nelson Pereira dos Santos.

27 # O governo federal cria a Comissão Geral de Investigações, destinada a punir acusados de crimes políticos e corrupção.

28 "Desde que encerrou a fase armada do movimento de 1º abril, tem-se a impressão de que a Revolução começou a se envergonhar de ter havido. […] Em Brasília fala-se cada vez mais na Constituição de 1946 e cada vez menos no Ato Institucional de 1964. A paixão da *legalidade* que se apossou do Brasil transformou-se num fenômeno psicológico tão vivo que as próprias revoluções só se fazem em nome da legalidade. Acontece que a revolução de 1º de abril quebrou esse tabu. Ela se configurou, sem perda de tempo, num Ato Institucional viril, diríamos mesmo rude." Editorial do *Jornal do Brasil*.

29 *"Mantende a calma espiritual em qualquer circunstância, porque a Providência Divina cuida do Brasil."* Papa Paulo VI *em mensagem aos católicos brasileiros,* Jornal do Brasil.

Maio

*** ****

***

"A barata sai caro. Servitox Inseticidas Ltda., rua Barão da Torre 260, Guanabara. Cassa o mandato de qualquer inseto."
(Revista *Pif Paf*, nº 2, 22 de maio)

"Não são as vítimas que fazem os carrascos. É o silêncio."
(Márcio Moreira Alves, *Correio da Manhã*, 28 de maio)

"Em matéria de política, não entendo nem falo nada. Sou uma vaca fardada."
(General Olímpio Mourão Filho, *Correio da Manhã*, 6 de maio)

"Não há democracia ou nenhuma garantia jurídica no Brasil, restando aos democratas o exílio ou a luta clandestina para derrubar o regime totalitário, onde só há o poder militar."
(Leonel Brizola, em seu primeiro pronunciamento depois do golpe, numa coletiva no Hotel Central de Montevidéu, 7 de maio)

"Fizemos a Revolução antes que o povo, com as suas próprias mãos, a fizesse."
(Adhemar de Barros, *Jornal do Brasil*, 3 de maio)

MAIO CHEGA NUBLADO, friozinho, cheio de palavras e expressões novas: "cassação", "cassados", "detenção para averiguações", "comissão de inquérito", "material subversivo", "prestar esclarecimentos", "Dops", "DPPS", "SNI".

Tantas expressões novas e, no entanto, o silêncio vai ganhando mais espaço à força. Livros são apreendidos, muitas bibliotecas públicas são obrigadas a retirar determinadas obras das estantes: Marx, Engels, Adorno, Gramsci, Celso Furtado, Oscar Niemeyer, Lúcio Costa, Vinicius de Moraes, Paulo Mendes Campos, Di Cavalcanti, João Cabral de Melo Neto, a *História da Revolução Francesa*, de Adolphe Thiers, *Os miseráveis*, de Victor Hugo, *Guerra e paz*, de Liev Tolstói, *A cabana do Pai Tomás*. Ironicamente, até o profético *1984*, de George Orwell, é recolhido sumariamente. Em Belo Horizonte, as livrarias são intimadas pelo "comando revolucionário" local a recolher títulos de autores "subversivos", como Franklin de Oliveira, Caio Prado Júnior e Nelson Werneck Sodré.

Os jornais trazem listas de cassados quase todos os dias. O governador do Rio de Janeiro, Badger Silveira — preso logo após o golpe, mas libertado dias depois —, sofre impeachment da Assembleia Legislativa fluminense logo no primeiro dia do mês. Outros governadores têm o mesmo destino: Mauro Borges Teixeira, de Goiás, acusado de no passado ter mostrado afinidade com o comunismo — participou da campanha legalista pela posse de Jango, em 1961, ao lado de Brizola; do Maranhão, do Pará (onde todo o secretariado do governador Aurélio do Carmo é preso pela Aeronáutica na base aérea local), do Rio Grande do Sul. O ex-presidente Juscelino Kubitschek também está na mira dos militares. No fim do mês, JK publica um manifesto à nação denunciando o "terrorismo" de que vem sendo vítima.

Navios são convertidos em prisões, embaixadas viram abrigos para aqueles que são perseguidos. Cria-se uma cultura de delação, de entregar colegas, vizinhos, parentes. Na TV, o apresentador Flávio Cavalcanti urge aos espectadores para que fiquem em estado de alerta permanente contra tantos "subversivos" infiltrados em suas vidas. Padres são delatados por seus sermões supostamente subversivos. Milhares de pessoas comuns são convocadas a se apresentar nas guarnições militares de suas cidades para "prestar esclarecimentos". A Universidade de Brasília está fechada. No Rio de Janeiro as faculdades de Filosofia, Direito e Engenharia da Universidade do Brasil funcionam num clima de intimidação, cercadas por tropas armadas.

Vinicius e João Cabral: investigados pelo Itamaraty.

Diversos generais, coronéis, almirantes e brigadeiros passam a assumir funções na administração pública, inclusive em prefeituras e universidades, onde instauram um regime de caça às bruxas. Todos os sindicatos, empresas públicas e repartições do governo sofrem uma "limpeza geral". Até a Ordem dos Músicos do Brasil, acusada de abrigar subversivos, sofre intervenção.

O ministro das Relações Exteriores, Vasco Leitão da Cunha, determina no início do mês uma devassa no Itamaraty, para investigar a "infiltração comunista" entre os diplomatas — o que acaba afetando dois deles, os poetas Vinicius de Moraes e João Cabral de Melo Neto. O Itamaraty também começa a elaborar um "livro branco" sobre a "Revolução", para tentar "explicá-la" à opinião pública estrangeira, que recebe da pior maneira possível o golpe recente.

Na imprensa impera o silêncio do assentimento. Os jornais (até a *Última Hora*, agora com toda a diretoria encarcerada) seguem, ou precisam seguir, a linha da bajulação e do colaboracionismo, em maior ou menor grau, inclusive publicando listas de suspeitos de serem comunistas. A única exceção é o *Correio da Manhã*, do Rio de Janeiro, que tem as colunas de Márcio Moreira Alves e Carlos Heitor Cony e uma cobertura pontual em denúncias de prisões arbitrárias e tortura em todo o país.

Outra palavra aparece constantemente: "extinção". Dos partidos. Das eleições. Não se fala mais na possível e constitucionalmente prevista eleição presidencial de 1965: em seu lugar vigora a teoria da "extensão do mandato" de Castello Branco. "As eleições, no meu modo de ver, tumultuariam a vida brasileira. [A eleição indireta] é mais aconselhável", declara o marechal Odylio Denys à revista *O Cruzeiro*. Washington, cujo apoio e estratégia incondicionais foram essenciais para o golpe, começa a se inquietar. Então não era uma democracia que os militares queriam instaurar? Como manter a tão prezada "aparência de legitimidade"?

No entanto os acordos de empréstimo, apoio e desenvolvimento econômico entre Estados Unidos e Brasil seguem, acelerados. Juracy Magalhães, ex-governador da Bahia, é indicado embaixador em Washington, e prontamente cunha uma frase emblemática: "O que é bom para os Estados Unidos é bom para o Brasil". Roberto Campos toma posse como ministro do Planejamento (pasta recém-criada) e propõe um corte de 30% no orçamento federal. Uma nova missão do Fundo Monetário Internacional é enviada ao Brasil.

A dívida externa a vencer em 1964-5 é de US$ 2,8 bilhões. O dólar paralelo começa o mês em Cr$ 1200,00, no mesmo patamar de baixa atingido após o golpe, mas sofre uma alta súbita para CR$ 1400,00, no meio do mês, e fecha o dia 31 em baixa, a Cr$ 1300,00. A inflação do ano até abril é divulgada: 30%. Para tentar conter a alta do custo de vida, o governo decreta o congelamento de preços de vários produtos, incluindo arroz e feijão. O que leva a uma imediata crise de abastecimento: faltam, além de arroz e feijão, açúcar, leite e pão. No Rio de Janeiro, as passagens de ônibus aumentam 14%. Um corte do governo nos subsídios da importação de petróleo, trigo e — significativamente — papel de imprensa resulta num imediato aumento geral do custo de vida.

Debate-se, no Rio de Janeiro, a questão do beijo. Logo no Rio, logo o beijo. Uma portaria do Juizado de Menores baixada no início do mês proíbe o beijo nos cinemas, "entre menores ou de forma indecorosa". O juiz de menores Alberto Cavalcanti de Gusmão informa que a fiscalização se dará "do modo mais discreto possível" e que a polícia só será chamada "se houver algum perigo contra a ordem" nos cinemas, explica o *Jornal do Brasil*. Uma chuva de delações chega às redações dos jornais, apontando casos de menores "subvertendo a ordem no cinema", beijando-se "como se fossem os próprios artistas dos filmes". "O espírito da revolução é moralista e, portanto, tem de ser proibido o beijo e outros costumes indecorosos, porque isso não é natural", escreve um padre do Rio para o ministro da Justiça. Uma voz ergue-se contra o desatino, a de Manuel Bandeira: os palavrões pichados em árvores e postes, diz o poeta, são muito mais graves que o enlevo sensual dos jovens casais.

É mês de noivas e mães. A *Folha de S.Paulo*, em seu caderno semanal Folha Feminina (onde é publicada a tira de quadrinhos Periquita, versão brasileira de Nancy, do cartunista norte-americano Ernie Bushmiller), sugere modelos de vestido de noiva de José Antunes, à espanhola, com longa mantilha de renda chantilly, ou em forma de mantô, acompanhado de chapeuzinho. Seguem-se artigos sobre como agarrar seu homem pelo estômago e um texto educativo, "Você deseja casar-se?", de Suzanne Maugê, com uma ideia ousada: "A maioria das nossas moças alimentam ainda o preconceito de que é ridículo ficar solteira e por isso uma infinidade delas agarram-se à primeira proposta de casamento como se fosse a última".

As mães, celebradas no domingo 10 de maio, ganham show de fogos de artifício no estádio do Pacaembu, em São Paulo, uma promoção de Fogos Caramuru ("não dão chabu", é o slogan), TV Record e *Folha de S.Paulo*, que inclui "missa campal, desfile de bandas, ato solene quando será acendida a pira simbólica que lembrará a mãe ausente e distribuição de diplomas-homenagem às mães". No Rio de Janeiro, o governador da Guanabara, Carlos Lacerda, autoriza que o comércio permaneça aberto até 18h30 na semana anterior à data, para "possibilitar as compras com mais comodidade". As lojas Gasbrás sugerem coleções de panelas para as homenageadas. A Walita lança uma nova bateira bem a tempo dos festejos maternos ("uma joia para outra joia").

A Simca lança um novo modelo, o Simca Rallye, "com motor Tufão 112 HP", a Admiral oferece uma novíssima geladeira cujas prateleiras e gavetas "saem para fora mesmo quando a porta está em ângulo de noventa graus" — é a "Linha Verde-Amarela". As lojas Ponto Frio anunciam sua liquidação em letras garrafais: "REVOLUÇÃO!". Uma nova febre começa em São Paulo: o boliche, frequentado até por "senhoras com finíssimos vestidos, ornadas de joias e descalças" na tentativa de "fazer um strike" (segundo a *Folha de S.Paulo*).

A moda de meia-estação propõe tailleurs com estampas de muitas flores, a grande novidade do blusão (o que hoje chamaríamos de agasalho esportivo) e uma infinidade de novos tecidos "100% legítimo nylon": Banlon, Orlon, cashminyl, Polystar.

A TV Excelsior toma a frente na audiência das novelas com *A Moça que Veio de Longe* (estrelada por Rosamaria Murtinho e Hélio Souto), *Ambição* e *A Cidadela*. As crianças bebem a grande novidade, os sucos concentrados Yuky, comem torradas com Karo ("mel de milho em três sabores, baunilha, caramelo e melado") e leem as tiras de Mauricio de Sousa na Folhinha, suplemento infantil da *Folha de S.Paulo*.

Castello Branco vai ao teatro no Rio, ver *Mary, Mary*, com Fernanda Montenegro, e posa para fotos nos bastidores — mas o grande sucesso do mês é a peça *Toda donzela tem um pai que é uma fera*, de Glaucio Gill, no Teatro Santa Rosa, em Ipanema.

Cacilda Becker vai ao Dops de São Paulo, vestindo Dior e acompanhada pelo marido, Walmor Chagas, intimada a prestar depoimento sobre "atividades subversivas no meio teatral". A atriz é interrogada durante quatro horas e confessa que, sim, em 1947, a convite de Jorge Amado, declamou no Theatro Municipal do Rio de Janeiro o poema "Mães de Stalingrado".

O costureiro Dener vai a Las Vegas, nos Estados Unidos, mostrar uma coleção inspirada em elementos mexicanos, no Festival Internacional da Moda.

A cadelinha Baleia, encontrada pela produção de *Vidas secas* vagando na locação, no interior de Alagoas, e transformada em estrela do filme de Nelson Pereira dos Santos, viaja a Cannes, onde críticos e fãs ilustres já choraram e protestaram contra sua morte dramática na tela. É sensação na Croisette (a ultrachique avenida à beira-mar do balneário francês) e volta sã e salva para a casa do produtor Luiz Carlos Barreto, aguardada pela família saudosa e por seu bom amigo, o cãozinho Telefone.

Os asilados nas embaixadas vão embora, suas poucas bagagens levadas diretamente aos aviões por automóveis do Itamaraty, famílias e amigos dando adeus de longe, impossibilitados de contatos mais estreitos, abraços, beijos.

***

Linha do Tempo

1 *(Dia do Trabalho). O presidente Castello Branco voa de Brasília para São Paulo, para uma visita de cerca de cinco horas, que começa com um discurso na praça da Sé, onde, segundo o Jornal do Brasil, é acolhido "entusiasticamente, aplaudido por uma multidão calculada em 20 mil pessoas", da qual "apenas 20% era de operários. Os restantes eram pessoas de classe média, colegiais uniformizados e senhoras da sociedade que participaram da Marcha da Família". Em seu pronunciamento, Castello diz que "a revolução não foi feita contra os direitos sociais dos trabalhadores" e que "a democracia constitui estrada real, ampla, lógica e experimentada para os operários". Um almoço no Palácio dos Campos Elíseos, oferecido pelo governador Adhemar de Barros (do qual, segundo o JB, "participaram apenas homens"), uma visita ao quartel-general do II Exército, comandado por Amaury Kruel, e uma passada pela casa do cunhado do presidente, Niso Vianna, ocupam o restante da programação.*

1 (Dia do Trabalho) *Vidas secas*, de Nelson Pereira dos Santos, é exibido em competição no Festival de Cannes. O presidente do festival, Robert Favre Le Bret, é obrigado a ligar para o almirante do comando da esquadra norte-americana ancorada ao largo de Cannes, para pedir que ele desligue seu radar, que está causando interferência no sistema de som do teatro do Palácio dos Festivais (o pedido é prontamente atendido). Na coletiva que se segue à exibição, Nelson diz que não temeu a possível censura da obra pelo novo regime brasileiro por não crer "que os novos dirigentes tenham tempo, por enquanto, de frequentar os cinemas".

1 (Dia do Trabalho) O presidente da Argélia, Ahmed Ben Bella, em sua primeira visita a Moscou, recebe o título honorário de Herói da União Soviética.

1 (*Dia do Trabalho*) *Em Praga, na Tchecoslováquia, milhares de estudantes protestam contra a doutrinação ideológica nas universidades.*

2 Entre quatrocentos e mil estudantes marcham na Times Square, em Nova York, em protesto contra a Guerra do Vietnã. Ao mesmo tempo, setecentos protestam em San Francisco, e grupos menores fazem o mesmo em Boston, Seattle e Madison. É o primeiro grande protesto contra a guerra no Sudeste Asiático.

2 *The Beatles Second Album chega ao topo da parada de sucessos norte-americana. O repertório é uma colagem de material de quatro diferentes lançamentos originais britânicos, e inclui vários covers de canções favoritas do grupo, como "Roll Over Beethoven", "You Really Got a hold on Me", "Long Tall Sally" e "Money (That's What I Want)".*

1 (Dia do Trabalho) No Dartmouth College, nos Estados Unidos, os matemáticos John George Kennedy e Thomas Eugene Kurtz rodam o primeiro programa na linguagem por eles criada, a Basic (Beginner's All-Purpose Symbolic Instruction Code [Código de Instruções Simbólicas de Uso Geral para Principiantes]).

2 *Nas primeiras horas da madrugada, um comando vietcongue ataca o porta-aviões USNS Card com duas cargas de explosivos presas ao casco do navio, no porto de Saigon. O ataque, que mata oito tripulantes, é o primeiro a afundar um navio norte-americano desde o início das hostilidades.*

4 A União Soviética fecha o escritório da revista *Time* em Moscou, com a justificativa de que vêm sendo publicadas reportagens difamatórias destinadas a envenenar as relações com os Estados Unidos.

6 *Numa cerimônia na mutilada Câmara dos Deputados, com a presença de 125 altas patentes militares, os parlamentares prestam uma homenagem às Forças Armadas "por sua ação em defesa do regime democrático". O dia seguinte é marcado pelo anúncio de mais uma longa lista de cassações na Câmara, decretadas pelo presidente.*

6 O sambista Ismael Silva recebe o diploma de honra de Cavalheiro da recém-criada Ordem da Cartola Dourada, conferida pelo restaurante Zicartola, inaugurado no final de 1963 pelo compositor Cartola e sua esposa, a quituteira Zica. O poeta e agitador cultural Hermínio Bello de Carvalho e o jornalista Sérgio Cabral são os apresentadores.

7 Depois de um mês desaparecido, Leonel Brizola aparece em Montevidéu, Uruguai, e dá uma entrevista coletiva no Hotel Central. Vestindo um terno escuro e camisa cáqui, sem gravata, com "ar cansado, barba de três dias e fumando seguidamente", segundo o *Jornal do Brasil* e o *Correio da Manhã*, Brizola conta que chegou por terra, entrando no país pela cidade fronteiriça de Artigas, a seiscentos quilômetros da capital uruguaia. Diz que está apenas de passagem, a caminho de visitas "a outros países". O golpe de abril, afirma, "foi tão inesperado que deixou todo mundo perplexo", acrescentando que "o movimento que derrubou o sr. João Goulart foi realizado pelas oligarquias militares, os gorilas unidos aos grupos econômicos latifundiários, representantes das altas finanças".

7 O presidente da Alemanha Ocidental, Heinrich Lübke, chega a Brasília em missão oficial. É o primeiro líder estrangeiro a vir ao país depois do golpe, e o primeiro presidente alemão a visitar a América Latina. A visita se estende a São Paulo, Rio de Janeiro, Belo Horizonte e Porto Alegre.

8 "Aviões especiais de dois governos latino-americanos chegarão ao Rio, nas próximas horas, para levar asilados do primeiro grupo liberado pelo governo brasileiro, que deverá partir até domingo. [...] O número de asilados beneficiados com a liberação inicial é de aproximadamente quinze." *Folha de S.Paulo.*

8 *O jornalista e empresário Samuel Wainer é o primeiro asilado em embaixada a sair do país, rumo ao Chile, num avião da linha aérea britânica Boac.*

10 Estreia na TV Excelsior o programa de variedades *Dercy Beaucoup*, estrelado por Dercy Gonçalves e patrocinado pelo notório Carnê Fartura, um esquema--pirâmide criado pelo húngaro Peter Kellemen, autor do livro *Brasil para principiantes*, um humilhante best-seller de 1963. Mistura de esquetes, sorteios do Carnê Fartura e concurso de calouros, *Dercy Beaucoup* é uma das inovações da programação da emissora trazidas pelo jovem executivo vindo da TV Tupi José Bonifácio de Oliveira Sobrinho, conhecido como Boni.

9 O ex-deputado comunista Carlos Marighella é preso no Rio de Janeiro, à tarde, no cinema Eskye-Tijuca, por agentes do Dops, juntamente com a zeladora do prédio onde mora, Valdelice de Almeida Santana, que estava sendo seguida havia dias pelos policiais. Segundo o *Correio da Manhã*, ao ser surpreendido pelos agentes, no escuro, Marighella teria gritado: "Vocês vão matar um comunista macho! Abaixo a ditadura fascista militar no Brasil!". Marighella leva um tiro no peito e é espancado pelos agentes, mas sobrevive, sendo levado primeiro ao Hospital Souza Aguiar e depois à enfermaria da Penitenciária Lemos de Brito.

11 *O designer inglês Terence Conran abre a primeira loja Habitat na Fulham Road, em Londres, um marco na popularização do design contemporâneo. De início a loja vende apenas a linha de móveis Summa, desenhada por Conran.*

11 Estreia na TV Tupi a novela *A Gata*, adaptação de Ivani Ribeiro do original do mexicano Manuel Muñoz Rico, dirigida por Geraldo Vietri e estrelada por Altair Lima, Lima Duarte e Rita Cléos. Pioneira em dois aspectos — primeira a ter uma modelo, Marisa Woodward, no papel principal, e primeira a contar com grande elenco negro —, a novela foi muito mal de audiência, obrigando o patrocinador Colgate-Palmolive a fazer uma pesquisa para tentar salvá--la. A pesquisa apontará três descontentamentos do público: a excessiva maldade do vilão, a canastrice da mocinha (a modelo Marisa) e "escravos demais" na trama, que se passa numa ilha do Caribe no século XIX.

* * *

11 Castello Branco envia ao Congresso o projeto de criação do Serviço Nacional de Informações (SNI). Seu chefe, num cargo que equivale em vencimentos e protocolo ao de chefe da Casa Civil, é o general Golbery do Couto e Silva.

12 **Em Nova York, doze jovens queimam seus cartões de alistamento militar em protesto contra a Guerra do Vietnã, no primeiro evento dessa natureza.**

✳︎✳︎✳︎   ✳︎✳︎✳︎   ✳︎✳︎✳︎

★13★ *Inauguração da Represa de Assuã, no Egito, com a presença de Gamal Abdel Nasser, presidente da República Árabe Unida, e do premiê soviético Nikita Kruschóv. A União Soviética financiou e supervisionou a construção da barragem, na qual morreram mais de duzentos operários e técnicos.*

★13★ O Brasil rompe oficialmente relações diplomáticas com Cuba. O Chile fica designado como intermediário na representação dos interesses brasileiros em Havana. Segundo a *Folha de S.Paulo*, o rompimento é "justificado pela repetida interferência de Cuba nos negócios internos brasileiros e pelo desejo do governo de não permitir ação comunista no Brasil".

★14★ *Os guarda-chuvas do amor*, de Jacques Demy, vence o XVII Festival de Cannes, levando, além da Palma de Ouro, o Grande Prêmio Técnico e o prêmio da Organização Católica Internacional de Cinema e Audiovisuais (Ocic), este último juntamente com o brasileiro *Vidas secas*, de Nelson Pereira dos Santos, muito aplaudido quando exibido em competição. O japonês *A mulher da areia*, de Hiroshi Teshigahara, fica com o Grande Prêmio do Júri. As melhores atrizes são Anne Bancroft, por *Crescei e multiplicai-vos*, e Barbara Barrie, por *One potato, two potato*; os melhores atores são Saro Urzi, por *Seduzida e abandonada*, e Antal Páger por *Pacsirta*. Fritz Lang é o presidente do júri.

15 A pintora Djanira tem o carro parado pela polícia quando viaja a Paraty (RJ), devido à denúncia de que estaria transportando retratos de Luís Carlos Prestes e Fidel Castro. Ela é detida "para averiguações" e obrigada a depor durante nove horas.

17 *O primeiro-ministro canadense, Lester Pearson, propõe a troca do desenho da bandeira do Canadá (vermelha com o símbolo do Reino Unido no canto superior esquerdo) por uma folha da árvore nacional do país, o bordo.*

19 **O Departamento de Estado dos Estados Unidos afirma que dezenas de microfones ocultos foram encontrados nas paredes da embaixada norte-americana em Moscou.**

19 "Estamos na fase de limpeza de área, na linha dura da descomunização do ambiente nacional; do extermínio da corrupção que avassalara a nação; do planejamento das reformas estruturais, democráticas e cristãs, que o desenvolvimento nacional exige e o patriotismo dos poderes constituídos hão [sic] de, forçosamente, concretizar." General Justino Alves Bastos, comandante do IV Exército, no *Correio da Manhã*.

PIF PAF
Cr. 200
N° 5

EDIÇÃO SEMI-ESPECIAL
CONTRA
O MEIO-BIQUINI

AFINAL CLAUDIUS INCOMUNICÁVEL

20 Com um coquetel no Clube dos Marimbás, na praia de Copacabana, Millôr Fernandes lança a revista de humor *Pif Paf*, tomando o nome emprestado da coluna que manteve na revista *O Cruzeiro* até ser demitido, em 1963. Com projeto gráfico de Eugenio Hirsch, a revista reúne os cartunistas Jaguar, Ziraldo, Claudius, Fortuna e Vão Gogo (o próprio Millôr) e os jornalistas Sérgio Porto, João Bethencourt e Marcos Vasconcelos. Segundo Millôr, a *Pif Paf* "será de esquerda às segundas, quartas e sextas, e de direita às terças, quintas e sábados".

21 Na Argentina, dezenas de fábricas são ocupadas por operários peronistas em protesto contra os baixos salários e a inflação. Em seguida, a Faculdade de Filosofia de Buenos Aires é ocupada por estudantes solidários à CGT e contrários ao governo do presidente Arturo Illia. Refinarias e companhias telefônicas também são invadidas por manifestantes nos dias seguintes.

22 *"Terei o prazer de dizer ao presidente Johnson que encontrei no Brasil ótimo ânimo e a disposição das autoridades e do povo em cumprir sua parte na Aliança para o Progresso." Richard Reuter, assessor do presidente dos Estados Unidos para o programa Alimentos para a Paz,* Correio da Manhã.

22 "Depois surgem as estradas, a poeira, outras cidades, mais desertas e mais tristes, algumas até como Canudos, sem ninguém mais para ouvir o vento que grita acima dos telhados ou o deserto de Cocorobó, onde a chuva nunca caiu. E, de novo, Monte Santo, as caras conhecidas e já amigas, os bichos que já nos conhecem, a praça enorme e ensolarada. E neste momento a cidade vê-se invadida por quatro sujeitos vestidos de cangaceiro e meia dúzia de barbudos à frente, sobre jipes que levantam poeira. E o trabalho continua." Do diário de filmagem de Walter Lima Jr., assistente de direção de *Deus e o diabo na terra do sol*, *Correio da Manhã*.

24 Uma decisão do juiz anulando um gol do Peru durante uma partida de futebol entre Peru e Argentina, no Estádio Nacional de Lima, leva a uma briga generalizada na arquibancada que deixa 350 mortos e oitocentos feridos.

24 "Penso que toda a minha vida profissional e pessoal está ligada a minha mãe; não sei se serei capaz de desligar-me. [...] Mas desejo que algum dia eu seja conhecida como Liza Minnelli, feliz por ser filha de Judy Garland mas também feliz por ser Liza Minnelli." Depoimento da atriz durante os ensaios do espetáculo que fará com a mãe, no final do ano, em matéria do *Correio da Manhã*.

24 Estreia na TV Excelsior mais um programa patrocinado pelo Carnê Fartura: *Kid Otelo no Rancho da Fartura*, estrelado por Grande Otelo e apresentado como um "bang-bang bossa nova".

24 "Elza é professora de ginga, o ritmo como quê, é o sangue que alimenta o seu corpo e lhe encandesce [sic] a alma! É inimitável na sua forma sambística de expressão." Claribalte Passos, crítico de música do *Correio da Manhã*, sobre o LP *Na roda do samba*, de Elza Soares.

25 As séries de TV norte-americanas *The Defenders* e *The Dick Van Dyke Show* são as vencedoras do 16º Emmy Awards. Jack Klugman e Shelley Winters recebem o prêmio de melhor ator e melhor atriz.

25 *O engenheiro alemão Wernher von Braun, diretor do programa de foguetes da Nasa, afirma que os Estados Unidos talvez sejam capazes de levar um homem à Lua em 1970.*

25 Estreia no Teatro Paramount, em São Paulo, o primeiro show da série *O Fino da Bossa*, com Alaíde Costa, Jorge Ben, Sérgio Mendes, Os Cariocas, Marcos Valle, Zimbo Trio, Edison Machado, Rosinha de Valença e os novatos Elis Regina e Chico Buarque de Holanda. "Onde está você?", de Oscar Castro Neves e Luvercy Fiorini, na voz de Alaíde Costa, e "Terra de ninguém", de Marcos e Paulo Sérgio Valle, com Elis Regina, são os maiores sucessos do espetáculo, produzido pelo diretor do Centro Acadêmico XI de Agosto, da Faculdade de Direito da Universidade de São Paulo, Horácio Berlinck, e dirigido pelo produtor de discos Walter Silva. A renda da série de shows vai para diversas causas beneficentes, inclusive os fundos de festas de formatura de diversas faculdades.

26 Em combate à guerrilha que opera na região, os Estados Unidos bombardeiam o norte do Laos, no Sudeste Asiático, escalando a ofensiva que havia começado no Vietnã.

27 Morre o primeiro-ministro da Índia, Jawaharlal Nehru

27 O Inter de Milão vence a IX Copa da Europa de futebol, em Viena.

28 Deus e o diabo na terra do sol, *de Glauber Rocha, tem avant-première no cinema Ópera, na praia de Botafogo, Rio de Janeiro.*

27 Num relatório secreto intitulado "A situação política no Brasil", a CIA informa ao Departamento de Estado norte-americano que "o presidente Castello Branco, provavelmente conseguirá exercer uma liderança política efetiva dentro da linha de moderada reforma" e que seu principal oponente não será "o deposto presidente Goulart", e sim "uma possível ruptura com alguns grupos dentro das Forças Armadas que desejam um expurgo mais radical da antiga ordem política".

O relatório também aponta os "graves problemas econômicos e sociais" do Brasil como um obstáculo sério, que só pode ser enfrentado com "considerável assistência econômica estrangeira".

O diretor de inteligência e pesquisa do Departamento de Estado responde imediatamente ao relatório, dizendo que suas conclusões são "excessivamente otimistas" e que não levam em conta "a enorme gravidade e os numerosos desafios de uma situação política com múltiplas facções, o confronto constante de forças poderosas tanto na direita quanto na esquerda, a inexperiência política do presidente e da maioria do seu gabinete e o papel desestabilizador de alguns líderes militares da revolução, que vão preferir a continuação de ações repressivas no lugar de reformas sociais com algum significado". "Por estes motivos", a reposta do Departamento de Estado conclui, "o diretor acredita que há uma boa chance de que o regime caia num autoritarismo *crescente, precipitando outra crise constitucional.*"

28 *A Organização para a Libertação da Palestina (OLP) é oficialmente criada.*

30 *O estudante Elio Gaspari e mais treze colegas da Faculdade Nacional de Filosofia, confessam participação na invasão do salão nobre da faculdade, no episódio da hostilização a Carlos Lacerda ocorrido no final de 1963.*

30 "Artigo I — Fica decretado que agora vale a verdade,/ que agora vale a vida,/ e que de mãos dadas,/ trabalharemos todos pela vida brasileira. Artigo II — Fica decretado que todos os dias da semana,/ inclusive as terças-feiras mais cinzentas,/ têm direito a converter-se em manhãs de domingo." Versos de abertura de "Os estatutos do homem (Ato Institucional permanente)", poema de Thiago de Mello dedicado a Carlos Heitor Cony, publicado no *Correio da Manhã*. Thiago estava exilado no Chile.

30 Brasil e Inglaterra jogam no Maracanã, na abertura da Taça das Nações, que comemora os cinquenta anos da Confederação Brasileira de Desportos (CBD). O Brasil vem com Gilmar, Carlos Alberto, Brito, Joel, Rildo, Dias, Gerson, Julinho, Vavá, Pelé e Rinaldo e vence folgadamente por 5 a 1. Segundo o *Jornal do Brasil*, a seleção brasileira "cresceu sob a batuta de Pelé (no segundo tempo) para chegar com absoluta facilidade à goleada".

31 "Celebrei, pontual e amargamente, a missa de trigésimo dia da chamada revolução de 1º de abril. Isso foi há tempos. Hoje, pontualmente ainda, e mais amargurado ainda, celebro missa de segundo mês. É uma atitude cristã e pia, que deveria contar com o apoio e a devoção das Mães de Família que promoveram a Marcha com Deus. O movimento militar-terrorista ainda não acabou — é óbvio — mas isso não me impede a prece e o perdão." Crônica de Carlos Heitor Cony no *Correio da Manhã*.

Junho

"Acordem, seus porcos, que é da polícia."
(Policiais do Dops ao dar voz de prisão, armas em riste, a líderes de movimentos da juventude católica numa batida no Rio de Janeiro, fim de semana de 6 e 7 de junho)

"Ninguém percebe o quanto a América é importante para nós e para os Beatles também. Não consigo nem descrever o que a América representa para nós."
(Keith Richards na primeira grande coletiva dos Rolling Stones no aeroporto John Fitzgerald Kennedy, em Nova York, 1º de junho)

"O Chile não será outro Brasil."

(Salvador Allende, candidato socialista à presidência do Chile, *Correio da Manhã*, 27 de junho)

"O presidente Castello Branco continua um grande patriota, homem certo para a mais alta investidura da nação, honesto e reto, seguro e forte, mas bonito não é não."

(Millôr Fernandes, *Pif Paf*, 22 de junho)

"Agora, vá ser líder no diabo que o carregue. Para cima de mim, não."

(Carlos Heitor Cony sobre Carlos Lacerda, *Correio da Manhã*, 28 de junho)

JUNHO COMEÇA CHEIO de interrogações ardendo na fogueira das decepções: "Dois meses depois, o país pergunta aos chefes da Revolução: que estão fazendo do movimento generoso, restaurador e criador, que em horas pôs fim à anarquia, ao caos, à indisciplina, à dúvida sobre o amanhã da pátria? Que estão fazendo? Perguntamos numa indagação já prenhe de angústia democrática, de ânsia e de desejo de salvar a Democracia através da Revolução, e a Revolução pela Democracia. Estará a Revolução condenada ao autoritarismo por não estar sabendo usar a autoridade que lhe foi dada, que foi dada ao governo constituído pela sua vontade soberana, bastante acrescida nos termos do Ato Institucional? Dois meses depois é preciso perguntar. É preciso sacudir a consciência e a imaginação dos homens mergulhados na rotina do poder", diz o editorial do *Jornal do Brasil* logo no segundo dia do mês.

No mesmo dia, em entrevista ao *Correio da Manhã*, o escritor Alceu Amoroso Lima (o "Tristão de Athayde") diz basicamente o mesmo: "O movimento corre, agora, o perigo de transformar, dentro de pouco tempo, em realidade aquilo que foi uma hipótese não confirmada [a suposição de um golpe comunista no Brasil], especialmente se prosseguir o clima de vindita e terror que ainda não foi dissipado. O motivo alegado para o desencadeamento da revolução — impedir a marcha do país para um regime comunista — não tem fundamento. Não creio de modo algum que o país estivesse caminhando para um regime comunista. Havia inépcia administrativa [...]. A revolução de 1º de abril, em face do clima de terror que implantou e alimenta, longe de estar resolvendo o grave problema dos extremismos e das radicalizações, só o está agravando".

Depois de, por um breve momento, receber o apoio público de Castello Branco, as eleições de 1965 somem da conversa — embora apoiadas, segundo uma pesquisa realizada pelo Ibope no Rio e em São Paulo, por 80% dos eleitores. Fala-se agora em um mandato-tampão para Castello, eleições possivelmente em 1966, com todos os presidentes passados tornados inelegíveis. Para que fique bem claro de quem os generais estão falando, Juscelino Kubitschek, líder nas pesquisas de opinião entre os possíveis candidatos da teórica eleição de 1965, é prontamente cassado logo no início do mês, poucos dias depois de ter mandado publicar nos principais jornais do país o "Livro branco" — uma série de documentos de seu governo que refuta as acusações de udenistas e de militares de corrupção e filocomunismo que circulavam desde o golpe — e ter discursado no Senado denunciando a campanha de denuncismo contra ele.

A repercussão nacional e internacional da cassação de Juscelino é enorme, e diversos jornais estrangeiros a atribuem à pressão de grupos fascistas de direita. Numa matéria na sua edição do dia 15, a *Newsweek* diz que o governo dos Estados Unidos está "cada vez mais preocupado" com a situação de milhares de presos políticos que continuam encarcerados sem acusações formais nem julgamento.

Alguns dias antes da cassação de JK, uma blitz do Dops tira da cama e põe na prisão dezenas de integrantes dos movimentos da juventude católica, no Rio de Janeiro. Depois de um mês de buscas, iniciadas pelo cerco de tropas do Exército à superquadra onde morava, em Brasília, o ex-deputado federal Francisco Julião, líder das Ligas Camponesas, é preso num casebre na cidade-satélite de Planaltina. É levado para Brasília "sob um círculo de metralhadoras, preso, incomunicável, no Batalhão dos Guardas, onde vem sendo submetido a sucessivos e minuciosos interrogatórios", segundo a revista *Manchete* de 20 de junho.

Em Minas, a polícia e o Exército aterrorizam estudantes e professores e continuam retirando das bibliotecas obras de autores como Marx e Engels. Um coronel é nomeado interventor da Faculdade de Filosofia da Universidade de Minas Gerais, em Belo Horizonte. O mesmo acontece em diversas outras universidades. O Itamaraty anuncia, no final do mês, que já demitiu 23 de seus funcionários em embaixadas e consulados mundo afora, acusados de serem "apadrinhados do governo Goulart".

O dia 15 de junho marca, em tese, o final da efetividade dos poderes excepcionais conferidos aos líderes do golpe pelo AI-1. Mas, a rigor, nada acontece de diferente: continuam as listas e mais listas de cassados, anunciadas toda semana e publicadas com diligência nos jornais — nas revistas, é de *rigueur* pelo menos uma matéria mostrando Castello Branco sendo recebido entusiasticamente por populações de diversas capitais brasileiras, ou reportagens fotográficas com tropas do Exército em ação, treinando, testando novos armamentos ou dando batidas pelo interior em busca de "núcleos subversivos".

No total, durante os dois meses de vigência do artigo 10 do Ato Institucional, 441 civis e militares são "expurgados", incluindo três ex-presidentes da República, seis ex-ministros de Estado, seis governadores, dois senadores, 63 deputados federais, sessenta deputados estaduais, prefeitos, vereadores, secretários municipais e estaduais, militares, diplomatas (entre os quais o futuro dicionarista Antônio Houaiss), juízes. Os nomes dos atingidos circulam em listas e "listões" apócrifos ou oficiais,

2 Literatura: Clarice Lispector "Clarice Lispector está para a nossa literatura como Virginia Woolf para a inglesa e Gertrude Stein e Carson McCullers para a norte-americana."

3 Pintura: Djanira "Sem dúvida um dos maiores artistas plásticos do país e incomparável no estilo primitivo. Djanira, na minha opinião, tem apenas um defeito: está pedindo demais por suas telas."

4 Política: Sandra Cavalcanti "Inegavelmente um dos líderes políticos mais ativos e eficientes da UDN. [...] Sandra realizou um milagre no qual os cariocas não acreditavam: tirou uma favela de um morro da Zona Sul, alojando seus moradores em casas próprias, em Bangu."

5 Beleza: Marta Rocha "Não surgiu, até hoje, uma miss que se compare a Marta Rocha — a mulher mais bonita do Brasil. [...] Marta precisa afinar a silhueta, para realçar seu lindo rosto e bela estampa."

semeando pavor. O Poder Legislativo e os governos estaduais tornam-se mera extensão do poder dos líderes do golpe, que nomeiam e empossam secretários à vontade.

Carlos Lacerda continua de licença, viajando pela Europa. Em Paris, seu guia é o cinegrafista Jean Manzon, correspondente no Brasil de diversas publicações francesas e que prontamente o apresenta aos editores do *France Soir* e da revista *Paris Match*.

O Rio de Janeiro ganha uma nova praga — o coronel Américo Fontenelle, diretor do Detran, cuja solução para estacionamento em locais não permitidos e obstruções generalizadas do trânsito é das mais simples: esvaziar os quatro pneus dos carros. Entrevistado pelo *Correio da Manhã*, um guarda civil diz que a ordem de Fontenelle é esvaziar mesmo os quatro pneus, mas que sua equipe está "esvaziando apenas um, para facilitar para o pessoal do reboque".

Apesar da criação da Superintendência da Moeda e do Crédito (Sumoc), a inflação continua fora de controle, e o abastecimento é, na melhor das hipóteses, irregular. O leite está racionado; em pleno mês dos pés de moleque e cocadas, o açúcar, difícil de encontrar, está 100% mais caro (no estado do Rio, as refinarias de açúcar chegam a ser ocupadas pelo Exército). Um quilo de pão custa Cr$ 250,00; uma dúzia de laranja-lima, idem; feijão-preto, Cr$ 150,00 o quilo. São aumentos de pelo menos 50% e, muitas vezes, até 120% sobre os preços praticados em maio. Os cigarros aumentam entre 20% e 50% no fim do mês, e as passagens de ônibus e bonde em São Paulo sobem até 70%.

Há momentos de lirismo. A cadelinha Baleia, estrela do festival de Cannes graças à sua atuação em *Vidas secas*, volta da Croisette com uma gravidez bastante aparente. No começo do mês ela dá à luz, no quintal da família de Luiz Carlos e Lucy Barreto, no Rio, uma ninhada de sete filhotes, quatro machos e três fêmeas, fruto de seu romance com o vizinho Telefone. É notícia na imprensa, que saúda a decisão de Baleia de abandonar a vida artística "para se dedicar inteiramente à sua prole".

Nos estúdios da gravadora Philips, Nara Leão começa a gravar o LP *Opinião de Nara*, com um repertório que inclui "O sol nascerá" (Cartola e Elton Medeiros), "Chegança" (Edu Lobo e Oduvaldo Vianna Filho) e "Opinião" (Zé Kéti). O sucesso do restaurante-casa de shows Zicartola, no Rio de Janeiro, leva à "redescoberta" de pilares fundamentais do samba: Cartola, Ismael Silva, Nelson Cavaquinho e Zé Kéti, que, nas palavras de Sérgio Cabral no *Correio da Manhã*, "vivem há dezenas de anos fazendo seus sambas, cada vez mais bonitos. Mas, a não ser a gente humilde de suas rodas e poucos outros, ninguém mais tomava conhecimento daquelas obras que, em sua maior parte, vivem apenas nas cabeças dos seus admiradores de boa memória".

Personalidades anunciam produtos. O colunista social Ibrahim Sued faz o reclame das camisas VIP Marajó em tecido Polystar; o comediante José Vasconcellos, das TVs portáteis GE; Pelé, da sua bola de futebol fabricada pela Atma. Enquanto isso, Ziraldo lança a revista *Fotopotocas*, que reúne fotos — sobretudo de políticos, publicadas na revista *O Cruzeiro* — com falsos diálogos, criados por ele mesmo, pelo jornalista Sérgio Augusto e pelo fotógrafo Fernando Seixas, entre outros.

Faz frio nas regiões Sul e Sudeste. Na noite de São João, os termômetros marcam oito graus em São Paulo, onze no Rio de Janeiro.

Lá fora, acima do equador, é verão e o mundo ferve. Nos Estados Unidos, a escalada do conflito no Sudeste Asiático alimenta uma intensa movimentação entre os estudantes, que vai desaguar nas primeiras manifestações contra a guerra. A pressão contra a discriminação racial e pela plenitude dos direitos civis dos negros em todo o país — sobretudo nos estados do Sul, os mais conservadores — faz suas primeiras vítimas. Liderados pelo pastor Martin Luther King Jr. e inspirados pela prática da não violência de Gandhi, militantes negros e brancos sentam-se juntos em balcões reservados "só para os de cor", andam juntos de ônibus e marcham pelas ruas das cidades sulistas. No dia 9, dezenas de negros que se manifestam contra a segregação racial são presos em Tuscaloosa, Alabama. Os protestos duram três dias. No dia 11, Martin Luther King Jr. é agredido e preso por tentar entrar com seguidores num restaurante exclusivo para brancos em St. Augustine, Flórida.

Em Londres, a estilista Mary Quant pega a deixa de Courrèges e lança uma coleção de verão com blocos de cores e saias acima do joelho. Muito acima do joelho: é o advento da minissaia, perfeita para dançar ao som de The Who, que, sob a batuta dos empresários Kit Lambert e Chris Stamp, parece estar em toda parte. Sobretudo no hotel Railway, no subúrbio londrino de Wealdstone, onde é a banda residente. Numa noite de junho, durante um show, Pete Townshend, líder do grupo, quebra acidentalmente o braço de sua guitarra ao dar um salto mais entusiasmado, esquecendo-se do teto baixo sobre o palco. A plateia vai ao delírio.

***

A comunidade negra luta por igualdade nos Estados Unidos.

Linha do Tempo

 Os Rolling Stones desembarcam em Nova York e dão sua primeira grande entrevista coletiva no aeroporto John Fitzgerald Kennedy.

 A Pan American dá início a voos do Rio para Los Angeles e San Francisco, com uma parada no Panamá para "soberbas compras na zona livre". De lá, pode-se prosseguir viagem para o Havaí e Hong Kong com "cozinha inigualável, drinques e bebidas cordialmente oferecidos com os cumprimentos da Pan Am".

2 O Serviço de Diversões Públicas da Guanabara determina que o humorista Costinha, da TV Excelsior, seja suspenso por noventa dias por "ter usado expressões e gestos considerados atentatórios à moral".

2 O general Oswaldo Cordeiro de Farias, futuro titular do recém-criado Ministério do Interior, afirma em São Paulo, em discurso proferido durante um jantar para 1100 pessoas em sua homenagem no Clube Pinheiros, que "a Revolução ainda não terminou". No mesmo dia, o Tribunal Superior Eleitoral determina a suspensão das eleições municipais em todo o país até 9 de outubro.

2 Barry Goldwater, senador da extrema direita norte-americana, vence as primárias republicanas na Califórnia, tornando-se o favorito para a candidatura presidencial.

3 O presidente sul-coreano Park Chung Hee declara lei marcial em Seul depois que milhares de estudantes derrotam a polícia durante um protesto.

4 Os ministros da Fazenda e do Planejamento se reúnem reservadamente em São Paulo com industriais paulistas e o embaixador norte-americano, Lincoln Gordon.

3 Com uma foto da modelo Peggy Moffitt na revista norte-americana *Women's Wear Daily*, é lançado oficialmente o monoquíni, traje de banho que deixa os seios inteiramente à mostra. A peça foi criada pelo estilista Rudi Gernreich — nudista e pioneiro na militância dos direitos gays — para um ensaio fotográfico sobre o futuro da moda para a revista *Look*. Alguns dias depois, o cardeal dom Jaime de Barros Câmara declara ao *Jornal do Brasil* que "além do aspecto religioso e moral existe o psicológico. A sociedade brasileira, em quem deposito inteira confiança, não aceitará esta indumentária porque o encanto feminino, segundo as próprias mulheres, existe apenas na atmosfera de reserva e sobriedade que as cerca".

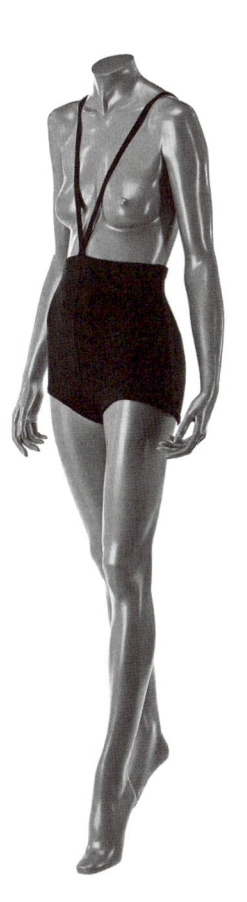

5 *Com um show na cidade de San Bernardino, próxima a Los Angeles, na Califórnia, os Rolling Stones começam sua primeira excursão pelos Estados Unidos, promovendo seu primeiro álbum lançado no decisivo mercado norte--americano,* The Rolling Stones — England's Newest Hit Makers. *"Foi um barato. Todo mundo dançando, pulando e cantando junto. Parecia que a gente estava em casa", comenta o guitarrista Keith Richards.*

6 A Turquia suspende uma iminente invasão aeronaval de Chipre diante da pressão de Estados Unidos e Rússia, que temem um agravamento das tensões regionais.

6 *"No momento em que um dos maiores calhordas universais — o generalíssimo Franco — comemora 25 anos de ditadura na Espanha, quatro bombas de fabricação caseira explodem em locais diferentes, em Madri. O chefe de polícia da capital espanhola explicou à imprensa estrangeira que nada há contra Franco. As bombas são um protesto contra a presença de turistas. Realmente, esses turistas são uns tiranos." Stanislaw Ponte Preta, Última Hora.*

7 No Maracanã lotado, a seleção brasileira vence Portugal por 4 a 1 debaixo de vaias da torcida e fica com o segundo lugar na Copa das Nações, na qual a Argentina já se sagrou campeã.

O ex-presidente e senador (PSD-GO) Juscelino Kubitschek tem seu mandato legislativo e seus direitos políticos cassados por dez anos. Em entrevista à Folha de S.Paulo, *diz: "Não aceito o julgamento dos que agora me julgam. Só aceito o julgamento do povo, porque só nele reconheço o juiz das minhas ações".*

9 É cassado o mandato do governador do Pará, Aurélio do Carmo, e seus direitos políticos são suspensos por dez anos. Em seu lugar, é "eleito" pela Assembleia Legislativa o coronel Jarbas Passarinho.

* * *

***11* A Grécia descarta negociações de paz diretas com a Turquia sobre a guerra em Chipre**

11 Um psicopata entra numa escola católica de ensino fundamental no subúrbio de Volkhoven, Colônia, na Alemanha, com uma lança, uma maça e um lança-chamas improvisado e mata oito alunos entre nove e dez anos e dois professores, deixando ainda 22 feridos. Perseguido pela polícia, suicida-se ingerindo veneno nos arredores da escola.

* * *

11 Washington, 19h05, hora local Lyndon Johnson: "Acho que vou falar do Brasil. O Brasil foi muito bem".
Thomas Mann: "É verdade. Deixe-me pensar um pouco no assunto".
Johnson: "Vamos falar do Brasil, é a melhor coisa, não é? Pelo menos do meu ponto de vista".
Mann: "O Panamá também foi muito bem. Guantánamo foi muito bem. Toda a coisa de Cuba foi muito bem".
Johnson: "O Brasil foi muito bem".
Mann: "O Brasil é a coisa mais importante que aconteceu na América Latina nos últimos vinte anos, fora Cuba. Apesar das dificuldades, apesar dos excessos, porque está havendo excessos, idiotices, o pêndulo indo para o extremo oposto, agora temos que empurrá-lo de volta para o centro. Mas agora temos essa eleição no Chile, está indo bem mas

12 "Combinar um almoço juntos. Se estiverem na cidade, o romantismo do Museu de Arte Moderna fará bem. Caso o programa seja na Zona Sul, o miramar, com visão panorâmica para o mar, é lindo. Dê uma fugidinha do trabalho e vá ao cair da tarde ver as ondas lamberem os rochedos do Arpoador, onde você encontrará provavelmente uma turma treinando *surffing* [sic]." Dicas do Caderno B do *Jornal do Brasil* para o Dia dos Namorados.

12 (DIA DE SANTO ANTÔNIO) Nelson Mandela e outros sete ativistas antiapartheid do Congresso Nacional Africano são condenados à prisão perpétua em Pretória, África do Sul.

✳ ✳ ✳

13 Às 18h o ex-presidente e senador cassado Juscelino Kubitschek embarca com a esposa, Sara, para Madri. As filhas do casal, Márcia e Maristela, o embaixador da Espanha, o advogado Sobral Pinto e o embaixador Negrão de Lima os acompanham ao embarque. Há um princípio de tumulto entre a pequena multidão de admiradores que se aglomera no portão de embarque do aeroporto e forças da FAB que vigiam a saída do ex-presidente. Antes de partir, Juscelino divulga um "manifesto ao povo brasileiro", no qual diz: "Sou um fiel defensor da democracia, e me preparo para enfrentar a melhor luta. [...] Em breve estarei de volta para a batalha cívica em que está empenhado o povo".

ainda temos muito trabalho pela frente...".
Johnson: "O que está havendo? Um candidato é comunista?".
Mann: "Bom... é um socialista com apoio dos comunistas. Se ele ganhar estamos pensando direto nos comunas, ele vai ser um prisioneiro dos comunas, porque eles são mais organizados e disciplinados".
Johnson: "E o nosso candidato?".
Mann: "Nosso candidato é um democrata cristão, esperamos que ele ganhe, ele tem apoio dos conservadores, dos liberais e, é claro, dos cristãos democratas. [...]".
Johnson: "Qual é a zona de perigo? Na eleição chilena?".
Mann: "O fato de que há um elemento comunista no meio".
Conversa telefônica entre o presidente Lyndon Johnson e o secretário de Estado assistente para assuntos interamericanos, Thomas Mann.

13 Começa em São Paulo, com uma vigília cívica presidida pelo presidente do Congresso, senador Auro de Moura Andrade, a campanha "Ouro para o Bem do Brasil", que visa coletar doações de peças de ouro da população para, em tese, reforçar os cofres da União. Cada doação — muitas delas são de joias de família, inclusive alianças — é trocada por um anel de metal com a inscrição "Dei ouro para o bem do Brasil". A iniciativa faz parte do movimento Legionários da Democracia, lançado na mesma ocasião e patrocinado pelos Diários Associados.

15 Barry Goldwater vence as primárias republicanas do Texas.

15 "Nós, abaixo assinados, escritores brasileiros, cientes do inquérito policial militar que ora envolve a Editora Civilização Brasileira, vimos, por este meio, opinar publicamente: testemunhamos o relevante papel que desempenha a Editora Civilização Brasileira no panorama intelectual do país, como veículo de cultura; testemunhamos o benefício inegável que vem prestando essa editora na divulgação de obras nacionais e estrangeiras, de todos os quadrantes da arte e do saber, benefício que diretamente se reflete na educação do povo [...]." Carta aberta assinada por, entre outros, Carlos Heitor Cony, Antônio Callado, Ledo Ivo, Dias Gomes, Alex Vianny, Ferreira Gullar e José Lino Grünewald, publicada nos principais jornais do Rio e de São Paulo.

18 Ao término de uma conferência do professor Hélio Jaguaribe no Palácio do Planalto, Castello Branco declara ser "um homem de centro-esquerda" que está disposto a "levar para a frente, com firmeza e determinação, o programa de reformas estruturais que há anos vem emocionando o país".

18 O Conselho de Segurança da ONU condena o regime de apartheid na África do Sul.

16 *Nelson Mandela e seus companheiros do Congresso Nacional Africano chegam à prisão da ilha Robben, ao largo da Cidade do Cabo, para começar a cumprir sua sentença de trabalhos forçados perpétuos.*

17 À noite, o ex-secretário de imprensa de Jango, Raul Ryff, e o ex-deputado Rubens Paiva deixam a embaixada da Iugoslávia em Brasília, onde estavam asilados, e viajam de avião para Belgrado.

19 *O Senado norte-americano aprova a Lei de Direitos Civis, banindo legalmente a discriminação racial no país. O candidato republicano à presidência, Barry Goldwater, vota contra a lei proferindo um sonoro "não!".*

20 Frans Krajcberg se torna o primeiro artista brasileiro a ser premiado na Bienal de Veneza. Krajcberg participa de uma estrelada seleção nacional, com obras de Tarsila do Amaral, Abraham Palatnik, Alfredo Volpi, Almir Mavignier, Glauco Rodrigues e Franz Weissmann.

21 *A seleção de futebol da Espanha vence a da União Soviética por 2 a 1 e se torna a campeã da Copa das Nações Europeias.*

21 Aparece morto, com o pescoço torcido, o mainá de estimação do jogador Garrincha, do Botafogo, presente do governador Carlos Lacerda por sua atuação em 1962. A ave era odiada pelos torcedores do clube, que a culpavam pelo mau desempenho do ponta-direita.

22 Três décadas depois de seu lançamento na França, o Supremo Tribunal dos Estados Unidos permite que o livro *Trópico de Câncer*, de Henry Miller, seja vendido legalmente no país. Em seu parecer o Supremo declara que a obra não é obscena.

22 *Numa entrevista coletiva em Fortaleza, Castello Branco declara-se favorável à eleição direta em 1965 para escolha de seu sucessor. Diz também que se considera "um homem de centro" e que foi "a UDN que fez a revolução, que impulsionou a revolução, que é o esteio da revolução".*

21 Três militantes da causa dos direitos civis, os estudantes brancos Michael Schwerner e Andrew Goodman e o sindicalista negro James Chaney, são assassinados pela Ku Klux Klan em Filadélfia, Mississippi, no coração do Sul racialmente segregacionista dos Estados Unidos.

23 Na cola da "invasão britânica" deflagrada pelos Beatles, a banda Gerry & The Pacemakers e a dupla Peter and Gordon lançam LPs no mercado norte-americano: respectivamente, *Don't Let the Sun Catch You Crying* e *A World Without Love*.

23 Falando ao Colégio de Cardeais durante as cerimônias do primeiro aniversário de sua investidura como pontífice da Igreja Católica, o papa Paulo VI anuncia a criação da Comissão Pontifícia para o Estudo da População, da Família e da Natalidade, mais conhecida como Comissão do Controle da Natalidade. "O controle da natividade está sendo estudado com toda a amplitude e profundidade possível, à luz dos desenvolvimentos teóricos e práticos. Na realidade não contamos, no momento, com razões suficientes para considerar superadas, e portanto anular sua obrigatoriedade, as normas ditadas pelo papa Pio XII sobre esse particular". Em 1958, Pio XII havia declarado que todo processo que detenha a ovulação para prevenir a concepção constitui "um ato ilícito".

24 (DIA DE SÃO JOÃO) "A lei diz que é proibido soltar balão, mas a tradição não obedece a leis, e nas noites de junho o céu se enche de pontos amarelos, sinais de respeito visíveis em toda a cidade. Nas ruas, caminhando em direção às praias, à encosta de um morro ou ao terraço de um amigo, buscando, enfim, um espaço livre, passam grupos de meninos levando o balão enrolado ao redor do braço, como fantasia rica que não se queira amassar." Texto na capa do Caderno B do *Jornal do Brasil* com ensaio fotográfico de Walter Firmo, que, dois dias depois, ganhará o Prêmio Esso de Reportagem.

24 Brasil e Estados Unidos firmam um acordo de empréstimo — o primeiro em mais de um ano — para a concessão de US$ 50 milhões destinados a "promover o desenvolvimento econômico e o progresso social do povo brasileiro".

25 *O músico Pixinguinha sente-se mal e dá entrada no Hospital Getúlio Vargas, no Rio de Janeiro, onde é diagnosticado um edema pulmonar agudo.*

25 A cantora Rita Pavone, "o vulcão italiano", faz duas apresentações no Rio de Janeiro: uma "audição exclusiva" no auditório da TV Rio, na avenida Atlântica, em Copacabana, às 21h, e um show de gala com direito a jantar, no Clube Monte Líbano, às 23h.

25 *O general Golbery do Couto e Silva toma posse como diretor do Serviço Nacional de Informações (SNI), dizendo que será o titular do "Ministério do Silêncio".*

26 Começa em Berlim o 14º Festival Internacional de Cinema. O Brasil é representado por *Os fuzis*, dirigido por Ruy Guerra e estrelado por Átila Iório e Nelson Xavier.

27 Apesar dos gritos de "Sai daí, crioula, teu lugar é na cozinha" de uma senhora exaltada na plateia, Vera Lúcia Couto Santos, representante do Clube Renascença, agremiação da classe média negra de Andaraí, é eleita Miss Guanabara. É uma das favoritas do público desde a apresentação das candidatas, a ponto de um jurado, Evandro de Castro Lima, ser afastado de seu posto ao declarar abertamente sua preferência. Vera Lúcia é a primeira mulata a receber uma faixa de miss no país ou, como diz o *Jornal do Brasil*, "a mais escura" a ser assim distinguida.

27 Começa na praia do Arpoador, no Rio de Janeiro, o I Campeonato de Surfe. As estrelas são Irencyr Beltrão, Arduino Colasanti, Afonso Bebiano, Paulinho Bebiano e Valcir, que, "pela grande forma que tem demonstrado nos treinamentos, é tido pelos entendidos como uma das figuras certas para as finais", segundo o *Jornal do Brasil*, promotor do evento.

28 *"Na Augusta, justificando o título de rua mais snob do Brasil, tudo acontece. Ainda outro dia, violenta trombada entre um Aero Willys e um DKW anunciava grande briga, e a comum interrupção do trânsito, quando, do interior dos dois veículos, bastante danificados, saíram duas elegantes damas e, sem se preocuparem com os estragos, iniciaram alegre bate-papo. [...] Chegou a polícia de trânsito, formou- -se a clássica reunião de espectadores, e as duas senhoras, entusiasmadas com o imprevisto encontro, continuaram conversando ainda por longo tempo." Folha Ilustrada*, Folha de S.Paulo.

30 Três dias depois da saída das últimas tropas da ONU do Congo — que estavam mantendo a paz no país havia quatro anos —, o presidente Joseph Kasavubu aceita a renúncia coletiva de todo o governo do primeiro-ministro Cyrille Adoula, dissolve as duas casas do Congresso e anuncia sua disposição de convocar um governo provisório. O secretário-geral da ONU, U Thant, declara que o país pode ir "ao caos e à desintegração" se os líderes políticos não se reconciliarem.

Julho

*** **_Julho_** ****

"O sangue dos judeus e dos negros vai correr e não deixaremos aplicar a lei infame."

(Manifesto da Ku Klux Klan do Mississippi, 10 de julho)

"Procuravam os oposicionistas impingir a ideia de que o chefe da nação era incapaz, primário, preguiçoso e até analfabeto. Subestimavam uma figura de homem público que não era nada daquilo. Inteligente, astuto, vivo, com imensa capacidade de audiência e outra enorme de falar e de expor, o sr. João Goulart pregou, realmente, sustos aos seus inúmeros adversários."

(Abelardo Jurema, ex-ministro da Justiça, num artigo para a revista _O Cruzeiro_, 18 de julho)

"Em quatro meses a Revolução envelheceu e murchou. Seus intérpretes, na imprensa, são os seus adversários."

(Carlos Lacerda, em carta aberta à Assembleia Legislativa da Guanabara, 28 de julho)

"As autoridades revolucionárias estão agindo com cuidado para não fazer vítimas."

(Almirante Sílvio Heck, _Correio da Manhã_, 2 de julho)

"_Deixo o Brasil porque essa é a melhor forma de exprimir o meu protesto contra a violência de que fui vítima e, ainda, porque não subsistem, neste instante no país, as condições mínimas que me permitam prosseguir na luta de que jamais desertei, pela preservação das instituições democráticas._"

(Juscelino Kubitschek, _O Cruzeiro_, 4 de julho)

O SEGUNDO SEMESTRE vem com muito frio e o fim das esperanças de eleições em 1965. São Paulo e a região Sul do país têm noites com temperaturas abaixo de zero. O Rio de Janeiro testemunha sequências de dias nublados com os termômetros marcando em torno de onze graus. Uma japona de napa, a grande moda do momento, custa Cr$ 5 965,00.

Castello Branco diz que é de centro-esquerda, que anseia por reformas de base, que é a favor de eleições na letra da lei. Depois diz que é de centro, que talvez 1966 seja melhor mesmo para as eleições. Finalmente, as lideranças do PSD e da UDN propõem uma emenda constitucional que prorroga o mandato do presidente até março de 1967. A emenda, é óbvio, passa no Congresso. Castello, é óbvio, aceita.

No início do mês, o coordenador da todo-poderosa Comissão Geral de Investigações (CGI), general Estevão Taurino de Rezende, declara que está em cogitação a transferência, da alçada civil para a da Justiça militar, dos processos de réus acusados de crimes de corrupção e subversão. A despeito da opinião "humanitária" do general, para quem todos os presos políticos há mais de cinquenta dias deveriam ser libertados, muitas pessoas permanecem presas noventa dias depois do golpe.

Prisões, intervenções e recolhimento de "material subversivo" são, agora, parte do cotidiano. As universidades e a cultura, o foco dos expurgos de inverno: reitores e catedráticos perdem seus postos, muitos deles — como Paulo Freire, Thomas Maack, Amílcar da Hora, Marcos Rubinger, Simon Schwartzman, Henrique Stodieck e José do Patrocínio Gallotti — são presos; diretórios acadêmicos ficam sob intervenção; o Serviço de Extensão Cultural da Universidade de Recife é extinto.

Policiais invadem a residência da viúva do escritor Graciliano Ramos e apreendem "material subversivo": gravuras chinesas e um romance do jornalista e escritor soviético Ilya Ehrenburg.

No Rio, Dias Gomes tenta, em vão, estrear sua nova peça, *O berço do herói* — são três tentativas abortadas pela Censura, acumulando um prejuízo de mais de Cr$ 1 milhão. Tereza Rachel, a estrela da peça, lidera um movimento de apoio ao dramaturgo — todas as peças em cartaz na cidade começam com os dizeres: "Dedicamos nosso trabalho de hoje ao elenco da peça *O berço do herói*, que até hoje não conseguiu a liberação da Censura".

O abastecimento de gêneros de consumo básico, como arroz, feijão, leite, açúcar, gás domiciliar, continua problemático, os preços continuam subindo e, no Rio de Janeiro, o coronel Américo Fontenelle continua em sua tarefa cívica de esvaziar pneus (até de viaturas do Dops estacionadas irregularmente) e rebocar veículos, que, ele anuncia, vão virar sucata.

A inflação oficial no primeiro semestre de 1964 é de 63%. Assim, o aumento de 100% no salário mínimo concedido por Jango em fevereiro reduz-se efetivamente a 37%. Uma onda de desemprego agrava a carestia em todo o país. Há 50 mil desempregados em Belo Horizonte, 300 mil em São Paulo. A previsão orçamentária para 1965 é de que as Forças Armadas consumam 25% do total.

Golpes estão, ao que tudo indica, na mente de todos. Os livros mais vendidos do mês são *Os idos de março e a queda em abril*, que reúne textos de, entre outros, Alberto Dines, Wilson Figueiredo, Pedro Gomes, Carlos Castello Branco e Antônio Callado, com prefácio de Otto Lara Resende, e *Da arte de falar mal*, antologia das colunas de Carlos Heitor Cony no *Correio da Manhã*. O livro estrangeiro mais vendido é *Sete dias de maio*, ficção política de Fletcher Knebel sobre um golpe de estado nos Estados Unidos do distante futuro de 1970. Márcio Moreira Alves, que, ao lado de Cony, foi até agora o mais corajoso colunista dos novos tempos, é enviado como correspondente do *Correio* a Paris — uma saída estratégica antes que sua voz dissonante seja notada do pior modo possível.

Na televisão, além de uma abundante safra de novelas, uma novidade vinda de São Paulo está fazendo sucesso: o show *O Fino da Bossa*, realizado em maio no teatro Paramount, fez tanto sucesso que gerou novas versões, frequentadas pela nata da música popular, como Alaíde Costa, Zimbo Trio, Jorge Ben, Nara Leão, Oscar Castro Neves, Rosinha de Valença e os cada vez mais populares estreantes Chico Buarque e Elis Regina, e gravadas em videoteipe para exibição na TV Record paulista e na TV Rio carioca, "mas só uma semana depois!", reclama o *Jornal do Brasil*. Um LP gravado ao vivo no Paramount é lançado pela RGE, reforçando a imensa popularidade do show.

A estrela do iê-iê-iê italiano Rita Pavone apresenta-se em São Paulo e cai de amores pelo baterista Netinho, do conjunto The Clevers, futuro Os Incríveis. E, enquanto os Beatles completam o assalto britânico aos Estados Unidos, o Brasil vê os American Beetles — quatro rapazes que, em comum com o quarteto de Liverpool, só têm os cabelos.

É também mês de misses e de direitos civis, para o que a mente do cronista José Carlos Oliveira conflui, graças ao clarão de beleza e controvérsia criado pela presença da Miss Guanabara Vera Lúcia Couto Santos, a primeira mulata a portar a cobiçada faixa, exatamente quando Lyndon Johnson abole formalmente a segregação racial nos Estados Unidos. "Temos mesmo que mandar Vera Lúcia para os Estados Unidos", Carlinhos escreve. "Ela é tudo o que eles precisam agora."

***

Waldner detalha um plano de ação para o governador: "De 10 de setembro até o início de outubro vindouro, o sr. Carlos Lacerda atravessará um período de grande nervosismo, em meio a grandes choques de opinião. Mas tudo isso passará e ele entrará num período excelente, que durará até o fim do ano, quando então estará na crista do sucesso e da popularidade. Nos meses de abril, maio e junho de 1965, sofrerá forte oposição. Mas poderá dominá-la se nisto puser toda a sua energia e força de vontade (o que é ainda duvidoso). Vencida essa etapa, alcançará a suprema magistratura do país. Tudo lhe é favorável para atingi-la". E então, Waldner conclui, a década será de Lacerda: "Os próximos dois anos, particularmente, lhe são muito favoráveis, e ele será objeto de grande fama. Por isto mesmo terá grandes inimigos, sobre os quais levará sempre vantagem, numa crescente onda de popularidade".

Linha do Tempo

1 O "Clube de Haia", que reúne os principais credores do Brasil (Estados Unidos, Alemanha, França, Áustria, Bélgica, Japão, Itália, Holanda, Inglaterra e Suíça), decide adiar a cobrança do pagamento de 70% dos compromissos assumidos pelo país (um total de US$ 597 milhões), vencíveis nos próximos vinte meses.

1 Estreia no Teatro de Bolso, no Rio de Janeiro, o espétaculo *Big Bossa Show*, com Elis Regina, Wilson Simonal e Quarteto Luiz Carlos Vinhas.

1 *Começam os levantamentos aerofotogramétricos do território brasileiro por aeronaves da Força Aérea dos Estados Unidos, parte de um acordo assinado pelos líderes do golpe logo nos primeiros dias de poder, em abril.*

2 O presidente Lyndon Johnson sanciona o Civil Rights Act, abolindo formalmente a segregação racial nos Estados Unidos.

2 O ex--presidente da UNE José Serra e outros quatro asilados na embaixada da Bolívia recebem salvo-conduto e partem para La Paz via São Paulo.

3 *Castello Branco envia ao Congresso uma mensagem "regulamentando atividades estudantis" e oficialmente extinguindo a UNE.*

3 Carlos Lacerda retorna ao Brasil depois do longo tour pela Europa desde o golpe. Antes de aterrissar no Galeão, no Rio de Janeiro, instrui seu gabinete para que não permita "manifestações por parte de seus correligionários".

3 *Numa entrevista na TV mexicana, Juanita Castro, irmã de Fidel Castro que se exilou no México no mês anterior, faz duras críticas ao regime cubano. "Eu e a maioria dos cubanos sentimos que esta não é a revolução pela qual havíamos lutado. Eu e a maioria dos cubanos acreditávamos nas promessas de Fidel quando falou de devolver a Cuba a justiça e a liberdade. Sabemos agora que fomos traídos", diz.*

4 O democrata cristão Aldo Moro, a pedido do presidente da República, Antonio Segni, retorna à chefia do governo italiano para formar um novo gabinete de centro-esquerda.

4 No Maracanãzinho lotado, no Rio de Janeiro, a paranaense Ângela Vasconcelos é escolhida Miss Brasil, sucedendo a gaúcha Ieda Maria Vargas, coroada Miss Universo em 1963. Miss Guanabara, Vera Lúcia Couto Santos (que desfila num Maracanãzinho dividido entre vaias e gritos eufóricos de "Vera! Vera! Vera!") fica em segundo lugar.

4 *Derrotando a australiana Margareth Smith por 2 sets a 1, a tenista brasileira Maria Esther Bueno conquista o tricampeonato do Torneio de Wimbledon, em Londres, que já venceu em 1959 e 1960. É a terceira vitória em seis participações.*

5 Uma carga de dinamite explodida 75 minutos antes da hora determinada deixa catorze mortos e dezenas de feridos na construção de um túnel entre os subúrbios cariocas de Bangu e Realengo, parte da grande obra da adutora do Guandu, que visa sanar o eternamente deficitário abastecimento de água na cidade.

6 O protetorado britânico de Niassalândia, na África Oriental, torna-se independente do Reino Unido com o novo nome de República do Malawi.

6 O primeiro filme estrelado pelos Beatles, *A Hard Day's Night*, dirigido por Richard Lester, estreia em Londres.

6 Gustavo Díaz Ordaz é eleito presidente do México com 90% dos votos. É o Partido Revolucionário Institucional (PRI) exercendo sua "ditadura perfeita", na definição do escritor peruano Mario Vargas Llosa.

5 Carlos Lacerda encontra-se com Castello Branco num almoço no Palácio Laranjeiras, no Rio de Janeiro. Na saída do encontro, afirma aos jornalistas que continua candidato à presidência, embora o assunto não tenha sido discutido durante o almoço.

7 *Os fuzis*, de Ruy Guerra, recebe o Prêmio do Júri (Urso de Prata) no Festival de Berlim.

7 "Eu queria explicar ao leitor como vai ser esta seção, mas o diabo é que eu mesmo não sei. [...] Além do mais o leitor deste jornal já está muito bem servido: para grandes lances líricos e ataques fulminantes, tem neste caderno o jovem José Carlos Oliveira, o Amarildo da crônica." Rubem Braga, apresentando-se aos leitores em sua estreia como colunista do *Jornal do Brasil*.

8 Os Estados Unidos anunciam que as baixas norte-americanas no Vietnã somam 1387, incluindo 399 mortos e dezessete desaparecidos.

10 Os Beatles retornam à sua cidade natal, Liverpool, de volta da "conquista da América", a tempo para a estreia, no Reino Unido, de *A Hard Day's Night*. O LP com a trilha do filme tem lançamento internacional no mesmo dia.

10 *Termina em fiasco a campanha "Ouro para o Bem do Brasil", promovida pelos Diários Associados: enquanto a caixa com as contribuições é lacrada com solda, as cédulas e cheques em seu interior pegam fogo, e é necessário jogar água no recipiente para extinguir o incêndio, danificando o dinheiro.*

10 Carlos Lacerda reassume o governo da Guanabara e critica os rumos da "revolução", lançando a "plataforma do contra": é contra qualquer reforma constitucional, sobretudo a que prorroga o mandato de Castello.

11 "Dirão mais tarde os historiadores: foi um triste instante da vida brasileira. Aumentaram as dificuldades naturais do povo e procuraram despojá-lo de suas conquistas básicas. Tentaram sufocar as esperanças de um futuro, fazendo o país regredir cada vez mais." Carlos Heitor Cony, em sua coluna "Da Arte de Falar Mal", *Correio da Manhã*.

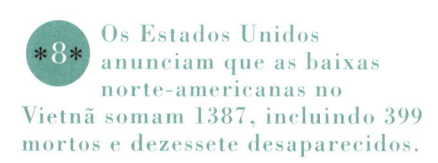

14 O Carnê Fartura encerra suas atividades e Peter Kellemen, idealizador do golpe, é dado como foragido. Interventores do Banco Central confirmam a existência de um desfalque da ordem de Cr$ 500 milhões.

16 Na Convenção Nacional do Partido Republicano, em San Francisco, nos Estados Unidos, o candidato à presidência pelo partido, Barry Goldwater, declara que "extremismo em defesa da liberdade não é um vício, assim como moderação na busca da justiça não é uma virtude".

16 Na tarde desta quinta-feira, em Nova York, James Powell, um estudante negro de quinze anos, é morto com três tiros por um policial branco na frente de seus colegas e de dezenas de outras testemunhas. O incidente deflagra seis dias de um dos maiores distúrbios civis que a cidade já viu, começando no Harlem e espalhando-se por Manhattan até o Brooklyn. Quando os protestos e confrontos terminam, há quinhentas pessoas feridas, 465 presas e um morto. Os prejuízos são da ordem de US$ 1 milhão.

17 Um discurso de Carlos Lacerda na TV, em que ele chama de "ilegal e imoral" a votação que prorrogou o mandato de Castello Branco, é interrompido, por supostas ordens do ministro da Guerra.

17 Depois de um dia de votação, o Congresso Nacional — mutilado pelas cassações e dominado pelas medidas do AI-1 — aprova a emenda constitucional que prorroga o mandato de Castello Branco até 1967.

20 Num comício em Saigon, o primeiro-ministro do Vietnã do Sul, Nguyen Khanh, anuncia a escalada das ações militares no Vietnã do Norte.

20 O Vietcongue ataca uma capital provincial do Vietnã do Sul e mata onze militares sul-vietnamitas e quarenta civis, incluindo trinta crianças.

*20 Estreia na TV Rio a novela *O Desconhecido* ("A história do louco que fugiu do manicômio"), escrita por Nelson Rodrigues, dirigida por Sérgio Britto e Fernando Torres e estrelada pelo "maior elenco já reunido na TV": Jece Valadão, Nathália Timberg, Carlos Alberto, Joana Fomm e Nair Bello.

22 *Marnie*, de Alfred Hitchcock, com Tippi Hedren e Sean Connery, estreia nos Estados Unidos.

✳ ✳ ✳ ✳ ✳

22 *O Congresso aprova a medida, proposta pelo senador José Agripino, que prorroga o mandato de Castello Branco até 15 de março de 1967.*

23 Estreia no Teatro Maria Della Costa, em São Paulo, a peça *Depois da queda* (*After the Fall*), de Arthur Miller, traduzida por Ênio Silveira e Flávio Rangel e estrelada por Maria Della Costa e Paulo Autran.

24 Um show dos Rolling Stones no Empress Ballroom, de Blackpool, no litoral da Inglaterra, transforma-se num enorme tumulto quando um grupo de escoceses embriagados abre caminho à força numa plateia superlotada, com mais de 7 mil pessoas.

24 A Censura Federal ordena a apreensão de todas as cópias de *Deus e o diabo na terra do sol*, de Glauber Rocha.

✳ ✳ ✳ ✳ ✳

24 Num pronunciamento em Brasília, transmitido em cadeia nacional de rádio e TV, Castello Branco aceita a prorrogação do seu mandato para "não desertar do destino da revolução", mas afirma que "pessoal e politicamente preferia terminar o mandato a 31 de janeiro de 1966".

26 Pressionada por Estados Unidos, Venezuela e Brasil, a Organização dos Estados Americanos (OEA) divulga um documento em que recomenda a seus Estados-membros o rompimento de relações diplomáticas e comerciais com Cuba.

27 Os Estados Unidos anunciam o envio de 5 mil consultores militares para o <u>Vietnã do Sul</u>, elevando o total de militares norte-americanos no país a 21 mil.

28 A Nasa lança a sonda automática Ranger 7 para pousar na Lua e tirar fotos da superfície do satélite.

29 O conjunto paulista The Clevers embarca para a Itália a convite de Rita Pavone, que se impressionou com os dotes musicais da banda quando de sua passagem por São Paulo. Segundo a Folha Ilustrada, Rita também teria se encantado particularmente com o baterista Luiz Franco Thomaz, o Netinho.

29 O secretário particular do governador de São Paulo, Adhemar de Barros, é preso — parte da pressão crescente sobre os líderes civis do golpe.

31 O Teatro Vila Velha, de Salvador, é inaugurado com o espetáculo *Nós, por exemplo*, com Caetano Veloso, Gilberto Gil, Gal Costa, Maria Bethânia e Tom Zé.

30 "O fenômeno The Beatles é típico da era da máquina. O homem, dominado convencionalmente desde o dia do seu nascimento, perdeu de vista o que deveria ser seu objetivo intrínseco, ou seja, o próprio homem. Isso reflete-se, principalmente, em termos de arte, onde, infelizmente, a qualidade do artista já pouco importa. [...] Os Beatles ingleses foram arrumadinhos, fabricadinhos, despenteadinhos, por um interessante *marchand de tableau* [sic] do show business e o mundo resolveu mudar de tédio e delirar com esses rapazes que grunhem musiquinhas em trajos de Shakespeare (mataram o bardo pela milionésima vez)." Caderno B, *Jornal do Brasil*.

Agosto

"Devemos olhar o exemplo do Vietnã do Norte não para nos amedrontar, mas para aumentar nossa capacidade de resistência."

(Fidel Castro, *Correio da Manhã*, 11 de agosto)

"O Brasil vive um período de ajustamento no qual há ordem e um alto grau de liberdade política e de imprensa."

(Dean Rusk, secretário de Estado dos Estados Unidos em entrevista coletiva, 14 de agosto)

"A Revolução é como as taxi-girls, passa de mão em mão e está dominada pelos vencidos."

(Carlos Lacerda, *Correio da Manhã*, 6 de agosto)

FALTA QUASE TUDO. E o pouco que está disponível no mercado alcança preços cada vez mais exorbitantes. É uma rotina que rapidamente se integra ao normal: assim que é tabelada, a mercadoria desaparece. Quando a Superintendência Nacional do Abastecimento (Sunab) regula o preço da carne, os fornecedores anunciam o sumiço imediato do produto, devido aos "valores pouco razoáveis" da tabela. A paralisação do fornecimento orquestrada pelos empresários do setor ameaça até os quartéis militares. À sombra da escassez floresce em toda parte um lucrativo mercado negro de carne e laticínios. Somente os aumentos de preços, em margens que chegam a 50%, aliviam a falta dos gêneros alimentícios.

Em São Paulo, a falta de alimentos é agravada por uma paralisação dos feirantes contra a nova exigência, por parte da prefeitura, de emissão de notas fiscais nas feiras livres. Finda a greve, o Dops prende dezenas de feirantes, acusados de "subversão".

Esta é a solução do momento: mandar prender. São tantas as listas, publicadas quase todos os dias nos jornais, que elas se tornam praticamente corriqueiras, como o resultado do futebol ou a previsão do tempo.

O *Diário Oficial da União* continua a publicar, às pencas, nomes de funcionários civis e militares "expurgados"; as Forças Armadas não se cansam de encontrar "farto material subversivo" e prender todo e qualquer suspeito de colaborar com o governo deposto numa temível "contrarrevolução", ou mesmo de ser favorável à candidatura de Juscelino Kubitschek (os jornais passam a chamá-lo de "ex-candidato do PSD", sem mencionar seu nome). Em Pernambuco, mais de seiscentas pessoas estão presas e incomunicáveis, sem direito a advogado. "Devia haver mais", afirma o governador Paulo Guerra.

Nos outros estados e no Rio as coisas não são muito diferentes, e a Ordem dos Advogados do Brasil (OAB) protesta contra a situação, em vão. O ex-governador de Sergipe Seixas Dória obtém um habeas corpus no Superior Tribunal Federal, mas assim mesmo continua preso em

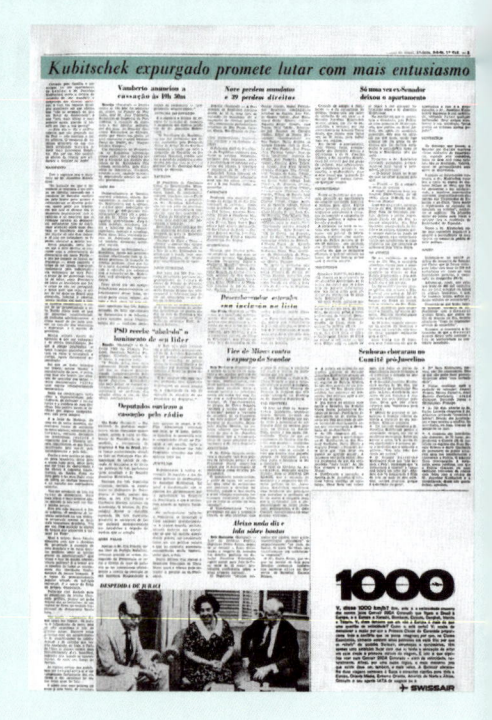

Kubitschek expurgado promete lutar com mais entusiasmo

Fernando de Noronha, e mais tarde na Base Aérea de Salvador. Seu novo carcereiro (e de Miguel Arraes) é o general Olímpio Mourão Filho, promovido a comandante do IV Exército (Recife). Em Belo Horizonte, a jornalista Wania Santayana, mulher do também jornalista (e também preso) Mauro Santayana e mãe de um menino de cinco anos, está grávida de cinco meses e presa há mais de 130 dias. Professor catedrático da Faculdade Nacional de Filosofia, do Rio de Janeiro, e pioneiro da pesquisa nuclear no país, o físico José Leite Lopes é detido e obrigado a depor a portas fechadas quando vai renovar seu passaporte na Polícia Federal — a acusação, como sempre, é de "atividades subversivas".

Os círculos militares seguem exigindo "linha dura" contra a subversão. O contra-almirante Cândido Aragão, livre após ser torturado em diversas guarnições da Marinha, consegue com dificuldade um salvo-conduto para sair do país e exilar-se no Uruguai. O pequeno país ao sul do Brasil, aliás, torna-se um vizinho problemático quando, no dia do aniversário de dez anos da morte de Getúlio Vargas, chega à Câmara um longo manifesto do exilado João Goulart dizendo, sem meias palavras: "[...] Conclamo todos os meus patrícios, todos os verdadeiros democratas, a família brasileira, enfim, para a tarefa de restaurar a legalidade democrática, do poder civil e da dignidade das nossas instituições republicanas. Queremos um Brasil livre, onde não haja lugar para qualquer espécie de regime ditatorial, com uma ordem social fundada no respeito à pessoa humana, no culto dos valores morais, espirituais e religiosos do nosso povo".

O manifesto rende, repercute, vai parar nos jornais do mundo inteiro. Para Pedro Aleixo, líder do governo na Câmara, Goulart "acha que ainda está no dia 30 de março, quando podia usar esse palavreado". O general Arthur da Costa e Silva, ministro da Guerra, diz que é "provocação". Num editorial, o *Jornal do Brasil* vai além e chama o manifesto de "provocação suicida". E a polêmica ronda o Uruguai. O chanceler Alejandro Zorrilla de San Martín desmente ter havido uma troca áspera de notas entre os dois governos, justo às vésperas de uma visita dele ao Brasil. Por fim, a quase crise diplomática se resolve com uma promessa do governo uruguaio de "advertir energicamente" os asilados políticos brasileiros.

Enquanto isso, noticia-se que em apenas em três meses, de abril a junho, a Aliança para o Progresso norte-americana destinou US$ 230 milhões ao Brasil, e o Exército divulga que gastará Cr$ 8 bilhões na aquisição de 50 mil novos fuzis belgas, incluindo os custos de implantação de uma fábrica no Brasil — o embrião da Imbel, fabricante do fuzil FAL 7.62. No fim do mês, uma operação aeronaval de treinamento em con-

óbvia: o Brasil tinha apenas enciclopédias estrangeiras, em idiomas estrangeiros. Com Antônio Callado como redator-chefe, o projeto Barsa busca ir além de uma mera tradução da Britannica, criando uma enciclopédia para o país. O verbete "Brasil", por exemplo, tem 120 páginas, com mapas, gráficos, fotografias e texto, "o mais extenso tema sintetizado de obras especializadas que, em muitas ocasiões, foram de difícil pesquisa", segundo Burnett. Oscar Niemeyer assina o verbete "Brasília"; Rachel de Queiroz, "Ceará"; Gilberto Freyre, "Pernambuco"; Sérgio Milliet, "São Paulo". "Uma visão panorâmica do mundo, desde a época de Adão e Eva até a avançada era das viagens astronáuticas e das experiências atômicas", junto com belonaves dos Estados Unidos e de outros países da América Latina mobiliza cerca de vinte navios da Marinha e 3 mil homens.

O dólar paralelo abre o mês a Cr$ 1365,00, duas semanas depois já está a Cr$ 1470,00, e no dia 18 a Cr$ 1600,00. Fecha agosto em alta, a Cr$ 1680,00. A desvalorização da moeda é deliberada, e integra o pacote de medidas para conter a inflação e tornar o país mais atraente aos investidores estrangeiros.

Mas temos novelas — muitas, já que a TV Record, canal 7, inventa a moda de levar ao ar três diferentes folhetins diários, a partir das 17h30. Contudo, a alegria dura pouco: os governos da Guanabara e de São Paulo determinam que programas de televisão e filmes proibidos para menores de dezoito anos (inclusive e sobretudo novelas, "cada vez mais licenciosas", segundo o despacho) só poderão ser transmitidos pelas emissoras após as 23 horas. A medida conta com o apoio de entidades como a Cruzada do Rosário em Família e a Associação dos Pais de Família, e tem como objetivo conter "programas que exploram o nu e piadas maliciosas".

A passagem de Rita Pavone e dos American Beetles pelo país deixa no vernáculo uma nova expressão: "iê-iê-iê". A Sears vende a moda do momento, as calças Yé Yé, de brim pré-encolhido, com suspensórios para quem quiser fazer o look completo na linha "Datemi un martello" da cantora. Causa espécie a breve temporada do pianista italiano Arturo Benedetti Michelangeli no Theatro Municipal do Rio. O excêntrico gênio do teclado só toca seus próprios pianos e confia apenas em seu afinador particular. Michelangeli adia um dos concertos quando descobre que não poderá ensaiar absolutamente sozinho (para "afinar o piano com o ambiente") durante várias horas seguidas antes do espetáculo, devido a um ensaio do American Ballet Theatre na grande sala do teatro.

Ao nosso redor, o mundo ferve: crise em Chipre entre as populações de origem grega e turca, crise no Congo, onde o governo do primeiro-ministro Moise Tshombe cambaleia com as ações de grupos guerrilheiros apoiadores do partido do ex-premiê Patrice Lumumba. Os Estados Unidos estão em plena ebulição, com insurreições civis explodindo nos bairros negros, o Sul rachando pelas fronteiras raciais e os protestos contra a Guerra do Vietnã ganhando as ruas na mesma medida em que crescem as ações militares do país no Sudeste Asiático.

E o Instituto Brasileiro de Geografia e Estatística (IBGE) informa: somos, agora, 80 milhões de brasileiros.

***

Kubitschek expurgado promete lutar com mais entusiasmo

Vamberto anunciou a cassação às 19h 30m

Nove perdem mandatos e 39 perdem direitos

Só uma vez ex-Senador deixou o apartamento

PSD recebe "abalado" o banimento de seu líder

Vice de Minas contra o expurgo do Senador

Senhoras choraram no Comitê pró-Juscelino

Deputados ouviram a cassação pelo rádio

Desembargador estranha sua inclusão na lista

Aleixo ainda diz e fala sobre boatos

Despedida de Juraci

1000

V, disse 1000 km/h? Sim, esta é a velocidade cruzeiro dos nossos jatos Convair 990A Coronado que ligam o Brasil à Europa, a Europa a Karachi, Bombaim, Calcutá, Bangkok, Manila e Tóquio. V, disse também que um vôo à Europa é mais do que uma questão de velocidade? Como v. está certo! V. acaba de mencionar a razão por que a Primeira Classe do Coronado proporciona todo o confôrto que se possa imaginar; por que, na Classe Econômica, sòmente existem cinco poltronas em cada fila; por que os "chefs" da cozinha Swissair, aeromoças e comissários, têm apenas uma ambição: fazer com que v. tenha a sensação de estar em casa desde o primeiro minuto da viagem. É isto o que significa voar num Convair 990A Coronado - além da velocidade, naturalmente. Afinal, por uma razão lógica, o mais moderno jato que existe deve ser, também, o mais veloz. A Swissair oferece-lhe duas viagens semanais à Suíça e conexões rápidas para a Europa, Oriente Médio, Extremo Oriente, América do Norte e África. Consulte o seu agente IATA de viagens ou a

Linha do Tempo

1 *É eleita em Miami a nova Miss Universo, a grega Kiriaki Tsopei, que recebe a coroa de sua antecessora, a brasileira Ieda Maria Vargas. A Miss Brasil, Ângela Vasconcelos, fica entre as quinze finalistas.*

1 O compacto dos Beatles *A Hard Day's Night* chega ao primeiro lugar da parada de sucessos norte-americana, onde permanece por duas semanas.

1 Jack Warner, chefão da Warner Brothers, fecha o departamento de animação do estúdio, onde foram criados, entre muitos outros, personagens inesquecíveis como Pernalonga, Patolino, Frajola e Piu Piu.

2 O destróier norte--americano USS *Maddox* é atacado por três navios da Marinha do Vietnã do Norte no golfo de Tonquim, na costa vietnamita. A batalha naval que se segue deixa um saldo de quatro mortos e seis feridos do lado vietnamita.

2 Quatro cavalos brasileiros dominam o Grande Prêmio Brasil de turfe, no Rio de Janeiro: o campeão Leigo e Don Bolinha, Bar e Pantheon, que ficam com o segundo, terceiro e quarto lugares, respectivamente.

2 a 3 Grupos das gangues rivais *mods* e *rockers* enfrentam--se na praia em Hastings, Inglaterra, deixando dois mortos, vários feridos e quarenta detidos.

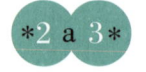 ***2 a 4* Choques violentos entre negros e a polícia em Jersey City, nos Estados Unidos, deixam dezenas de feridos.**

4 São finalmente encontrados, numa represa no estado do Mississippi, os corpos dos três militantes dos direitos civis assassinados em junho.

5 No Congo, rebeldes antigovernistas liderados por Pierre Mulele e Christophe Gbenye tomam a cidade de Stanleyville.

5 Início da operação Pierce Arrow: aeronaves dos porta-aviões *USS Ticonderoga* e *USS Constellation* bombardeiam o Vietnã do Norte em retaliação aos ataques aos destróieres norte-americanos no golfo de Tonquim.

5 # A Turquia começa a bombardear a população grega de Chipre.

5 A Nasa anuncia que, com base nas fotos e perfurações da sonda Ranger 7, a superfície da Lua é provavelmente sólida e comporta o peso de seres humanos.

5 Diante de uma plateia, a TV Excelsior grava uma produção da peça *Dona Xepa*, de Pedro Bloch, "adaptada pelo autor para a televisão" em seu teatro em São Paulo.

5 Estreia na França *Bande à part*, de Jean-Luc Godard, estrelado por Ana Karina, Claude Brasseur e Sami Frey como três jovens que compartilham paixões de todos os tipos, inclusive por filmes B americanos e uma possível vida de crime.

5 "Maurício do Vale, um paulista de físico avantajado, beirando os trinta anos, está tendo a carreira mais violenta do Cinema Novo: começando como capanga de bicheiro em *Boca de Ouro*, foi matador de cangaceiro em *Deus e o diabo na terra do sol*, cangaceiro em *Terra sem Deus*, jagunço em *Selva trágica* e agora mesmo vive o papel de Riobaldo, sempre de arma na mão, no filme que os irmãos Santos Pereira estão fazendo no interior de Minas, baseado em *Grande sertão: veredas*, de Guimarães Rosa." Caderno B, *Jornal do Brasil*.

 ***6*** Víctor Paz Estenssoro vence as eleições presidenciais na Bolívia.

7 *O Congresso dos Estados Unidos aprova uma resolução que dá ao presidente Lyndon Johnson amplos poderes para responder aos ataques norte-vietnamitas contra forças norte-americanas.*

7 Seiscentas famílias são removidas de suas casas da favela João Cândido, na avenida Brasil, no Rio de Janeiro, e enviadas para o bairro de Vigário Geral. O evento conta com a presença do governador Carlos Lacerda e da operadora de sua "política social", a professora Sandra Cavalcanti. A Aliança para o Progresso e a United States Agency for International Development (Usaid) concedem empréstimos vultosos ao governo Lacerda para financiar o programa de realocação.

8 O primeiro show dos Rolling Stones na Holanda, no hotel Kurhaus, em Haia, termina aos doze minutos devido a um tumulto generalizado na plateia. A polícia corta a eletricidade para tentar controlar o quebra-quebra, em vão. "Ainda conseguimos tocar três números, só acústico, com maracas. Mas não funcionou", explica o baixista Bill Wyman.

8 Bob Dylan lança seu segundo LP no mesmo ano — *Another Side of Bob Dylan*, seu quarto trabalho em estúdio. O repertório fora composto durante uma viagem pelos Estados Unidos, em fevereiro, na companhia de três amigos, partindo de Nova York até a Califórnia e parando no caminho para conversar com "pessoas em bares, mineiros, poetas, operários", Dylan diz à revista *New Yorker*. Entre as faixas estão "My Back Pages", "It Ain't Mc Babe", "Chimes of Freedom" e "All I Really Want to Do". Na mesma entrevista Dylan diz que o LP não tem "canção alguma que fique acusando os outros". O LP é recebido com reticências pela crítica folk, que não gosta da nova direção de seu trabalho, e tem mau desempenho em vendas.

7 *A casa do editor Ênio Silveira, da Civilização Brasileira, é invadida por um tenente-coronel em busca de "material subversivo". Uma fita com gravações das sinfonias de Brahms é um dos itens apreendidos.*

9 (DIA DOS PAIS) [...] Minha paternalidade abrange o Brasil, o mundo. Digo ao presidente dos Estados Unidos e ao primeiro-ministro da União Soviética e ao primeiro-ministro da China vermelha: 'Meus filhinhos, hoje quero sossego. Não perturbem o meu silêncio com explosões muito estrondosas. [...] Sou um pai à moda antiga, de modo que não gosto de ver crianças brincando com fogo. Não brinquem: fiquem lá na ONU discutindo enquanto a mamãe estiver fora. A vossa mãe chama-se Paz e é uma senhora algo inconstante: muitas e muitas vezes trocou-me pela Guerra. Mas eu lhe sou fiel: acho que o pai deve ficar tomando conta dos filhos para que estes não cresçam neuróticos, transviados, sedentos de Paz. [...]. Digo aos brasileiros: 'Meus filhinhos, vamos botar a casa em ordem, pois mamãe não demora. A vossa mãe se chama Prosperidade, tem andado muito doente (doença de nascença), mas os seus novos médicos confiam em que serão capazes de curá-la. Tenho minhas dúvidas, mas... [...] Muitos de vós me renegaram, ergueram a mão contra os familiares e depois foram levados para a prisão, ou então escolheram o exílio. Os outros estão por demais prepotentes, orgulhosos, querendo tomar conta da casa, perseguindo os mais fracos." "De pai para filhos", crônica de José Carlos Oliveira, Caderno B, *Jornal do Brasil*.

10 Morre no Rio, aos 55 anos, o arquiteto Affonso Reidy. Entre seus projetos estão o Palácio Gustavo Capanema e o Museu de Arte Moderna do Rio de Janeiro.

11 O governador do Amazonas, Arthur Reis, em conluio com militares e a polícia, fecha a Assembleia Legislativa a pretexto de "defender os ideais da Revolução", estabelece a censura prévia na imprensa local e manda fechar dois jornais. O ex-governador Plínio Coelho precisa fugir para o interior do estado para não ser preso.

11 O jornalista Carlos Heitor Cony é processado pelo ministro da Guerra por atentar contra a "segurança nacional" em duas de suas colunas no *Correio da Manhã*, consideradas "ofensivas aos chefes militares das Forças Armadas e ao presidente da República".

10 "Acredito que iniciativas sensatas de nossa parte podem ajudar a colocar este país, e com ele a maior parte do continente, num longo curso de desenvolvimento saudável como um integrante do mundo livre e um aliado garantido dos Estados Unidos. Um objetivo dessa magnitude exige um grande esforço de nossa parte e uma capacidade para aceitar alguns riscos." Final de uma carta de Lincoln Gordon ao secretário para assuntos interamericanos do Departamento de Estado, Thomas Mann, na qual Gordon pede ajuda econômica urgente para o Brasil, menciona "promessas não cumpridas" do passado, chama Brasília de "uma loucura, um desperdício de dinheiro" da administração Juscelino e reclama da burocracia de Washington.

12 Morre aos 56 anos em Canterbury, na Inglaterra, de ataque cardíaco, o escritor, jornalista e ex-oficial da inteligência naval Ian Fleming, criador do personagem James Bond. No dia anterior, ele havia passado mal no Royal St. George's Golf Club enquanto jantava com amigos. Suas últimas palavras foram dirigidas aos atendentes que o transportaram ao hospital, na ambulância: "Desculpem pelo transtorno, rapazes. Não sei como vocês chegam tão rápido com esse tráfego". O segundo filme baseado em um livro seu, *Moscou contra 007*, está em cartaz no Brasil, com grande sucesso.

13 As senhoras da Campanha da Mulher pela Democracia inauguram na Cinelândia, no centro do Rio de Janeiro, uma réplica do Muro de Berlim. Durante a cerimônia, segundo a *Última Hora*, "vários oradores reclamaram pela liberdade para os cidadãos de Berlim Oriental, mas se esqueceram de pedi-la também para os brasileiros que a veem espezinhada e negada".

13 Os assassinos condenados Gwynne Owen Evans e Peter Anthony Allen são as últimas pessoas a ser executadas na Grã- -Bretanha, que abole a pena de morte.

* * *

13 A Câmara dos Deputados aprova em caráter definitivo a nova Lei de Remessa de Lucros, talhada sob medida para os investidores internacionais pelo economista Roberto Campos.

14 Vera Lúcia Couto Santos, Miss Guanabara, é a terceira colocada no concurso de Miss Beleza Internacional, em Long Beach, Califórnia. A Miss Filipinas, Gemma Cruz, é a vencedora, e a Miss Estados Unidos, Linda Ann Taylor, fica em segundo lugar.

14 Sob o comando do brigadeiro Gabriel Grün Moss, comandante da Base Aérea do Galeão, unidades das Forças Armadas que incluem helicópteros e descem nas favelas da Ilha do Governador, na chamada Operação Unitas. A operação, que tem a participação da polícia civil da Guanabara, detém 1200 pessoas, 125 das quais, de acordo com as autoridades, com "antecedentes criminais". Segundo o brigadeiro Moss, a operação é realizada apenas "para efeito psicológico de amedrontar os marginais cuja ação vinha intranquilizando os moradores da Ilha".

16 Golpe no Vietnã do Sul. O general Nguyen Khanh se torna o chefe de Estado e outorga uma nova Constituição, esboçada pela embaixada dos Estados Unidos.

16 16 O padre irlandês radicado nos Estados Unidos Patrick Peyton promove no Vale do Anhangabaú, em São Paulo, sua campanha Cruzada do Rosário em Família, atraindo uma multidão. Criada no pós-guerra com o lema "A família que reza unida permanece unida", a Cruzada do Rosário, cooptada e custeada pela CIA desde 1958, atua como um instrumento de mobilização anticomunista na América Latina.

16 Chega ao Brasil Juanita Castro, a irmã de Fidel Castro que, depois de trabalhar para a CIA, se exilou no México. Ela faz denúncias de corrupção no regime comunista de Cuba e defende o bloqueio dos Estados Unidos à ilha. Viaja a Belo Horizonte na companhia da mulher do chanceler Vasco Leitão da Cunha.

17 "A ideia da construção de um túnel ligando Niterói ao Rio está totalmente superada. Esta é a opinião dos técnicos da engenharia nacional e de numerosos governantes que advogam a solução-ponte." *Jornal do Brasil*.

18 Os Beatles desembarcam em San Francisco para sua segunda turnê norte-americana.

18 A África do Sul é banida da Olimpíada de Tóquio devido à sua política de segregação racial.

19 A França intervém militarmente no Gabão para assegurar a permanência do presidente Léon Mba no poder.

20 Lyndon Johnson assina um conjunto de medidas de combate à pobreza, a maior iniciativa desse tipo nos Estados Unidos desde o New Deal de Franklin Roosevelt. O presidente, em plena campanha eleitoral, destina quase US$ 1 bilhão para o programa.

20 Estreia no Rio e em São Paulo *Esse mundo é meu*, filme escrito, dirigido por Chico de Assis e musicado por Sérgio Ricardo. O drama musical acompanha a vida de dois rapazes de uma favela e tem no elenco o próprio Sérgio Ricardo, ao lado de Antonio Pitanga, Léa Bulcão e Ziraldo. A montagem é de Ruy Guerra e a fotografia, de Dib Lufti.

21 *O Conselho de Segurança Nacional (CSN) aprova, em reunião secreta, a compra das empresas concessionárias estrangeiras de produção de energia elétrica em dez estados. O Brasil pagará US$ 135 milhões à American and Foreign Power Company e à Brazilian Electric Company, sendo US$ 10 milhões à vista e o restante em parcelas até 2009, quando, segundo o Jornal do Brasil, "as duas empresas se comprometerão a reinvestir no Brasil US$ 100 milhões durante vinte anos, através da Eletrobras".*

24 O líder do PTB na Câmara dos Deputados, Doutel de Andrade, lê um manifesto à nação enviado por Goulart de seu exílio no Uruguai. Nele, aproveitando a efeméride dos dez anos do suicídio de Getúlio Vargas, Jango mais uma vez denuncia o autoritarismo do novo regime e conclama o povo brasileiro a lutar pelo retorno das garantias democráticas. O ministro da Guerra, Arthur da Costa e Silva, acusa Doutel de incitar a subversão e exige do Congresso sua cassação.

24 "Com apenas dezessete anos Jerry Adriani caminha para a gravação de seu segundo LP de canções italianas, na CBS. O primeiro, intitulado *Italianíssimo*, alcançou bom índice de vendagem. Jerry Adriani na verdade é um jovem paulista chamado Jair Alves de Souza. Só tem gravado músicas italianas e, pelo que se pode deduzir de seu nome verdadeiro, nem ao menos é *oriundi*." Coluna "Discos", de Valentini, Folha Ilustrada, *Folha de S.Paulo*.

24 A série de shows de sucesso no Teatro Paramount, de São Paulo, continua com *Samba Novo*, produzido pelo radialista Walter Silva para o Grêmio da Faculdade de Filosofia da Universidade de São Paulo. Revezam-se no palco, entre outros, Nelson Cavaquinho, Cartola, Zé Kéti, Paulinho Nogueira, Sérgio Mendes, Os Cariocas, Leny Andrade, Alaíde Costa, Oscar Castro Neves e Zimbo Trio.

***24a27* A Convenção Nacional do Partido Democrata indica o presidente Lyndon Johnson para a candidatura presidencial.**

* * *

25 "São, muitos deles, os mesmos que, desde 1930, como vivandeiras alvoroçadas, vêm aos bivaques bulir com os granadeiros e provocar extravagâncias do Poder Militar." Presidente Castello Branco em discurso no Dia do Soldado, referindo-se aos civis "linhas-duras", "mais realistas que o rei".

26 *Os deputados Antonio Carlos Magalhães (UDN-Bahia) e Pedro Braga (PTB-Maranhão) engalfinham-se aos socos e tapas durante um debate provocado por um discurso de Doutel de Andrade em defesa do ex-presidente João Goulart. Apartados por correligionários, Braga grita: "Vou dar uns murros nesse baiano safado lá fora".*

27 Estreia no Chinese Theatre, de Los Angeles, o filme *Mary Poppins*, dos Estúdios Disney. Walt Disney em pessoa comparece, trazendo pelo braço a escritora australiana P. L. Travers, autora do best-seller infantil em que a produção se baseia. Travers relutou tremendamente em ceder os direitos da obra, temendo que ela fosse "disneyficada", e só cedeu quando Disney lhe garantiu o controle sobre o desenvolvimento do projeto — que ela exerceu com mão de ferro. *Mary Poppins* será o maior sucesso de bilheteria da Disney durante muito tempo e receberá cinco Oscars em 1965, inclusive para sua estrela, Julie Andrews, que aceitou o papel como retaliação por ter sido recusada para a versão cinematográfica de *My Fair Lady*, da Warner.

27 *O detetive Milton Le Cocq, da polícia do estado do Rio (que a Última Hora chama de "terror dos facínoras"), é morto com um tiro pelo traficante, cafetão e bicheiro Manoel Moreira, conhecido como Cara de Cavalo. Le Cocq, acompanhado pela "turma da pesada" (o grupo de extermínio clandestino de policiais criado por ele para eliminar criminosos), havia montado um cerco a Cara de Cavalo, que tentou fugir num táxi. Quando o grupo cerca o carro, Cara de Cavalo abre caminho à bala, matando Le Cocq e se tornando o homem mais procurado do Rio de Janeiro.*

28 a 30

Distúrbios raciais na Filadélfia, Estados Unidos, deixam 341 pessoas feridas e 774 são presas.

28 O jornalista Al Aronowitz — pioneiro do que viria a ser a imprensa rock e um dos responsáveis pela cobertura da Geração Beat — organiza uma visita de Bob Dylan à suíte do hotel Delmonico, de Nova York. Dylan apresenta maconha aos Beatles, e o grupo conversa animadamente sobre paixões em comum — o blues, Elvis Presley —, as diferenças entre suas respectivas plateias e a insatisfação de ambos com o estado de seu trabalho. O encontro deixará marcas duradouras na obra e na carreira de ambos: os Beatles, especialmente John Lennon, começam imediatamente a mudar seu estilo de compor, cantar e arranjar; e no ano seguinte Dylan, empunhando uma guitarra Fender Stratocaster, se apresenta com Al Kooper e a Paul Butterfield Blues Band no festival folk de Newport, no estado de Nova York, com versões eletrificadas e rock de suas canções.

28 *A Censura Federal proíbe a exibição em São Paulo do filme* Sete dias de maio, *com Kirk Douglas e Burt Lancaster, sobre um fictício golpe militar nos Estados Unidos, alegando que o filme "instiga a subversão". O livro no qual se baseia o filme está no topo da lista dos mais vendidos no Brasil desde julho.*

29 "É, realmente, com um sentimento de temor que vejo o país retornar à estaca zero, aos dias que se seguiram à outorga do Ato Institucional, quando, pela manhã, os homens livres não sabiam se a noite os encontraria de volta à casa. A liberdade provada é um gosto que não se entrega. A única razão para o não aparecimento, até agora, de movimentos insurrecionais é a preservação de amplas áreas destas liberdades, que permitem o desafogo das insatisfações através dos caminhos legais." Márcio Moreira Alves, *Correio da Manhã.*

30 "O desespero e a violência dos reacionários de hoje serão diluídos pela inflação, pelas contradições de nossa época e de nosso processo. Desde já faço um apelo: que ninguém pense em tirar a forra. Não iremos repetir os mesmos erros e violências que censuramos nos vencedores de hoje. O que nos importa, o que nos sustém, o que nos redime e glorifica é a caminhada para um futuro melhor e mais humano." Carlos Heitor Cony, em sua coluna "Da Arte de Falar Mal", *Correio da Manhã.*

31 Mais um show produzido por Walter Silva no Teatro Paramount de São Paulo: Boa Bossa, com, entre outros, Elis Regina, Lennie Dale, Johnny Alf, Zimbo Trio, Agostinho dos Santos, Silvio Cesar e Pery Ribeiro.

Setembro

"Fui torturado no dia 22 de julho de 1964, entre duas e quatro horas da manhã, em dependências do Cenimar [Centro de Informações da Marinha] [...]. Constaram estas torturas de espancamentos contínuos em diversas partes do corpo, com mais frequência no abdômen e na cabeça; aplicação de choques elétricos nos órgãos genitais e demais partes do corpo. Durante estas torturas estava despido e algemado, tendo sido também, por várias vezes, ameaçado de sumiço."

(Avelino Capitani, ex--diretor da Associação de Marinheiros e Fuzileiros Navais do Brasil, em declaração manuscrita e assinada, datada de 3 de setembro e publicada pelo *Correio da Manhã* no dia 18)

"Vivemos uma nova guerra da Independência, na qual o movimento de 31 de março equivaleu ao gesto épico de d. Pedro às margens do Ipiranga."

(Arthur da Costa e Silva, ministro da Guerra, na ordem do dia de 7 de setembro)

"[As denúncias de torturas] não passam de uma campanha bem organizada, com o objetivo de desmoralizar a Revolução."

(Arthur da Costa e Silva, *Correio da Manhã*, 22 de setembro)

GB: PRESOS CONFIRMAM TORTURAS

As declarações, que o CORREIO DA MANHÃ publica hoje, nos foram enviadas por oito prisioneiros políticos, recolhidos, à disposição do Centro de Informações da Marinha, no Departamento de Ordem Política e Social da Guanabara. O advogado désses prisioneiros, o Exel. Luís Sérvulo de Sousa, comunica-nos que a respeito da conduta e dos maus tratos infligidos pela MARINHA aos seus clientes...

Todos os prisioneiros — como os leitores poderão ver pelos fac-similes que publicamos — afirmam que foram submetidos a torturas: espancamentos, choques elétricos, recolhimento a cubículos "especiais", ameaças e insultos. O CORREIO DA MANHÃ colhe as fotocópias désses documentos à disposição do general Ernesto Geisel, chefe do Gabinete Militar da Presidência, que está investigando as denúncias sobre torturas em estabelecimentos militares do País.

Alguns désses prisioneiros — os marinheiros Severino Vieira de Souza, António Geraldo Costa e Avelino Capitani (que foram diretores da extinta Associação dos Cabos, Marinheiros e Fuzileiros) — fizeram greve de fome no Presídio Naval da Ilha das Cobras, depois de passarem 42 dias em regime de incomunicabilidade nas chamadas "celas geladeiras" daquele estabelecimento da Marinha. Foram, então, entregues ao DOPS, com a promessa do comandante Branco Paranhos de que teriam melhor tratamento e de que poderiam receber visitas. No entanto, o DOPS os manteve, durante muitos dias, em regime de incomunicabilidade.

O CORREIO DA MANHÃ, que criticou, de modo incisivo, as manifestações de caráter político de marinheiros, cabos e fuzileiros, ao tempo do govêrno do sr. João Goulart, considera essencial, para o restabelecimento do regime de lei e de ordem no país, a cessação de violências contra prisioneiros e a realização de uma investigação profunda sôbre o assunto.

Este jornal, que trava uma luta áspera e, em raro, solitária, para que os direitos individuais e políticos sejam restaurados, em sua plenitude, em todo o território nacional, já disse que prefere acreditar nas informações fragmentárias e incompletas — no caso destas que hoje publicamos) dos prisioneiros, a aceitar reiterações vagas de que não existe a tortura, como as que fêz o general Geisel, ao deixar Recife.

Enquanto o Brasil continuar sob o regime da semi-ilegalidade, com centenas de pessoas recolhidas a prisões, sem culpa formada, com as residências e intelectuais sendo violadas, com as universidades sofrendo vexames, êste jornal considera do seu dever publicar os protestos dos que chegam do fundo das prisões e que, muitas vêzes, são feitos por pessoas das quais o CORREIO DA MANHÃ discorda, politicamente — mas que são sêres humanos que merecem, pelo menos, tratamento condigno e respeito.

(VER PÁGINA 7)

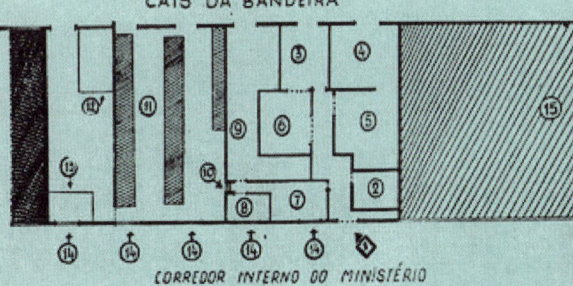

A tortura por dentro

CAIS DA BANDEIRA

CORREDOR INTERNO DO MINISTÉRIO

CENIMAR·DEPENDÊNCIAS PRINCIPAIS

Os croquis acima, enviados ao CORREIO DA MANHÃ por um prisioneiro político, representam o interior do Centro de Informações da Marinha. Há informações exatas sôbre a participação de elementos de órgãos de segurança estrangeiros (de, pelo menos, dois países) em interrogatórios de prisioneiros, dentro do CENIMAR. A segurança de uma nação que quer ser democrática e é pela honra nacional, exige publiquemos como está, para que o Govêrno, as Fôrças Armadas, o Congresso, os partidos políticos e o povo tenham conhecimento dos crimes que se praticam em nome do democracia e das liberdades, por gente que tinha a obrigação de defendê-las e de preservá-las.

As explicações sôbre os croquis são as seguintes:

CENIMAR

Dependências principais

pede há um letreiro que diz: "Juntemos nossas mãos a ... Primeiro Brasil"

4. Sala do vice-diretor.
5. Intendência. Na parede há um aviso: "Não estamos brincando!"
6. Sala de interrogatórios oficiais. Aqui o asmtente oficial na Guerra foi submetida a 12 horas de interrogatório, por oficiais e agentes do DOPS durante 12 dias désse cultivos. Aqui também foi torinha.

7. Secretaria. Aqui começa o espancamento do marinheiro Severino Vieira.
8. Vestuário dos oficiais.
9. Laboratório fotográfico.
10. Armário com fundo falso, conduzindo às dependências
11. Dependências secretas. Fichário, telex etc.
12. Cubículo de tortura. Aqui foi espancado Cosme Fer...

13. Secretaria geral da Marinha, que ocupa o resto do andar.

DEPENDÊNCIAS ANEXAS

1. Entrada.
2. Depósito. Aqui o bancário e estudante Guido Afonso Duque foi conservado em algemas durante 12 dias désse cultivos.

turado o angolano José Lima de Azevedo.
3. Biblioteca.
4. Oficina eletrotécnica.
5. Sala de torturas. As foram espancados e submetidos a choques elétricos vários os políticos. Para os choques é utilizada a instalação elétrica da oficina anexa.
6. Vestiário dos subalternos.
7. Depósito.
8. Fundo Naval.
9. Secretaria-geral da rinha.

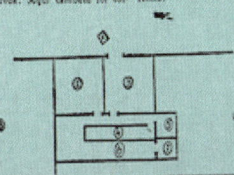

Multidão para
os desfiles de
7 de setembro
no Rio.

O DIA DA PÁTRIA cai numa segunda-feira, contribuindo para o clima de feriadão. Trinta e cinco mil homens da Marinha, do Exército e da Aeronáutica desfilam na avenida Presidente Vargas, no Rio de Janeiro, e, de acordo com as estatísticas oficiais, 150 mil cidadãos se aglomeram, entusiasmados, para ver a parada — apesar do tempo ruim, frio e chuvoso. O *Jornal do Brasil* apontará os paraquedistas, "com passo rigorosamente certo e marcação do ritmo em voz alta", como o grande sucesso do evento, "a maior atração" do desfile. Em São Paulo, o tempo é bom e 8 mil soldados das três armas desfilam no Anhangabaú, exibindo, segundo a *Folha de S.Paulo*, "novas armas". Em Belo Horizonte, 10 mil tropas desfilam pela avenida Afonso Pena para 60 mil espectadores, mas em Porto Alegre um temporal obriga o III Exército a cancelar a parada.

Como é necessária uma boa moldura de ameaça e drama para enfatizar a narrativa heroica, aterradores planos de atentados subversivos durante os desfiles são denunciados pelas autoridades militares. É preciso fomentar o medo. Adhemar de Barros, ciente da delicadeza de sua posição como um dos líderes civis do golpe com anseios presidenciais, anuncia a prisão de onze perigosos subversivos. No Rio de Janeiro, ao longo da primeira semana do mês, o Dops prende mais de duzentas pessoas, entre elas o poeta Geir Campos e o ex-deputado fluminense Afonso Celso.

No palanque da Presidente Vargas alinham-se lado a lado o presidente Castello Branco, o ministro da Guerra, Costa e Silva, e o outro líder civil do golpe e candidato a candidato à presidência que nunca chegará, o governador da Guanabara, Carlos Lacerda. O *Jornal do Brasil* registrará, em sua reportagem de capa, que Castello e Lacerda trocaram "diversos comentários", com o presidente "particularmente interessado na exibição dos bombeiros cariocas, que o impressionaram bastante". Aos jornalistas presentes, Castello Branco diz que as Forças Armadas estão "indissoluvelmente unidas pelo espírito da revolução e preocupadas somente com o bem-estar do país".

No mesmo dia 7, o Departamento de Esgotos Sanitários da Superintendência de Urbanização e Saneamento (Sursan) da Guanabara avisa que a elevatória de esgoto do Leblon está paralisada e que o banho de mar é "inteiramente desaconselhável" nas praias do Leblon, de Ipanema e do Arpoador. E que a situação vai permanecer assim, oceanicamente banhada em esgoto fétido, até o domingo seguinte.

Antes e depois dos festejos, o mês segue como tem sido desde abril: prolonga-se, às vezes em surtos de centenas de casos, a crônica das demissões e prisões sem culpa formada nem acusação formal, tanto de civis como de militares.

O MUNDO É DOS BROTOS

Em setembro sai pela gravadora CBS o LP *É proibido fumar*, de um cantor capixaba descoberto pelo multiempresário, compositor e jornalista bissexto Carlos Imperial: Roberto Carlos Braga, ou, na vida artística, Roberto Carlos.

Não é exatamente sua estreia no disco — há anos Roberto gravou uma coleção de sambas, boleros e canções de bossa nova para a Polydor. Nada aconteceu. Mas em 1963 dois 78 rotações, um com a versão de Roberto (e seu amigo Erasmo Carlos) para "Splish splash", hit do cantor Bobby Darin de 1958, e outro com "Parei na contramão", parceria dele com Erasmo, enfim chamaram a atenção do público e do meio musical — Roberto passou a ser convocado com frequência para se apresentar no programa *Astros do Disco*, da TV Record, de São Paulo. *É proibido fumar* é uma guinada decida na direção rock 'n' roll ou, no espírito do tempo, iê-iê-iê. O disco abre com a faixa-título, de Roberto e Erasmo, e segue com músicas como "O calhambeque", versão de Erasmo para "Road Hog", de John e Gwen Loudermilk, e uma tentativa de surf music, intitulada "Broto do jacaré". As baladas pop ainda estão lá — versões para "Amapola" e "Unchain My Heart", entre outras —, mas a sonoridade é definitivamente rock 'n' roll. É a ponta de um iceberg muito maior, que vai da Tijuca, no Rio de Janeiro — onde, em 1957, Roberto e Erasmo formaram, com Tim Maia, o conjunto The Sputniks, que em breve se tornaria The Snakes, enquanto um ex-animador infantil da TV Rio, Sergio Murilo, estourava em 1959 com o 78 rotações *Marcianita* —, ao subúrbio carioca de Piedade — onde os irmãos Renato, Ed e Paulo César Barros animavam festas, primeiro como Bacaninhas do Rock da Piedade e depois como Renato e Seus Blue Caps —, passando por São Paulo — com grupos como The Jet Black's e

No começo do mês, o *Correio da Manhã* denuncia que o jornalista Carlos Heitor Cony sofreu uma tentativa de sequestro por sete elementos não identificados, que procuraram fazer sua mulher sair de casa para detê-lo sem testemunhas. A filha de Cony é seguida na rua. A Associação Brasileira de Imprensa (ABI) se manifesta em defesa do jornalista e escritor, ainda uma das vozes isoladas e solitárias a chamar os golpistas às falas. Dias mais tarde, a União Brasileira de Escritores publica um documento que condena o "terrorismo cultural", na expressão de Tristão de Athayde, notando que a apreensão de livros, a prisão de intelectuais e a demissão de professores "envergonham a inteligência do país".

Em meados do mês, uma palavra que será ouvida com grande insistência aparece às claras, emergindo, fétida, dos subterrâneos, jaulas e porões para as páginas do *Correio da Manhã*: tortura. No dia 15, o jornal dá a primeira manchete e duas fotos na primeira página: CONFIRMA-SE A TORTURA NA GB. As denúncias no Rio encorajam pessoas do país inteiro a relatar as sevícias de que seus familiares presos têm sido vítimas: São Paulo, Recife, Salvador, Porto Alegre. Nos dias 18 e 19, o Correio publica fac-símiles de bilhetes manuscritos de presos que descrevem as torturas que sofreram no Cenimar, na própria sede do Ministério da Marinha.

O presidente Castello Branco encarrega o chefe da Casa Militar, general Ernesto Geisel, de ir às guarnições citadas para investigar as acusações. Márcio Moreira Alves, enviado pelo jornal, visita na mesma época os locais das torturas, incluindo Fernando de Noronha, em Pernambuco, de onde Geisel traz consigo até Recife, no dia 16, o ex-governador Miguel Arraes. É a primeira vez que Arraes pode avistar-se com a família desde o golpe.

De volta do seu tour, Geisel repete a ladainha de que nenhum preso lhe relatou torturas, desmentida diariamente por Márcio Moreira Alves e outros repórteres.

No fim do mês, um novo assunto serve de distração: Charles de Gaulle vem aí! O presidente francês começou pela Bolívia sua peregrinação pela América Latina, um esforço concentrado para oferecer a França como parceira na região, desafiando a influência norte-americana, e em outubro chegará afinal ao Brasil. Outro líder mundial desembarca no país em setembro, mas passa por constrangimentos: o presidente do Senegal, o poeta Léopold Senghor, um dos intelectuais africanos mais importantes do século XX, vem em visita oficial, mas não é recebido por Lacerda, Castello nem por alguma outra alta autoridade no aeroporto do Galeão, no Rio de Janeiro. O vexame é compensado por um banquete oficial oferecido por Castello Branco, no qual o presidente faz um discurso anti-colonialista, defendendo o movimento de emancipação que pipoca pela África "quando nele predomina a preocupação de elevar o homem e quando nele se reconhece um meio de desenvolvimento e de preservação da paz mundial".

O dia a dia continua insuportável. Falta leite, falta arroz, falta feijão, falta carne. Os produtores preferem vender no mercado negro a praticar os preços tabelados pela Sunab. As seções de receitas culinárias nos jornais passam a apresentar alternativas à carne bovina. O governo precisa ameaçar a instalação do "IPM [inquérito policial militar] da carne" para estimular alguns pecuaristas e donos de frigoríficos a pôr o produto no mercado.

A inflação e o desemprego, aliados à elevação de impostos e tarifas públicas (o IPTU na Guanabara, por exemplo, sobe até 80%), arrocham os salários e geram protestos. A cotação do dólar paralelo começa o mês a Cr$ 1 730,00 e leva o Banco do Brasil a intervir no mercado de câmbio para estabilizar o preço da moeda norte-americana. No dia 23 o dólar atinge Cr$ 1 805,00, mas fecha setembro a Cr$ 1 770,00.

No Rio de Janeiro, um thriller policial toma conta das ruas de subúrbio: a caçada a Cara de Cavalo pela recém-formada Scuderie Detetive Le Cocq, integrada pelos amigos do investigador morto em agosto. Há tiroteios cerrados nos morros do Esqueleto, Tuiuti, Mangueira e Telégrafos, tentativas de negociação, pistas falsas.

No rádio, "Una lacrima sul viso", com Bobby Solo, "Datemi un martello", com Rita Pavone, e "Bicho do mato", com Jorge Ben, são as mais tocadas. Elis Regina está fazendo um show na boate Bottles, no Beco das Garrafas, em Copacabana, no Rio. E a *Revista do Rádio* noticia que o "ídolo dos brotos" Sergio Murilo vai virar advogado, que o grande sucesso da Rádio Nacional paulista é o *Programa Silvio Santos* e que Elvis Presley vai se casar com a atriz Ann-Margret, "uma estonteante sueca de pouco mais de vinte anos".

É primavera.

***

The Clevers (que lançaram seu LP *Os Incríveis The Clevers*, pela Continental, com enorme sucesso — e pelos estúdios da TV Rio, na praia de Copacabana — onde desde 1961 Jair de Taumaturgo apresenta o programa *Hoje É Dia de Rock* — e da TV Tupi, na Urca — onde, desde 1959, Carlos Imperial apresenta seus *Clube do Rock* e *Nós, os Brotos*, nos quais todos esses personagens da nascente e ainda semioculta cena de rock brasileiro se revezam.

Linha do Tempo

1 Mil exemplares da revista *Pif Paf*, de Millôr Fernandes, são recolhidos pela polícia em São Paulo a pedido do Dops do Rio. A revista deixará de existir logo depois.

1 Marinheiros norte--americanos fazendo escala no Rio de Janeiro durante a operação Unitas V, de treinamento antissubmarino com países da América do Sul, se integram com a criançada e distribuem brinquedos e bolas de futebol no bairro do Rio Comprido. É a Operação Amizade, lançada, muito a propósito, na Escola Municipal Estados Unidos.

2 "O primeiro-ministro Oliveira Salazar contratou Jean Manzon para fazer doze documentários de propaganda, sendo oito de Portugal, os outros de territórios ultramarinos. [...] Além da propaganda política Salazar visa ao turismo, que a certa altura ele esnobou, mas hoje procura incrementar. Inclusive os safáris em Moçambique, apresentado como terra muito mais tranquila para os divertimentos do homem branco e rico do que Tanganica ou Quênia, hoje governados pelos negros." Rubem Braga na coluna "Trivial Variado", Caderno B, *Jornal do Brasil*.

3 Robert Kennedy, irmão do presidente norte--americano John Kennedy, assassinado em novembro de 1963, renuncia ao cargo de procurador-geral dos Estados Unidos, que ocupava desde a posse de JFK em 1961, para concorrer ao Senado.

4 *Eleições presidenciais no Chile: os principais candidatos são o democrata cristão Eduardo Frei e o socialista Salvador Allende. É a primeira vez na história da América Latina que um marxista disputa eleições presidenciais com chances reais de vitória. Ganha Frei por ampla margem, 57% contra 37% dos votos para Allende. O que está em jogo é o cobre, produto do qual o país detém larga parcela de um mercado mundial em franca eletrificação e transistorização.*

4 O Correio da Manhã informa que a cidade do Rio de Janeiro tem um terço de sua população morando em favelas.

6 Morre de câncer no pulmão o ex-ministro e deputado federal San Tiago Dantas. Durante o golpe, San Tiago teria sido o responsável por informar a Jango que os Estados Unidos interviriam em caso de resistência, notícia que levou Goulart a desistir de lutar e optar por deixar o país. Os funerais atraem personalidades do novo regime e os poucos de seus opositores que ainda estão em liberdade, como o deputado Doutel de Andrade.

7 (Dia da Independência) "A situação no Brasil — reforçada agora com a eleição de Frei no Chile — nos dá uma rara e talvez temporária janela de oportunidade. Não podemos imaginar um governo no Brasil que seja mais maduro, mais equilibrado quanto às relações com os Estados Unidos em suas atitudes para com a economia privada." Conclusão de um telegrama do economista e assistente especial de Segurança Nacional Walt Whitman Rostow para Thomas Mann, secretário assistente do Departamento de Estado para Assuntos Interamericanos, no qual ele propõe uma "ampla estratégia" para atacar o problema da inflação no Brasil.

✳✳✳

8 *O Correio da Manhã começa a publicar uma série de Joel Silveira sobre Seixas Dória e seu governo em Sergipe. O ex-governador, ainda preso na Base Aérea de Salvador, é chamado de "o réu sem culpa".*

9 O general Nguyen Khanh, líder fantoche do Vietnã do Sul, manobrado pelos Estados Unidos, volta a concentrar formalmente todo o poder: acumula o cargo de primeiro-ministro e ministro da Defesa.

10 Termina o 25º Festival de Cinema de Veneza com a vitória de *O dilema de uma vida*, de Michelangelo Antonioni. O Prêmio do Júri é dividido entre *Hamlet*, de Grigori Kozintsev, e *O Evangelho segundo são Mateus*, de Pier Paolo Pasolini.

10 Fiscais da Censura paulista, escandalizados, retiram e rasgam cartazes de *Noite vazia*, de Walter Hugo Khouri, com Odete Lara e Norma Bengell, que estavam expostos no Cine Ipiranga, no centro de São Paulo.

11 Coquetéis molotov são lançados nos jardins da residência do presidente do Uruguai. A ação é atribuída a grupos que protestam contra o rompimento de relações diplomáticas com Cuba, segundo recomendação da OEA. Na semana anterior, diversas escolas e faculdades foram ocupadas por estudantes castristas.

11 *O sociólogo e professor da Universidade de São Paulo Florestan Fernandes é detido por "atividades subversivas": escreveu uma carta aberta contra as arbitrariedades do Inquérito Policial Militar na universidade. A prisão ocorre às vésperas de seu concurso para catedrático, assim como aconteceu com o professor Isaias Raw, da Faculdade de Medicina. João Batista Vilanova Artigas, da Faculdade de Arquitetura e Urbanismo, já está preso desde o dia 4.*

11 *A Índia celebra acordo militar com a União Soviética. O alvo evidente é o inimigo comum, a China, país com que a Índia tem questões de fronteira e cuja retórica antissoviética continua a incendiar o mundo socialista. Mao Tsé-tung já reivindicou para a China territórios na Mongólia e na Sibéria, a que Kruschóv respondeu com ameaças de guerra.*

Hotel racista barrou Elsa e Garrincha

SÃO PAULO (Sucursal) — O jogador botafoguense "Mané" Garrincha e a cantora Elsa Soares não puderam hospedar-se no Hotel Lord, na R. das Palmeiras, ao chegarem a esta Capital, procedentes do Rio. Elsa Soares foi barrada por um funcionário que lhe disse não ser permitida a permanência de gente de côr nas dependências do hotel.

Garrincha e o empresário da cantora solicitaram o comparecimento da Rádio Patrulha para solucionar o assunto, sendo o fato registrado na 3.ª Delegacia. Ao tomar conhecimento do ocorrido, o delegado prontificou-se a fazer cumprir a lei sôbre o preconceito racial. Elsa Soares, dizendo-se envergonhadíssima pelo ocorrido, preferiu hospedar-se noutro estabelecimento. Comentando o fato, o craque botafoguense declarou-se surprêso com o ocorrido, para êle completamente inesperado.

Enquanto a Polícia abria inquérito e intimava os responsáveis pelo hotel a comparecerem à Delegacia, Garrincha e Elsa resolveram passar a noite no Hotel Danúbio.

12 Garrincha e a cantora Elza Soares são impedidos de se hospedar num hotel do centro de São Paulo pelo gerente do estabelecimento, que alega não ser permitida a "permanência de gente de cor". O craque do Botafogo chama a polícia, mas a questão acaba sendo resolvida da pior maneira: fica tudo por isso mesmo e o casal, constrangido, hospeda-se em outro hotel.

12 *Estreia na Itália* Per un pugno di dollari, *de Sergio Leone. O pioneiro do western spaghetti tem Clint Eastwood como um misterioso pistoleiro sem nome, que se tornará um de seus personagens mais icônicos — e do qual ele criou todo o visual, graças a peças (jeans preto, chapéu, cobertor indígena, charuto) que trouxe consigo de Los Angeles. Gian Maria Volonté, Margarita Lozano e Marianne Koch completam o elenco.*

13 A primeira missa solene cantada em português no Brasil é rezada neste domingo na igreja de Nossa Senhora do Brasil, na Urca, Rio de Janeiro, seguindo as determinações do Concílio Vaticano II.

13 Terroristas anticastristas armados pela CIA atacam um navio mercante espanhol perto de Cuba, ofensiva que resulta em três mortes.

✳14✳ Começa em Roma o terceiro período do Concílio Vaticano II, convocado em 1959 pelo antecessor de Paulo VI, João XXIII, e cuja primeira sessão se realizou em 1962. A terceira e última sessão do concílio terminará no dia 11 de outubro de 1965. Os três pontífices sucessores de Paulo VI estão presentes: o bispo Albino Luciani, futuro papa João Paulo I; o bispo Karol Wojtyla, papa João Paulo II; e o padre Joseph Ratzinger, consultor teológico do concílio, que será o papa Bento XVI.

✳15✳ *A série* Peyton Place (*que no Brasil será apresentada em 1967, com o título* A caldeira do diabo) *estreia na rede norte-americana ABC. Baseada no best-seller homônimo de Grace Metalious (então já adaptado para o cinema), a série focaliza a vida de um grupo de famílias num subúrbio de classe média com uma franqueza inédita na TV na época — adultério!, sexo adolescente!, aborto! — e logo se torna um enorme sucesso. O elenco fixo inclui Gena Rowlands, Leslie Nielsen e Lee Grant, e aparições especiais de vários jovens atores, como Mia Farrow e Ryan O'Neal.*

✳17✳ *Goldfinger*, terceira aventura de James Bond na tela, estreia em Londres, no cinema Odeon Leicester. Dirigido por Guy Hamilton e estrelado por Sean Connery, é o primeiro filme de 007 com farto uso de gadgets exóticos, o primeiro com uma sequência de ação antes dos créditos iniciais e o maior orçamento de uma produção de James Bond até o momento, US$ 3 milhões. É também o primeiro filme da série concebido especialmente para o público norte-americano, tornando-se o primeiro verdadeiro blockbuster da franquia, batendo recordes em vários países e acumulando uma renda total de quase US$ 125 milhões.

✳16✳ Estreia na rede norte-americana ABC o programa musical pop/rock *Shindig!*. Criada e apresentada por Jimmy O'Neill, radialista e dono do Pandora's Box, um dos clubes pioneiros da cena rock de Los Angeles, a novidade substitui outro musical no mesmo horário — o cancelado *Hootenanny*, com artistas de música folk, popular no começo da década mas agora devorada pela "invasão britânica". O *Shindig!* de estreia tem as participações de Sam Cooke e The Righteous Brothers. Os programas seguintes contarão com Beatles, Rolling Stones e The Who — gravados em Londres —, mais James Brown, The Beach Boys, The Ronettes, Bo Diddley e Sonny & Cher, entre outros.

✳17✳ *As residências dos escritores Dias Gomes e Ferreira Gullar, no Rio de Janeiro, são invadidas e revistadas por militares em busca de "material subversivo".*

✳18✳ "Parece um quadro da belle époque a exposição de material subversivo em Belo Horizonte: dois fuzis de 1908 e a fotografia de José Aparecido de Oliveira, com bigodes do tempo do Kaiser, pedem moldura antiga." Wilson Figueiredo na coluna "Segunda Seção" do *Jornal do Brasil*.

18 Estreia na rede norte-americana ABC a série *The Addams Family* (*A família Addams*, título com o qual será exibida no Brasil em 1966). Baseada nos quadrinhos de Charles Addams para a revista *The New Yorker*, segue o modelo sitcom, com os dramas e aventuras da vida cotidiana de uma família — mas uma família completamente fora do comum, gótica, sinistra e dotada de poderes sobrenaturais. O elenco original é formado por John Astin (Gomez), Carolyn Jones (Morticia), Jackie Coogan (Fester/Tio Chico no Brasil), Lisa Loring (Wednesday/Vandinha), Ken Weatherwax (Pugsley/Feioso) e Ted Cassidy (o mordomo Lurch/Tropeço).

18 "Hélio Oiticica anda entusiasmado com a sua nova criação: um penetrável Parangolé que está construindo. Trata-se de uma verdadeira revolução dentro da sua experiência de pintura no espaço tridimensional, já em si revolucionária." Caderno B, *Jornal do Brasil*.

19 Estreia na rede norte-americana NBC a série *Flipper*. Baseada num filme do mesmo nome, grande sucesso no ano anterior, a série acompanha as aventuras de uma família — pai viúvo e dois filhos — e sua amizade com o golfinho Flipper, de extraordinária inteligência.

19 "Fui ontem ao gabinete do secretário de Segurança da Guanabara, na qualidade de acusado em um processo penal como incurso na Lei de Segurança do estado. O SS Borges serviu como testemunha da acusação, ou seja, das autoridades militares que desejam punir o cronista que atacou os alegres e bem jantados revolucionários de abril. [...] O meu advogado, ministro Nelson Hungria, perguntou à testemunha se meus artigos haviam provocado animosidade 'entre' as Forças Armadas. O SS não sabia bem o que significava provocar animosidade 'entre'. Depois de uma infinita explicação do juiz e do meu advogado, reconheceu o coronel que meus artigos poderiam criar animosidade entre militares lacerdistas e não lacerdistas. O escrevente registrou a besteira e eu fiquei sabendo da existência de uma nova instituição no país: o sr. Carlos Lacerda." "O trapézio e o chão", crônica de Carlos Heitor Cony, *Correio da Manhã*.

21 *Estreia na TV Tupi a novela* Quem Casa com Maria?, *de Lúcia Lambertini (a Emília do* Sítio do Picapau Amarelo, *exibido pela mesma emissora em 1954), dirigida por Henrique Martins e estrelada por Débora Duarte, Lisa Negri, Rita Cléos, Rolando Boldrin e Amilton Fernandes. A novela inaugura um novo horário na grade televisiva do canal: 18h30, quando "senhoras donas de casa já haviam preparado o jantar e aguardavam a chegada de marido e filhos em casa", segundo o anúncio do lançamento.*

20 *(EQUINÓCIO DE OUTONO NO HEMISFÉRIO NORTE E DE PRIMAVERA NO HEMISFÉRIO SUL) Na Inglaterra é fundada a Obod [Ordem dos Bardos, Ovates e Druidas], dedicada a recuperar as práticas religiosas e espirituais pré-cristãs das ilhas britânicas.*

20 No estádio da Vila Belmiro, em Santos (SP), desabam o alambrado da geral e um lance da arquibancada, aos sete minutos do jogo Santos × Corinthians (respectivamente líder e vice-líder do Campeonato Paulista), com 32 mil pagantes, ferindo 180 pessoas.

21 A ilha-nação mediterrânea de Malta se torna independente do Reino Unido.

21 Em McComb, no Mississippi, atentados à bomba destroem um templo protestante frequentado por negros.

21 Estoura na Bolívia um golpe fracassado contra o presidente Víctor Paz Estenssoro. Na véspera, o vice-presidente René Barrientos Ortuño sofreu um atentado em Cochabamba. O suposto responsável pelo levante, o ex-presidente Hernán Siles Zuazo, é exilado, e o governo decreta estado de sítio.

22 Estreia na rede norte-americana NBC a série *The Man from U.N.C.L.E.* Criada por Norman Felton e Sam Rolfe com a colaboração de Ian Fleming, acompanha as aventuras de uma dupla de agentes da fictícia organização de combate mundial ao crime United Network Command for Law and Enforcement, o americano Napoleon Solo (Robert Vaughn) e o russo Illya Kuryakin (David McCallum). Originalmente deve ser protagonizada apenas por Solo, personagem criado por Fleming, mas o sucesso do personagem secundário Kuryakin junto ao público levará à reformulação do conceito. A música-tema é de Jerry Goldsmith e os roteiros são de, entre outros, Robert Towne e Harlan Ellison. A série faz sucesso logo na estreia e rapidamente passa a ser um elemento da cultura pop.

23 Uma esquadra de embarcações nucleares americanas faz em Santos e no Rio as únicas paradas na América Latina durante sua volta ao mundo. As belonaves dão uma salva de 21 tiros "em saudação ao Brasil" ao entrar na baía de Guanabara.

23 O musical *Fiddler on the Roof* [*Um violinista no telhado*], de Jerry Bock, Joseph Stein e Sheldon Harnick, estreia no Imperial Theater, na Broadway, Nova York. Baseado no livro *Tevye, o leiteiro*, de Sholem Aleichem, o espetáculo conta a história do aldeão Teyve (Zero Mostel) e suas cinco filhas na Rússia czarista de 1905.

23 O Supremo Tribunal Federal concede, por 8 votos a 1, habeas corpus a Carlos Heitor Cony, que assim deixa de ser processado com base na Lei de Segurança Nacional, permanecendo réu apenas de acordo com a Lei de Imprensa.

23 Depois de passar setenta dias preso, o educador e filósofo **Paulo Freire**, criador do revolucionário método de alfabetização de adultos que leva seu nome e um dos principais pensadores do movimento pedagogia crítica, **asila-se na embaixada da Bolívia.**

24 Publicado o relatório final da Comissão Warren, com os resultados da investigação sobre o assassinato do presidente John Kennedy. Lee Harvey Oswald é apontado como o único culpado. O relatório também aponta "falhas gravíssimas" ocorridas na segurança ao presidente, que possibilitaram o crime.

24 *É homologado o desquite amigável entre Garrincha e Nair dos Santos, sua mulher de papel passado.*

24 A série *The Munsters* estreia na rede norte-americana CBS e logo se torna a grande concorrente de *The Addams Family*, da rede ABC. Criado por Allan Burns e Chris Hayward por encomenda da Universal, como forma de modernizar seu catálogo de copyrights de monstros, o seriado é também um comentário satírico do formato sitcom familiar tão popular nos anos 1950 (Burns e Hayward também criaram um clássico do gênero "família americana saudável", *Leave it To Beaver*, no ar de 1957 a 1963). O elenco original traz Fred Gwynne como o pai/criatura frankensteiniana Herman, Yvonne De Carlo como a vampiresca dona de casa Lily, Al Lewis como o vovô vampiro, Butch Patrick como o filho lobisomem Eddie e Beverley Owen como a sobrinha completamente normal, Marilyn.

24 O filme *À meia-noite levarei sua alma*, de José Mojica Marins, o Zé do Caixão, tem a exibição proibida no Rio de Janeiro por "excesso de horror".

25 *Início da guerra de independência de Moçambique com os primeiros ataques da Frente de Libertação de Moçambique (Frelimo) contra as forças coloniais portuguesas.*

26 Realiza-se no Ginásio do Ibirapuera, em São Paulo, o I Festival de Vozes Brasileiras, com apresentações de Grande Otelo, Ataulfo Alves, Elza Soares, Jorge Ben e Wilson Simonal, e convidados como Pelé, Leônidas da Silva e embaixadores de países africanos. O evento é promovido pela entidade paulistana Associação Cultural do Negro.

27 Os ministros do Planejamento, Roberto Campos, e da Fazenda, Otávio Gouveia de Bulhões, e o diretor da Superintendência da Moeda e do Crédito (Sumoc), Dênio Nogueira, reúnem-se sigilosamente durante três horas no hotel Copacabana Palace, no Rio de Janeiro, para discutir o reescalonamento da dívida externa, as medidas anti-inflacionárias e a situação monetária.

27 Adhemar de Barros encontra-se em Brasília com o presidente Castello Branco. Um porta-voz do governador paulista diz à *Última Hora* que a conversa "teve momentos dramáticos — embora o clima de respeito mútuo jamais fosse arranhado — com a revelação [por Adhemar] de que está em marcha uma conspiração direitista no país". Segundo o assessor, Adhemar afirma que até Castello "poderia ser engolfado" e que São Paulo "não assistiria de braços cruzados aos acontecimentos".

26 "Finalmente parece que teremos aqui Elvis Presley entre nós. Dizemos parece porque não sabemos se ele virá ou será apenas um double. Acontece que o segundo próximo [sic] filme de Elvis Presley será rodado no Brasil e terá o título inicial de *Copacabana bossa nova*. O diretor Hal Wallis viajará até aqui em breve para fazer as locações necessárias do filme e o argumento todo mundo já adivinhou: Elvis vem passear no Brasil, talvez venha caçar onças, e apaixona-se por uma índia, cujo pai, chefe de uma tribo, não quer o casamento. Bem, no fim, eles e se casam e são felizes para o resto da vida." Carlos Imperial, produtor artístico e compositor, na coluna "O Mundo É dos Brotos", *Revista do Rádio*.

27 *"Todos os sábados num horário que pode chamar-se de infantojuvenil (20h20) a TV Tupi apresenta um dos melhores programas de televisão do país para ser assistido por crianças mas que, certamente, não fará mal algum aos adultos. Trata--se de* Os Flintstones na Idade da Pedra, *desenho animado que leva a assinatura de Hanna e Berbara [sic]. Para quem observa o programa [...] apenas passivamente como o homem do século XX que deglute sem olhar ou sentir tudo que lhe oferecem (pois ele mesmo é uma mercadoria à venda num grande mercado) ele será apenas engraçado. O telespectador mais sensível, ainda não inteiramente bitolado pela maquinária convencional de nossos dias, verá nele um profundo sentido satírico." Fausto Wolff na coluna "Televisão", Caderno B,* Jornal do Brasil.

29 Garrincha submete-se a uma cirurgia para remoção dos meniscos, no hospital da Cruz Vermelha Brasileira, no Rio. O cirurgião Mário Marques Tourinho acalma a torcida: "Mané volta a jogar em quarenta dias".

30 "Não quero incomodá-lo com um longo memorando e os telegramas que vão em anexo, mas está havendo um 'grande debate' sobre nossa abordagem do Brasil. Acho que você precisa tomar conhecimento desta questão. O sucesso (ou fracasso) de nossa política para o Brasil vai determinar o desdobrar dos acontecimentos durante os próximos anos. Em essência, Rostow [secretário especial para assuntos de segurança nacional] está sugerindo tratamento de choque. Gordon [embaixador dos Estados Unidos no Brasil] está pressionando por uma postura que pode ser chamada de conservadora, embora baixar a inflação de 140% para 10% em menos de dois anos pode não parecer assim tão conservador para as pessoas atingidas. Acho que todos concordamos com Rostow com relação à seriedade do problema e do objetivo. A discussão é sobre os métodos. Nisso eu concordo com Gordon. Mas acho que os dois erram ao tentar aplicar teorias econômicas dos Estados Unidos e da Europa Ocidental ao Brasil [...]. Os latinos são monopolistas de verdade. Qualquer programa que se baseie na premissa de que o aumento da oferta vai imediatamente resultar numa baixa de preços num país da América Latina erra ao não reconhecer esta atitude social." Memorando de Robert Sayre, do Conselho de Segurança Nacional dos Estados Unidos, para o assistente especial do presidente para assuntos de segurança nacional, William Bundy.

Outubro

"Fomos inundados por cartas reclamando da aparência desleixada — cabelos e roupas — dos Rolling Stones. Antes de sequer discutir qualquer contrato, gostaria de saber de você se esses jovens mudaram de opinião quanto a roupas e xampu."

(Ed Sullivan, apresentador de TV, em carta a Andrew Loog Oldham, empresário dos Rolling Stones, depois da apresentação do grupo em seu programa, 25 de outubro)

"No Rio ser facínora é fácil. Para isso contribuem as favelas, com 1,5 milhão de habitantes, um aparelho policial deficiente e institutos correcionais que funcionam às avessas, como escolas de criminosos."

(Getúlio de Barros, jornalista, em reportagem da revista *Manchete*, 17 de outubro)

"Então vocês também se tornaram simpatizantes do comunismo, junto com todos os outros ricos que apoiam uma das administrações mais corruptas da América. Confirmam-se os rumores de que vocês haviam se juntado aos outros americanos vítimas de lavagem cerebral, mas pensei que vocês ainda tinham uma pequena pitada de patriotismo pela América. Olhem no espelho e verão por que temos protestos, delinquentes e tanto ódio e desconfiança neste mundo doente."

(Carta de uma leitora à revista *Life* depois de uma reportagem de capa pró- -Lyndon Johnson, 30 de outubro)

"Não tenho nem o país tem dúvidas quanto às eleições de 1967."

(General Olímpio Mourão Filho, *Correio da Manhã*, 4 de outubro)

"O problema é que está sobrando cada vez mais mês no fim do dinheiro."

(Millôr Fernandes, *Correio da Manhã*, 4 de outubro)

SORAYA

A FRANÇA É LINDA, CULTA E PRÓSPERA, De Gaulle é um herói, um modelo, um ídolo, e apenas "ataques subversivos" poderão embaçar o brilho de sua visita histórica ao Brasil.

Esse é o grande tema do mês na imprensa, quase um desafogo eufórico depois de meses um tanto paralisados sob o peso das más notícias.

Os "listões" — de presos, de exonerados, de cassados — continuam, contudo, pelo menos até o dia 9, data em que terminam (em tese) os poderes punitivos do Ato Institucional nº 1. Só no dia 6 um "listão" arrola 3 mil funcionários públicos demitidos.

Os rumores, correndo na contramão dos preparativos para a chegada de De Gaulle, na semissurdina das colunas especializadas e das dicas de fontes sempre invisíveis, são terríveis. Extinção dos partidos. Dissolução do Congresso. Estado de sítio. Um novo Ato Institucional.

Aprendem-se novas expressões: a "linha dura", a "linha branda". As duas se debatem ferozmente nas entrelinhas dos comunicados, nas vírgulas dos discursos. Depois do dia 9, portanto sem amparo legal nem mesmo da muleta do AI-1, prosseguem os desmandos, as vinganças pessoais, a chuva de acusações de "subversão". Em Goiás, o comandante do 10º Batalhão de Caçadores, de Goiânia, prende no dia 13 um assessor do governador Mauro Borges e se recusa a libertá-lo mesmo após um habeas corpus obtido no Superior Tribunal Militar. Costa e Silva, ministro da Guerra, apoia o coronel, dizendo que a ordem judicial de soltura não foi cumprida porque... o preso já havia sido transferido para Brasília. O pai do governador, senador Pedro Ludovico, denuncia que dezenas de presos têm sido torturados em Goiânia para assinar confissões que incriminam Mauro Borges em planos subversivos mirabolantes. No fim do mês, o *Correio da Manhã* publica a notícia de que a principal testemunha contra Borges, o polonês Pavel Gutko, é doente mental. Tudo não passa de um conluio da UDN local com os quartéis. Castello Branco e Golbery do Couto e Silva, diretor do SNI, cogitam enviar tropas a Goiânia para enquadrar o coronel renitente.

No dia 15, a Assembleia Legislativa do Ceará é cercada por tropas do Exército e quatro deputados são presos, entre os quais um diretor de jornal. Depois de idas e vindas, terminam cassados, por parlamentares trazidos especial e "espontaneamente" do interior por aviões da FAB.

Outras caçadas humanas ocupam o mês. No Rio de Janeiro, a Manoel Oliveira, o Cara de Cavalo, desafio aos brios da recém-formada Scuderie Le Cocq, os "Doze Homens de Ouro" da polícia da Guanabara, com poderes de vida e morte. No interior de Pernambuco, ao neocangaceiro Chapéu de Couro, o lavrador Antônio Joaquim de Medeiros, homem de confiança de Francisco Julião nas Ligas Camponesas, que caiu na vida de bandoleiro após o golpe.

Chove muito, o que alivia um pouco a escassez de água e energia no sul do país. No mais, tudo igual: preços em disparada, arrocho salarial, aumento de impostos, corte de gastos públicos. Continuam fluindo os milhões em empréstimos estrangeiros ao novo regime, agora com a garantia das condições rigorosas impostas pelo FMI, que incluem a presença de auditores do órgão no país para supervisionar a aplicação das medidas de estabilização.

Faltam carne, leite, café, açúcar, sal. Fazer fila torna-se parte do cotidiano. A Fundação Getulio Vargas divulga que a inflação no país no ano, até setembro, é de 59,4%.

Os guarda-chuvas do amor, grande vitorioso do Festival de Cannes, estreia no Rio e em São Paulo. O cantor Cauby Peixoto, há semanas sem empregada, confessa à *Revista do Rádio* que "está até pensando em casar" para poder manter em ordem seu "luxuoso apartamento na Zona Sul do Rio". O rádio toca "Bicho do mato", com Jorge Ben, "O calhambeque", com Roberto Carlos, e "Viva Las Vegas!", com Elvis Presley. A Arno lança o "revolucionário" secador de cabelo com touca, portátil, para uso doméstico.

Os cinco livros mais vendidos em São Paulo são de autores "subversivos": *Os pastores da noite* (Jorge Amado), *Sexta-feira 13* (Abelardo Jurema), *O ato e o fato* (Carlos Heitor Cony), *Dialética do desenvolvimento* (Celso Furtado) e *Tempo de Arraes* (Antônio Callado). Clarice Lispector publica a coletânea de contos *A legião estrangeira* (Editora do Autor), logo seguida pelo romance *A paixão segundo G.H.*, pela mesma editora.

Fala-se em *beatniks*, em *hully gully*, em geração iê-iê-iê. O detalhe do verão será o crochê. A cor do verão será o amarelo. Discretamente, muito discretamente, a bainha das saias está subindo.

***

de orquídeas, tulipas e cravos, importados de avião da Holanda, um circo equestre trazido de Roma para entreter os convidados, vestido de noiva coberto de pérolas e penas de garça, desenhado por Dior. Sete anos depois, incapaz de dar um herdeiro para o trono, Soraya se viu repudiada pelo xá (que já fizera o mesmo com a primeira esposa), passando a vagar pela Europa. Agora, ela tenta uma carreira no cinema. O filme, intitulado *I tre volti*, compõe-se de três episódios, com direção de Michelangelo Antonioni, Mauro Bolognini e Franco Indovina. Soraya faz três papéis diferentes, inclusive o de si mesma (no episódio "Il provino", dirigido por Antonioni). A carreira não irá muito longe, mas já no meio das filmagens ela encontra um novo interesse romântico: Indovina, com quem permanecerá até a morte do cineasta, em 1972.

✳ 1 ✳ O estudante Jack Weinberg recusa-se a mostrar sua identidade e abandonar a mesa onde registra os participantes do Congresso pela Igualdade Racial no campus da Universidade da Califórnia, em Berkeley. Sua remoção forçada pela polícia universitária faz com que mais de 3 mil estudantes se revoltem e cerquem o carro dos policiais. É o começo do que virá a ser chamado de Free Speech Movement [Movimento pela Liberdade de Expressão], luta dos estudantes de Berkeley pelo seu direito de participar de movimentos e apoiar causas políticas no campus — algo até então proibido pelos regulamentos da universidade.

1 *Depois de cinco anos de obras é inaugurada a primeira linha ferroviária de alta velocidade do Japão, a Tokaido Shinkansen. À velocidade de 210 quilômetros por hora, o trem-bala liga Tóquio a Osaka. A nova linha faz parte da infraestrutura criada para os Jogos Olímpicos, que começarão na semana seguinte.*

2 *O Evangelho segundo são Mateus*, de Pier Paolo Pasolini, estreia na Itália. O filme aborda o texto de Mateus numa versão austera da vida de Jesus, encarnado pelo estudante de economia Enrique Irazoqui, que Pasolini conheceu numa manifestação. Susanna Pasolini, mãe do diretor, faz o papel de Maria.

2 *Depois de ser rejeitado por várias gravadoras, o conjunto londrino The Kinks enfim lança seu primeiro LP, pelo selo Pye. Intitulado* Kinks, *o álbum inclui* "You Really Got Me", *que fez sucesso no verão britânico como compacto, mais* "Stop Your Sobbing", "So Mystifying", "Revenge" *e* "Cadillac", *de Bo Diddley. O disco entra em quarto lugar na parada inglesa.*

3 "Para o futuro político do país, é necessário que se apaguem do quadro-negro todas as legendas. Só desta maneira poderá ser encontrada a melhor solução para os problemas nacionais." Magalhães Pinto, governador de Minas Gerais, *Correio da Manhã*.

3 *Com uma ceia, bolo e champanhe no bar-restaurante Castelinho, ao lado da praia do Arpoador, no Rio de Janeiro, o elenco da peça* Qualquer quarta-feira, *liderado por Tônia Carrero e Jardel Filho, comemora cem apresentações da produção no Teatro Copacabana.*

3 *Depois de uma caçada implacável de 36 dias, que se estendeu até Juiz de Fora (MG) e deixou várias vítimas que, por infeliz coincidência, se pareciam com ele, Manoel Moreira, o Cara de Cavalo, 22 anos, é executado com 52 tiros em Saco de Fora, em Búzios, arrabalde de Cabo Frio, no estado do Rio, por cinco policiais da Scuderie Le Cocq, criada após a morte do detetive Milton Le Cocq por Cara de Cavalo, no final de agosto.*

3 *Nara Leão está de volta: regressou de Tóquio onde, com o trio de Sérgio Mendes, balançou a paisagem oriental na batida da bossa nova. [...] De Tóquio Nara trouxe apenas alguns bibelôs de louça (que julgava serem de porcelana) e uma garrafa de saquê, vazia."* Revista do Rádio.

4 *O FBI prende dois policiais estaduais do estado do Mississippi — o xerife do condado de Filadélfia e seu adjunto —, <u>acusados pelo assassinato, em maio, de três militantes dos direitos civis</u>. A investigação da morte dos três ativistas foi realizada sob pressão direta do presidente Lyndon Johnson e do procurador-geral Robert Kennedy, contra a declarada oposição de J. Edgar Hoover, chefe do FBI, à militância da integração racial.*

4 "TEM BOLOLÔ NO BULELÊ. *Ao público. Devido à complexidade da montagem, fica transferida para o próximo dia 9, sexta-feira, às 21 horas, a estreia desta nova produção no Teatro Recreio.*" Anúncio no Jornal do Brasil.

* * *

4 *Uma missão do Banco Mundial chega ao Rio de Janeiro para avaliar, durante sete semanas, as condições econômicas e políticas do país.*

5 *Cinquenta e quatro pessoas — 31 mulheres e 23 homens — fogem de Berlim Oriental por um estreito túnel cavado sob o Muro.*

5 *Começa no Cairo, Egito, a Segunda Conferência dos Países Não Alinhados, que durará toda a semana. O Movimento dos Não Alinhados foi criado em 1961 por um grupo de líderes mundiais — Jawaharlal Nehru, primeiro-ministro da Índia; o marechal Josip Broz Tito, presidente da Iugoslávia; Gamal Abdel Nasser, presidente do Egito; Kwame Nkrumah, presidente de Gana; e Sukarno, presidente da Indonésia — como uma estratégia para diminuir as tensões da Guerra Fria, dando voz aos países que se identificam como independentes da esfera política tanto dos Estados Unidos quanto da União Soviética. Na agenda do encontro estão paz mundial, anticolonialismo, desarmamento e mais voz para os países pequenos na ONU. O Brasil assiste à conferência como observador.*

5 A pré-estreia do filme *Bon Voyage, Enfim Paris* — uma comédia dos Estúdios Disney estrelada por Fred MacMurray —, no Cine Bruni de Ipanema, Rio de Janeiro, é marcada pelo que os jornais chamam de "geração yê-yê": "Moças e rapazes que, numa imitação dos beatniks, desfilaram e esnobaram [...] trajando blusões olímpicos, sacos de batatas, camisas com as fraldas para fora das calças compridas ou usando correntes e óculos com a armação para baixo [...]", segundo o jornal *Última Hora*, que acrescenta, horrorizado, que alguns deles "estavam mesmo de pés descalços, pois é essa nova moda". Quando, durante cenas em boates parisienses, "os yê-yês" se põem a dançar dentro do cinema dando "um verdadeiro show com gritinhos estridentes, pulando e requebrando ao ritmo do hully gully, do surf e do twist", uma guarnição da PM é convocada.

7 Estudantes das faculdades de Filosofia e Arquitetura da USP entram em greve temporária contra a demissão anunciada de professores como Vilanova Artigas e Fernando Henrique Cardoso, acusados de promover a "infiltração de ideias marxistas" na universidade.

6 *"O amor é, assim, uma peste, uma doença monstruosa e repugnante que retira o indivíduo de um cenário em violenta transformação. Está implícita, em toda a obra de Antonioni, a insinuação de que futuramente haverá clínicas para os apaixonados, idênticas àquelas em que se curam os alcoólatras." José Carlos Oliveira sobre o filme* O grito, *de Michelangelo Antonioni, Caderno B,* Jornal do Brasil.

8 Estreia nos Estados Unidos o filme *The Outrage*, uma releitura de *Rashomon*, de Akira Kurosawa, transformado em western e dirigido por Martin Ritt. O elenco é encabeçado por Paul Newman, e tem ainda Claire Bloom, Edward G. Robinson e William Shatner. "Ao focalizar as cínicas 'verdades' que permanecem um mistério ao final do filme, o sr. Ritt e seus colaboradores fizeram um nobre trabalho, à altura do original, neste drama instigante e empolgante", diz o crítico A. H. Weiler, do *New York Times*.

10 Abertura dos Jogos Olímpicos de Tóquio — a chama olímpica é acesa por Yoshinori Sakai, atleta de corrida e salto, nascido em Hiroshima no dia em que a bomba atômica foi lançada sobre a cidade dezenove anos antes. Noventa e três países enviaram atletas, inclusive a Alemanha, com um time composto de representantes das duas metades do país, Oriental e Ocidental, e a recém-criada Rodésia do Norte, que se tornará Zâmbia no final do mês. A Olimpíada marca a reentrada do Japão na arena mundial depois da guerra que quase o destruiu, servindo de agente catalisador para grandes reformas e a modernização da infraestrutura do país, o que inclui um centro de transmissão de imagens via satélite que possibilita a primeira exibição ao vivo da cerimônia de abertura nos Estados Unidos, pela NBC.

12 Leonid Brejnev, líder do Soviete Supremo, telefona para o premiê e secretário-geral do Partido Comunista da União Soviética, Nikita Kruschóv, para lhe comunicar que no dia seguinte haverá em Moscou uma reunião especial do Comitê Central do partido para discutir "questões agrárias", e que sua presença é imprescindível. Na verdade, desde o início do ano Brejnev vem conspirando com várias figuras-chave do partido para remover Kruschóv do poder.

12 *Na abertura da 16ª Convenção da Sociedade de Engenharia Acústica, em Nova York, o músico e engenheiro Robert Moog mostra sua nova invenção, o sintetizador Moog, que ele vinha desenvolvendo havia cinco anos no Centro de Música Eletrônica Columbia--Princeton.*

12 Lançada na órbita da Terra a nave soviética *Voskhod 1*, com três cosmonautas. O voo — o sétimo tripulado do programa espacial da União Soviética — estabelece vários marcos na corrida espacial: é o primeiro com três tripulantes, o primeiro em que a tripulação não está vestindo trajes especiais e o primeiro a transportar civis — o engenheiro Konstantin Feoktistov e o médico Boris Yegorov. A *Voskhod 1* leva a bordo um pedaço da bandeira da Comuna de Paris, de 1871, e a deixa em órbita.

13 Depois de muita expectativa e matérias diárias na imprensa, desembarca enfim no Rio de Janeiro, procedente de Montevidéu, o general, herói de guerra e presidente da França Charles de Gaulle — é a primeira vez que um chefe de Estado francês no exercício do cargo vem ao Brasil. De Gaulle chega no cruzador *Colbert* e é recebido com imensa aclamação popular — o cortejo em carro aberto vai do cais até o Monumento aos Mortos da Segunda Guerra Mundial, no Aterro do Flamengo —, embora o governador da Guanabara, Carlos Lacerda, não compareça a nenhuma das solenidades programadas para a visita, em represália pela crise diplomática que ele mesmo criou meses antes, ao declarar que a vinda do ilustre mandatário ao país seria inútil. Do Rio, De Gaulle segue com Castello Branco, num avião Viscount, para Brasília, onde tem outra acolhida calorosa e ouve, do presidente do Supremo Tribunal Federal, Álvaro Moutinho Ribeiro da Costa, que "o militar democrata não permite tortura e preza a liberdade". Também em Brasília, Castello Branco envia uma mensagem — através do satélite de comunicações Telstar — ao povo da França, dizendo que De Gaulle sentirá no Brasil "o clima e a atmosfera de progresso em que vivemos".

13 Leonid Brejnev e seus coconspiradores montam uma emboscada ideológica para Kruschóv durante a reunião do Comitê Central, em cuja agenda não há tema agrário algum. Kruschóv tem sua política externa questionada, é admoestado por seu "comportamento descontrolado" e pressionado a se aposentar. Não oferece oposição e confessa ao amigo Anastas Mikoyan: "Estou velho e cansado. Deixe que eles façam o que acharem melhor, já fiz o principal. Imagine alguém dizendo a Stálin que ele deveria se aposentar [...] Agora tudo mudou. O medo se foi e podemos falar uns com os outros como iguais. Essa foi minha contribuição".

14 O presidente Charles de Gaulle viaja de Brasília para São Paulo, e a "Supercap" (segundo a *Folha de S.Paulo*) o recebe com ovações, bandeirinhas, chuva de papel picado e, à noite, um banquete no Jockey Club, oferecido pelo governador Adhemar de Barros, precedido pelo Grande Prêmio França. No salão Fabio Prado, "profusamente iluminado e enfeitado de orquídeas e antúrios" (*Folha de S.Paulo*), De Gaulle e senhora jantam na companhia do embaixador da França, Edouard de la Chauvinière, do presidente da Câmara, Ranieri Mazzilli, e do presidente do Jockey Club, Adhemar de Almeida Prado.

14 Martin Luther King Jr. é o mais jovem ganhador do Prêmio Nobel da paz, por sua liderança na resistência não violenta à segregação racial nos Estados Unidos. O prêmio de US$ 50 mil é integralmente doado por King ao movimento pelos direitos civis.

14 O Comitê Central do Partido Comunista vota a aposentadoria de Nikita Kruschóv por "idade avançada e problemas de saúde". Kruschóv passará a receber uma pensão de quinhentos rublos por mês e tem autorização para manter sua residência em Moscou e sua datcha (ambas sempre cercadas por guardas para "proteger" o ex-líder). Seu nome é expurgado de todos os documentos oficiais sobre as atividades do partido, o que paulatinamente levará o ex-premiê a uma intensa depressão. Leonid Brejnev é o novo líder supremo da União Soviética, e Alexei Kossygin, o novo primeiro-ministro.

15 Morre no Rio de Janeiro, devido a um infarto do miocárdio aos 43 anos, o cronista, radialista e compositor Antônio Maria de Araújo Morais. Compositor de, entre muitas outras canções, "Ninguém me ama", "Valsa de uma cidade", "Menino grande" e, com Luiz Bonfá, "Manhã de Carnaval" e "Samba do Orfeu", Antônio Maria assinava colunas de crônicas em *O Jornal*, *O Globo* e *Última Hora* e era uma figura essencial da boemia carioca.

15 **Morre aos 73 anos em Santa Monica, na Califórnia, o compositor Cole Porter, um dos gigantes da música norte-americana do século XX.**

15 *O Partido Trabalhista vence as eleições parlamentares no Reino Unido, encerrando treze anos de domínio conservador. Harold Wilson é o novo primeiro-ministro.*

15 Anúncio oficial de Leonid Brejnev como novo secretário--geral do Partido Comunista da União Soviética, e de Alexei Kossygin como novo premiê.

15 A Assembleia Legislativa do Ceará é cercada por tropas do Exército e quatro deputados são presos, entre os quais um diretor de jornal. Castello, cearense, ordena a libertação imediata dos presos, mas a oficialidade linha-dura comandada pelo general Lira Tavares, novo chefe do IV Exército e futuro integrante da junta militar de 1968-9, de início se recusa a obedecer ao presidente. Os deputados são soltos, porém detidos de novo dois dias mais tarde, e cassados numa sessão para cuja realização muitos parlamentares do interior são recolhidos por aviões da FAB e levados quase a força para Fortaleza.

16 "Intrigante, néscio, propenso a conclusões sem amadurecimento, a decisões precipitadas e ações divorciadas da realidade, jactancioso, individualista, cabeça de vento, autoritário, falador e contrário a levar em conta as realizações da ciência e a experiência prática." Editorial do *Pravda*, órgão oficial do Partido Comunista da União Soviética, sobre Nikita Kruschóv, reproduzido no *Correio da Manhã*.

16 A China realiza seu primeiro teste nuclear, afirmando que jamais utilizará a bomba como arma de ataque, somente como "legítima defesa", e que a posse da bomba é "uma vitória da linha de Mao Tsé-tung e uma derrota do imperialismo americano e do revisionista Kruschóv" (*Jornal do Brasil*).

17 Lançamento nos Estados Unidos de *12 X 5*, segundo LP dos Rolling Stones. O repertório inclui as cinco faixas gravadas em junho nos legendários estúdios da Chess em Chicago e lançadas no Reino Unido como um compacto duplo intitulado *Five by Five*: "If You Need Me", de Wilson Pickett, "Confessin' the Blues", de Jay McShann e Walter Brown, e "Around and Around", de Chuck Berry, mais duas composições originais da banda, assinadas com o pseudônimo Nanker Phelge — "Empty Heart" e a instrumental "2120 South Michigan Avenue " (endereço da Chess). Além do material do compacto, o disco traz "Time Is On My Side", "Under the Boardwalk", "Susie Q" e "It's All Over Now".

18 **O governo do estado da Guanabara anuncia que a Favela do Esqueleto, uma das maiores (2500 habitantes) e mais antigas (surgiu em 1946) da cidade do Rio de Janeiro, será removida para dar lugar ao campus da Universidade do Estado da Guanabara. Em agosto, o detetive Milton Le Cocq foi morto por Cara de Cavalo nessa favela.**

18 São anunciados os prêmios Rádio Jornal do Brasil de música. Baden Powell e Vinicius de Moraes vencem como compositores da melhor canção, "Berimbau". Billy Blanco é premiado pelo conjunto da obra, e Ary Barroso e Armando Cavalcanti recebem prêmios póstumos, enquanto Guerra-Peixe é escolhido o melhor compositor erudito. Antonio Carlos Jobim recebe um prêmio hors-concours e os irmãos Marcos e Paulo Sérgio Valle vencem na categoria revelação do ano.

18 *"Com a nova prorrogação da intervenção federal na Companhia Telefônica Brasileira, decretada recentemente pelo presidente da República, o povo carioca, que há vinte anos tem como um pesadelo o sonho de possuir um telefone, pode passar mais um ano tranquilamente sem pensar no assunto, pois não há a menor possibilidade de ver atendida sua inscrição."* Jornal do Brasil.

19 A dupla folk Simon & Garfunkel lança seu primeiro álbum, *Wednesday Morning, 3 A. M.*, contendo, entre outras, as faixas "Bleecker Street", "The Sound of Silence", "Sparrow" — todas de autoria de Paul Simon — e uma versão de "The Times They Are A-Changin'", de Bob Dylan. Numa cena musical dominada pelos Beatles e pela "invasão britânica", o LP é um fracasso de execução e vendas, o que leva Art Garfunkel a voltar aos estudos na Universidade de Columbia e faz Paul Simon se mudar para Londres.

20 *Um show dos Rolling Stones no Olympia, em Paris, termina numa briga colossal, com 150 espectadores presos.*

****

20 Centenas de estudantes que protestam contra a suspensão — pelo "crime" de terem se reunido em assembleia — de quinze colegas da Faculdade Nacional de Filosofia, no Rio, ocupam por três horas a Faculdade de Direito, e se retiram do prédio bradando "Viva a democracia!" com a chegada de soldados armados.

21 *My Fair Lady*, versão cinematográfica do musical de enorme sucesso em Londres e na Broadway, tem sua première em Nova York. O filme é dirigido pelo legendário George Cukor e estrelado por Rex Harrison — que interpretou o papel do professor Higgins no palco — e Audrey Hepburn — substituindo Julie Andrews, a parceira de Harrison no teatro, por ordem expressa do chefão da Warner, Jack Warner, e sendo dublada pela cantora Marni Nixon na maior parte das cenas. Desenho de produção e figurinos são de Cecil Beaton, e André Previn (sem crédito) é o diretor musical.

21 Na Olimpíada de Tóquio, o atleta etíope Abebe Bikila quebra seu próprio recorde ao vencer a maratona em 2 horas, 12 minutos e 11,2 segundos, tornando-se o primeiro atleta da história a vencer duas vezes a prova (levou o ouro na Olimpíada de Roma, em 1960, dessa vez correndo descalço). Ao retornar a Adis Abeba, Bikila é recebido como herói nacional e condecorado pelo imperador Haile Sellassie, e ganha do governo seu primeiro automóvel, um Fusca branco.

21 Estreia no Teatro do Rio, no Rio de Janeiro, o monólogo Diário de um louco, de Nikolai Gógol, com Rubens Corrêa no papel de Poprichtchin e direção de Ivan de Albuquerque.

22 Jean-Paul Sartre é escolhido vencedor do prêmio Nobel de literatura, mas comunica à Academia Sueca sua recusa à láurea "por razões pessoais e razões objetivas". Numa carta à imprensa sueca, o intelectual francês diz sempre ter recusado "distinções oficiais" porque "um escritor que assume posições políticas, sociais ou literárias somente deve agir com meios que lhe são próprios, isto é, com a palavra escrita. Todas as distinções que possa receber expõem seus leitores a uma pressão que não considero desejável".

22 Em visita oficial a Washington, Roberto Campos, ministro do Planejamento, declara que o Brasil pedirá quase US$ 1 bilhão emprestados aos Estados Unidos para cumprir o programa de reajustamento econômico no biênio 1965-6.

22 *Apesar dos vários recursos legais interpostos pelo diretor e pelo produtor, o Departamento Federal de Segurança Pública mantém a interdição, em todo o país, do filme* Noite vazia, *de Walter Hugo Khouri, devido a suas "muitas cenas que confundem a moral e atentam contra os bons costumes, levando ao público ensinamentos negativos e perniciosos".*

22 Nos estúdios da EMI em Abbey Road, Londres, o conjunto High Numbers — que até pouco tempo antes se chamava The Who — faz um teste para os produtores da gravadora e são recusados por "falta de originalidade e falta de repertório próprio". Chris Stamp e Kit Lambert, empresários do grupo, passam a convencer o guitarrista Pete Townshend a compor com mais frequência.

23 Numa crítica sobre a exposição *Optical Paintings*, do artista Julian Stanczak, na Galeria Martha Jackson, em Nova York, a revista *Time* usa pela primeira vez a expressão *"op art"*.

24 *Encerram-se os Jogos Olímpicos de Tóquio. O Brasil, que enviou 68 atletas para o Japão, obtém uma medalha de bronze, no basquete masculino. Os Estados Unidos lideram o ranking, com 36 medalhas de ouro (noventa no total), seguidos pela União Soviética (trinta de ouro, 96 no total), Japão (dezesseis de ouro, 29 no total), Alemanha (dez de ouro, cinquenta no total, competindo pela última vez com um quadro unificado de atletas do Oeste e do Leste).*

24 Num dos momentos mais dramáticos da guerra civil no Congo, 350 paraquedistas belgas, transportados pela Força Aérea norte-americana, cercam o Hotel Victoria, em Stanleyville, quartel-general da guerrilha antigovernista conhecida como Simba. Numa batalha que dura dois dias, as tropas conseguem libertar 2400 reféns — 1800 norte-americanos e europeus e quatrocentos congoleses — aprisionados no hotel pelos insurgentes. Milhares de outros reféns, congoleses, europeus e norte-americanos, são mortos pelos simbas.

24 A ex-colônia britânica da Rodésia do Norte, no centro-sul da África, torna-se independente, com o nome de Zâmbia. Kenneth Kaunda é eleito seu primeiro presidente.

25 Os Rolling Stones tocam pela primeira vez no *Ed Sullivan Show*, da rede de TV norte-americana CBS. Quando o nome do grupo é anunciado, a plateia começa a urrar, e os gritos continuam ao longo da apresentação de "Around and Around", de Chuck Berry. Mesmo depois do fim do número a gritaria é tal que Sullivan tem que berrar "Silêncio! Silêncio!", para conseguir dar prosseguimento ao programa. No fim da transmissão, quando os Stones voltam ao palco para interpretar "Time Is on My Side" — que está em sexto lugar na parada britânica —, a gritaria recomeça, incentivada por Mick Jagger, que dança e provoca o público, e permanece durante todo o tempo da entrevista que Sullivan tenta fazer com Jagger. Nos bastidores depois do programa, o apresentador tem uma discussão com Andrew Loog Oldham, empresário do grupo, ameaçando nunca mais convidá-los para o show se eles mantiverem "a mesma atitude e péssima aparência".

26 Castello Branco finalmente envia ao Congresso, para votação dentro de trinta dias, o Estatuto da Terra, uma das mais discutidas "Reformas de Base" de João Goulart. Com sete alterações ao projeto original, o estatuto estabelece, entre outras medidas, a isenção, durante dois anos, do pagamento de imposto de renda em transmissões de imóveis rurais realizadas com o objetivo de eliminar latifúndios.

26 Mais um show da série de sucesso produzida por Walter Silva no Teatro Paramount de São Paulo, *O Remédio É Bossa*. No palco: Elis Regina, Vinicius de Moares, Antonio Carlos Jobim, Marcos Valle, Os Cariocas, Roberto Menescal e seu conjunto, Jair Rodrigues, Alaíde Costa e Quarteto em Cy.

27 O Congresso aprova o projeto encaminhado pelo ministro da Educação, Flávio Suplicy de Lacerda, que extingue a UNE. Em seu lugar, é criado o absolutamente não independente Diretório Nacional dos Estudantes, com sede em Brasília.

28 Estreia em Londres a peça *The Killing of Sister George*, de Frank Marcus, uma farsa dramática em torno de três personagens lésbicas, algo inédito.

29 *Em carta aberta ao governador Carlos Lacerda, a Associação Comercial da Guanabara pede providências para que sejam coibidas as ações do coronel Américo Fontenelle, o todo-poderoso diretor do Detran, que há meses vem esvaziando pneus, guinchando veículos, restringindo carga e descarga e mudando as mãos de direção das ruas.*

31 As alunas da Faculdade de Filosofia da Universidade Santa Úrsula, no Rio de Janeiro, promovem o "enterro" da UNE. Velado pelas estudantes desde a véspera, no Diretório Acadêmico Everardo Backheuser, o "corpo" está num caixão coberto de preto diante de um cartaz com os dizeres: "Participamos aos colegas o falecimento do órgão máximo do movimento estudantil brasileiro — a UNE". O cortejo fúnebre é aberto por outro cartaz: "Democracia ou ditadura? Há liberdade? Está consumada a pressão governamental, atentando contra um dos mais sagrados direitos do Homem — o da liberdade na pessoa do estudante do Brasil".

30 "Não estamos vivendo uma 'Era de Ouro' nos Estados Unidos ou nem podemos dizer que a Renascença está começando por aqui. Ainda temos uma abundância de desempenhos doentios, pinturas ordinárias e literatura infantilizada. [...] Os artistas são mal pagos pelos padrões da afluente economia americana. As plateias ainda são ludibriadas por sensacionalismo e virtuosismo superficial. E no entanto o boom [da produção cultural] não pode ser ignorado. É muito profundo e está tocando todos os cantos da vida americana. Está tornando tudo — arte, música, teatro, até mesmo poesia — algo presente no cotidiano dos Estados Unidos." Alvin Toffler, estudioso de fenômenos sociais e futuro escritor especialista em futurologia, revista *Life*.

31 *O LP People, de Barbra Streisand, chega ao primeiro lugar da parada de sucessos norte-americana, e aí permanecerá por cinco semanas — fato inédito na carreira da cantora/atriz. O repertório inclui uma nova versão da canção "People", do musical Funny Girl, estrelado por Barbra, além de outros números dos palcos da Broadway, como "Fine and Dandy", "Supper Time", "Will He Like Me?" e "Don't Like Goodbyes".*

Novembro

"Em matéria de subdesenvolvimento, o único fator que me assusta é o subdesenvolvimento mental."

(Carlos Lacerda, revista *Manchete*, 7 de novembro)

"Devemos manter relações particularmente estreitas com os Estados Unidos."

(General René Barrientos, integrante do novo governo militar da Bolívia, *Correio da Manhã*, 8 de novembro)

"Ou o marechal não tem autoridade para conter os facciosos e insensatos sob o seu comando, ou é o seu verdadeiro instigador, com o objetivo de suprimir o que ainda resta de ordem legal e constitucional no país."

(Doutel de Andrade, líder do PTB na Câmara, em discurso no Congresso, 14 de novembro)

"Frequentemente sofremos vexames em público. Uma ocasião telefonei a um teatro para reservar ingressos e, quando disse à telefonista quem eu era, ela bateu o telefone."

(Bill Wyman, dos Rolling Stones, *Sunday Express*, 9 de novembro)

"Consta que, na próxima emissão, as notas de Cr$ 5000,00 já trarão o Tiradentes enforcado."

(Millôr Fernandes, *Correio da Manhã*, 22 de novembro)

Em três
apresentações
ao longo do mês,
uma no Teatro
Municipal de São
Paulo, duas no
Theatro Municipal
do Rio de Janeiro,
Elizete Cardoso,
a Divina, canta
a *Bachiana
brasileira nº 5*, de
Villa Lobos — uma
oitava abaixo da
partitura original,
para que os dois
movimentos,
Cantilena e
Martelo, caibam
exatos em sua
voz de grave
veludo. Em São
Paulo, Elizete é
aplaudida de pé
durante quinze
minutos e obrigada
a voltar ao palco
"quantas vezes ela
pôde aguentar",
segundo o *Jornal
do Brasil*, que
descreve sua
performance
como "luz e
sombra [...] clara
e forte, sincera
e espontânea,
[...] com todas as
tonalidades sutis

CHOVE MUITO DURANTE TODO O MÊS. Estados Unidos e União Soviética têm novos líderes — Lyndon Johnson e Leonid Brejnev — e se digladiam em torno da corrida por armas nucleares, do maior controle territorial e da conquista do espaço.

No Brasil, a grande questão é Goiás. No início do mês seu governador, Mauro Borges, é submetido a um interrogatório de quinze horas pelo diretor do Departamento Federal de Segurança Pública, general Riograndino Kruel. No dia 13, sentindo que sua deposição é iminente, Mauro Borges pede e obtém um habeas corpus preventivo no Supremo Tribunal Federal. O governo desloca tropas para Anápolis, onde dezenas de antiquados fuzis do Tiro de Guerra (fabricados em 1908) são convenientemente furtados logo a seguir, justificando a prontidão do 6º Batalhão de Caçadores, de Ipameri.

No dia seguinte, Borges fala a 10 mil pessoas na praça Cívica e advoga o direito de se defender da agressão ditatorial. Goiânia é cercada — as rodovias que dão acesso à cidade são controladas por barreiras militares, e até os aviões do governo do estado são inutilizados para impedir uma possível fuga de Borges. Na segunda-feira 23, o plenário do Supremo Tribunal Federal ratifica por unanimidade o habeas corpus concedido pelo ministro Antônio Gonçalves de Oliveira, que declara à imprensa: "Soou a hora da democracia e não estamos dispostos a assistir de braços cruzados às ameaças que partem a todo momento contra o povo, os estudantes e as instituições". Carlos Lacerda, de quem Mauro Borges seria um possível rival na cada vez mais distante e teórica eleição presidencial de 1966, ruge ao *Correio da Manhã*: "Há muito tempo deveriam ter seus direitos políticos cassados pelo menos cinco dos atuais membros do Supremo Tribunal Federal". Castello Branco emite uma nota inconformada que transpira o desejo de intervenção federal, mas promete acatar a decisão judicial.

A crise goiana chega a um final triste no dia 25, às dezessete horas, com a assinatura do decreto de intervenção por Castello e Costa e Silva, e sua divulgação, às oito horas do dia seguinte. Segundo o *Correio*, a espera de uma noite teria sido uma clemente oportunidade oferecida pelo governo a Borges para renunciar, mas o governador se recusa a fazê-lo. O líder do estado abandona pacificamente o Palácio das Esmeraldas horas antes da posse do coronel interventor, Carlos de Meira Mattos, com os aviões da FAB dando rasantes sobre o centro de Goiânia.

Ao mesmo tempo, anuncia-se que o Dops fluminense está à caça de metralhadoras cubanas no interior do estado do Rio. Correm notícias de que todos os chineses serão expulsos do Brasil, e 203 cidadãos brasileiros estão impedidos de deixar o país e obter passaporte, por ordens, dizem os jornais, do "antigo Comando Revolucionário, de comandos militares e da Justiça comum".

Outros rumores, cada vez mais insistentes, circulam: vem aí mais um Ato Institucional, e quem está à frente de sua redação é o jurista Francisco Campos, mentor da Constituição do Estado Novo ("Toda vez que se acende a luz do apartamento de Chico Campos, a democracia brasileira entra em curto-circuito", escreve Rubem Braga). Pululam, em todo o país, notícias de intervenções militares em quase tudo, até em simples eleições de grêmios estudantis de escolas públicas e particulares. Em São Paulo é decretada a prisão preventiva de dezenas de pessoas, entre as quais o líder comunista Luís Carlos Prestes — a maioria, porém, já está no exílio. No fim do mês, mais de duzentas pessoas são presas em Porto Alegre e no interior do Rio Grande do Sul, sob suspeita de envolvimento num plano nacional de subversão.

As denúncias de torturas continuam — no dia 6, o deputado estadual da Guanabara Jamil Haddad (do Partido Socialista Brasileiro) faz ao governo Lacerda um requerimento de informações sobre as relações entre o Dops e os órgãos federais de inteligência desde o golpe. Tais denúncias são rotina mais intensa no Rio do que em outros lugares do país, muito por causa da sanha da polícia política de Lacerda e, claro, pela grande concentração de jornais na cidade. No comissariado do Alto da Boa Vista, dezenas de presos são mantidos em condições subumanas e sem direito a receber alimentos ou produtos de higiene pessoal dos familiares. Em Recife, o ex-deputado e ex-líder das Ligas Camponesas Francisco Julião continua preso e incomunicável, sem poder nem mesmo avistar-se com seu advogado.

Ungido como candidato à presidência da República pela UDN, Carlos Lacerda vai aos Estados Unidos para participar de um almoço promovido pela revista *Reader's Digest* e, segundo o *Jornal do Brasil*, "conceder entrevista a um grupo de jornalistas norte-americanos". Enquanto isso, no Rio de Janeiro, um grupo de moradores de favelas acampa ao redor do Palácio Laranjeiras, em protesto contra as remoções for-

da cantilena e do martelo".
(O espetáculo no Rio de Janeiro é complementado pela apresentação de *A história do soldado*, de Igor Stravinsky, com a participação de Paulo Autran, Eva Wilma, Gianfrancesco Guarnieri e Luís Linhares.)
Os concertos são ideia do maestro paulistano Diogo Pacheco, que pede a Elizete que cante a *Bachiana* como se cantasse um samba, o que, nas palavras dele, pode explicar o sucesso da apresentação: "Essa música nunca foi tão bem interpretada". Num longo texto para o Caderno B do *Jornal do Brasil*, depois dos espetáculos, o regente explica a gênese do projeto: "É preciso amar com a mesma intensidade emotiva João Gilberto,

çadas — depois de um dia em relativa paz, são eles próprios removidos à força por um contingente da PM.

Nas telas, faz sucesso *O homem do Rio*, *divertissement* tropical de Philippe de Broca, com Jean-Paul Belmondo em busca de um artefato pré-colombiano pelo Brasil afora, entre Copacabana e a Amazônia, na companhia de Françoise Dorléac, Jean Servais e Adolfo Celi.

Em São Paulo, a alta sociedade se veste com Ugo Castellana, costureiro italiano radicado na capital paulista, e Ziraldo, Jaguar, Fortuna e Claudius, "artistas do grotesco ontológico" segundo o caderno Folha Ilustrada, da *Folha de S.Paulo*, expõem na Galeria Mobilinea. No Rio, o estimado grupo Teatro dos Sete, criado por Fernanda Montenegro, Sérgio Britto e Ítalo Rossi, volta aos palcos com uma montagem de *Mirandolina*, de Carlo Goldoni.

Com sinal de Cr$ 850000,00 e prestações de Cr$ 85000,00, compra-se um apartamento de sala, três quartos e duas dependências de empregada num dos prédios com nomes começados por "Dom", da Construtora Canadá, no Rio.

A Shell inicia sua campanha publicitária "Algo Mais", a Alpargatas lança novos modelos do sapato Passo Doble e da Havaianas, "suaves como a brisa em várias cores modernas e atraentes", e pode-se escovar os dentes com a pasta dental Signal com listas de hexaclorofeno.

E anuncia-se que São Paulo, agora, produz 1200 lambretas por mês.

***

Beethoven, Orlando Silva ou Stockhausen. Cremos que quando os músicos eruditos ouvirem mais jazz, mais música popular, eles terão muito mais possibilidade de cumprir com seus objetivos, que, a nosso ver, são os da divulgação da boa música e o de sua aproximação com o grande público". Respondendo aos oponentes da iniciativa, que, diz ele, a consideraram "demagógica", Pacheco afirma que essas pessoas "não perceberam, com certeza, o grande alcance cultural da ideia: Elizete levou ao Teatro Municipal (tanto ao de São Paulo quanto ao do Rio) muita gente que, provavelmente, nunca lá pôs os pés para assistir a um concerto".

...o tem exposto nos salões oficiais; só agora, após longa
...ausa, apresenta trabalhos no Clube Cidade de São Paulo.
...ão creio que a produção dum artista deva obrigatoria-
...ente passar pela alfandega das "cimaises" nem provocar
...romoções. Mas acho que esse solipsismo, além de consi-
...tuir um "handicap" na contagem de titulos de sua bio-
...rafia artistica dentro do verbete da pintura paulista con-
...mporanea, tambem lhe acarreta as desvantagens dum
...nto desagregar-se da sua geração e do seu tempo. As rodas
...rtisticas, os debates, as polemicas e os estimulos vibram
...elhor naquela especie de simposio teorico-pratico que as
...ienais e os Salões, bem como os museus e as galerias,
...presentam como fios tensos dum mestrio cabo eletrico.
...ex, com atenção e prazer o acervo ora apresentado. Trata-
... dum pos-impressionismo de temas e processos dentro
... capacidade inegavel dum figurativo que oscila entre o
...omantismo de Redon e a luminosidade dum Visconti. —
...OSÉ GERALDO VIEIRA.

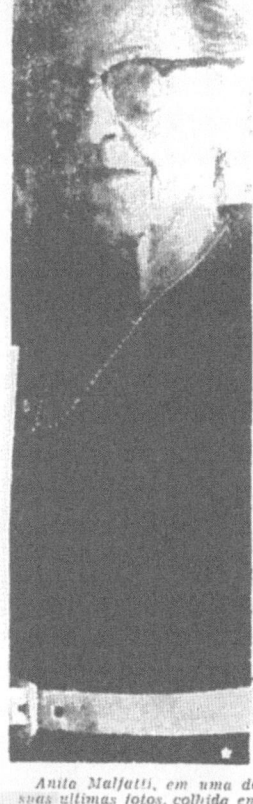

Modernismo perdeu
seu porta-bandeira

Ivo ZANINI

Depois de Portinari e Guignard, o Brasil novamente está de luto com o falecimento de Anita
Malfatti, ocorrido sexta-feira ultima.

Capitulo importante da historia das artes nacionais, a figura da pintora-pioneira será sempre
o simbolo e o exemplo daqueles que jamais se
amedrontram ou cedem às falsas pressões. Anita
Malfatti a tudo resistiu, tornando-se a porta-bandeira da luta para derrubar superadas concepções
no campo artistico-cultural brasileiro no inicio
deste seculo.

Assim, a pintura deste pais deve ser dividida
em dois tempos: "antes" e "depois" de Anita.

MARIO ZANINI — Será na
xta-feira, dia 13, às 20 h a
bertura da mostra-retrospec-
va que Mario Zanini, a con-
ate, fará na Galeria de Arte
o Ginasio Vocacional do
rooklin. Anteriormente ali
xpôs Iolanda Mohalyi. O
ntido da exposição é cida-
... e visa a colocar os gina-
...anos em contato com as
...bras e os artistas de reconhe-
...dos meritos.

LIVROS — De hoje até dia
..., na Casa de Dante (rua
...el Caneca, 1071), o Instituto Cultural Italo-Brasileiro
mostra cerca de 300 publicações de arte, há pouco incorporadas ao seu acervo.

*Anita Malfatti, em uma de
suas ultimas fotos, colhida em
Diadema há alguns meses.*

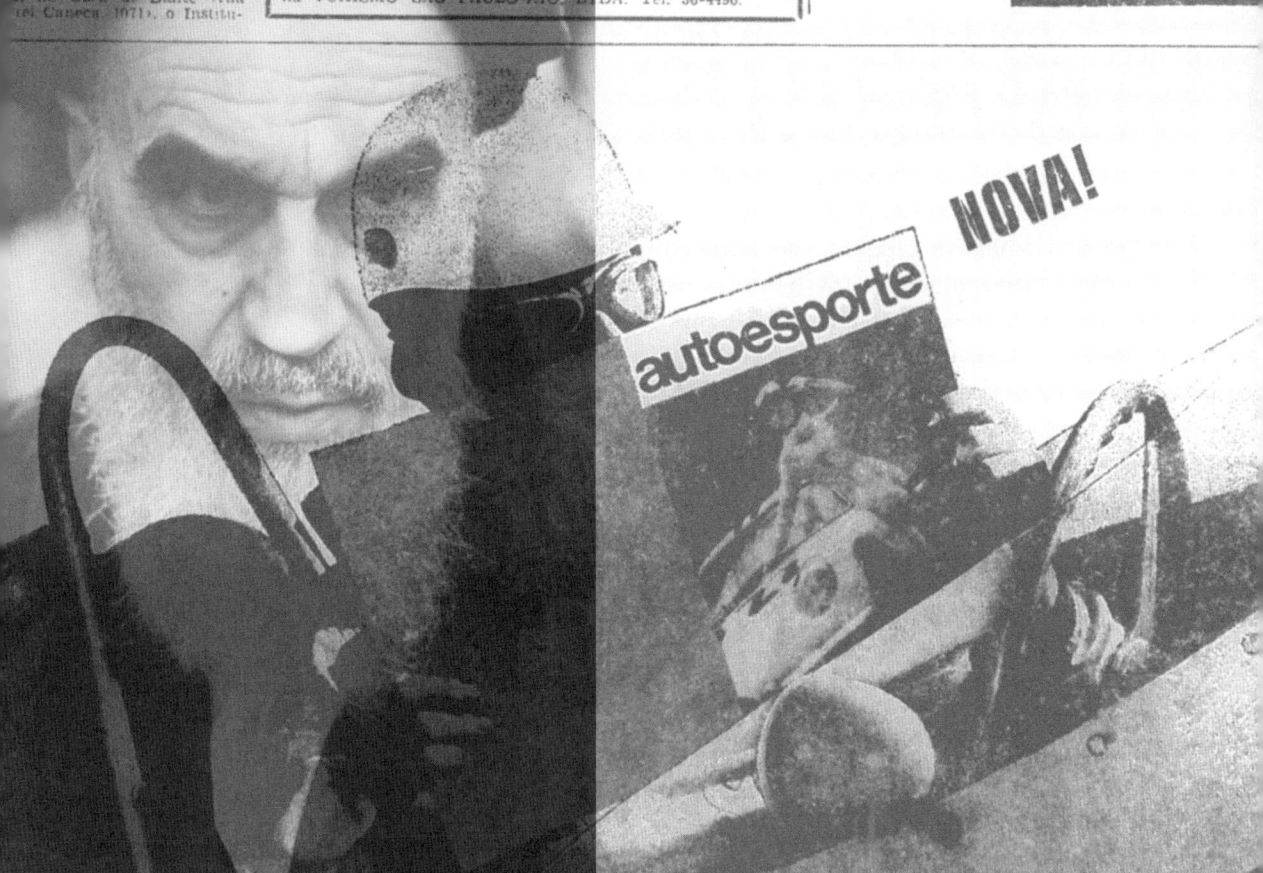

Linha do Tempo

1 Guerrilheiros vietcongues atacam com morteiros a base aérea de Bien Hoa, no Vietnã do Sul, destruindo nove aeronaves norte-americanas e sul-vietnamitas.

1 O Conselho Nacional de Desportos considera futebol, rúgbi, polo e polo aquático, "desportos incompatíveis com as condições de sua natureza", devendo por isso ser proibidos para mulheres. O *Correio da Manhã* apoia a medida, deplorando "o triste espetáculo que é o futebol de salão praticado por mulheres".

2 Catherine Deneuve, em visita ao Rio de Janeiro para divulgar seus novos filmes — *Os guarda-chuvas do amor* e *Robert das Arábias* —, causa comoção quando é descoberta na praia de Copacabana na companhia do "infatigável cicerone de atrizes" (segundo a revista *Manchete*) Jorginho Guinle.

2 Os Rolling Stones gravam, nos estúdios RCA em Hollywood, Los Angeles, quatro faixas do seu próximo LP: "Pain in My Heart", "Everybody Needs Somebody to Love", "Down Home Girl" e "Heart of Stone".

2 No Rio, a Academia de Yoga Vitor Binot completa um mês de existência com 23 alunos. São duas aulas por semana, em turmas de no máximo cinco alunos, em aulas só para mulheres e só para homens, "para não haver constrangimento", informa o *Jornal do Brasil*.

3 *Nas eleições presidenciais norte-americanas, Lyndon Johnson impõe uma derrota esmagadora, com mais de 60% do voto popular, ao candidato republicano, o ultraconservador e segregacionista Barry Goldwater.*

3 Começa em Tóquio a segunda edição da Paraolimpíada. Dezenove países são representados por 375 atletas em nove diferentes modalidades esportivas: tiro com arco, atletismo, dardos, sinuca, natação, tênis de mesa, levantamento de peso, esgrima em cadeira de rodas e basquete em cadeira de rodas. O único país latino-americano a enviar delegação é a Argentina.

4 O presidente da Bolívia, Víctor Paz Estenssoro, eleito em agosto para o que seria seu terceiro mandato, é deposto por um golpe militar liderado por seu vice-presidente, general René Barrientos Ortuño, e pelo general Alfredo Ovando Candía, comandante das Forças Armadas, com o apoio da CIA. Esta vinha orquestrando desde 1963 ações para conter a insatisfação dos mineiros, que, segundo um comunicado do Departamento de Estado a todos os embaixadores sul-americanos, haviam sido "infiltrados por milícias lideradas pelos comunistas". Iniciado na véspera, o levante tomou fôlego rapidamente. Segundo o mesmo comunicado do Departamento de Estado norte-americano, "a situação ainda está evoluindo e é possível que os comunistas tomem o controle do governo. Nossos objetivos principais são impedir o colapso da autoridade, a guerra civil e um golpe comunista, e proteger a vida e os bens dos americanos".

4 Depois de um ano na prisão por suas constantes críticas públicas ao regime do xá Reza Pahlevi, o aiatolá Ruhollah Khomeini é expulso do Irã. Khomeini busca refúgio primeiro na Turquia, mas, contrariado porque a lei turca não permite que ele use em público seus trajes de clérigo muçulmano, ele se muda para a cidade de Al-Najaf, no Iraque, local sagrado para a seita xiita.

5 "Ponte! Mas essa Revolução não é uma revolução para lançar pontes, é no máximo para fazer um mata-burro, consertar uma porteira, ajeitar uma pinguela. É uma Revolução pamonha, perrengue, que nunca fará nada porque não é de nada." Rubem Braga, sobre o projeto de construção da ponte Rio-Niterói, Caderno B, *Jornal do Brasil*.

6 A artista plástica Anita Malfatti, pioneira do modernismo brasileiro e participante da Semana de Arte Moderna de São Paulo, em 1922, morre aos 68 anos, em São Paulo. "No hemiciclo da noite e da chuva, do qual a Santa Casa é o retábulo e a treva a atmosfera, vejo dispostas as telas e os desenhos de Anita Malfatti. De maneira que esta noite de 6 de novembro, sendo substância compacta de luto, também é atmosfera translúcida de apoteose, porque a arte de Anita, antes de recolher-se a arquivos históricos como verbetes de fauvismo e de expressionismo, comparece ao velório", escreve o escritor, crítico literário e seu amigo José Geraldo Vieira, no caderno Folha Ilustrada, na *Folha de S.Paulo* do dia 7.

GINO BRUNO

Gino Bruno jamais concorreu a Bienal e ultimamente não tem exposto nos salões oficiais; só agora, após longa pausa, apresenta trabalhos no Clube Cidade de São Paulo. Não creio que a produção dum artista deva obrigatoriamente passar pela alfândega das "cimaises" nem provocar promoções. Mas acho que esse solipsismo, além de constituir um "handicap" na contagem de títulos de sua biografia artística dentro do verbete da pintura paulista contemporânea, também lhe acarreta as desvantagens dum lento desagregar-se da sua geração e do seu tempo. As rodas artísticas, os debates, as polêmicas e os estímulos vibram melhor naquela espécie de simpósio teórico-prático que as Bienais e os Salões, bem como os museus e as galerias, representam como fios tensos dum mesmo cabo elétrico. Rezi com atenção e prazer o acervo ora apresentado. Trata-se dum pós-impressionismo de temas e processos dentro da capacidade inegável dum figurativo que oscila entre o romantismo de Redon e a luminosidade dum Visconti. — JOSÉ GERALDO VIEIRA.

Modernismo perdeu seu porta-bandeira

Ivo ZANINI

Depois de Portinari e Guignard, o Brasil novamente está de luto com o falecimento de Anita Malfatti, ocorrido sexta-feira última.

Capítulo importante da história das artes nacionais, a figura da pintora-pioneira será sempre o símbolo e o exemplo daqueles que jamais se amedrontram ou cedem às falsas pressões. Anita Malfatti a tudo resistiu, tornando-se a porta-bandeira da luta para derrubar superadas concepções no campo artístico-cultural brasileiro no início deste século.

Assim, a pintura deste país deve ser dividida em dois tempos: "antes" e "depois" de Anita.

MARIO ZANINI — Será na sexta-feira, dia 13, às 20 h a abertura da mostra-retrospectiva que Mario Zanini, a convite, fará na Galeria de Arte do Ginásio Vocacional do to Cultural Italo-Brasileiro mostra cerca de 300 publicações de arte, há pouco incorporadas ao seu acervo.

Anita Malfatti, e suas últimas fotos. Diadema há algun

7 A UDN realiza sua convenção nacional em São Paulo e, a despeito do boicote da seção mineira do partido, controlada pelo governador Magalhães Pinto, referenda o nome de Carlos Lacerda como candidato à presidência em 1966. Numa longa entrevista à revista *Manchete* da mesma data, Lacerda declara: "A minha candidatura foi proposta por muita gente antes da revolução. Sou candidato pelo simples fato de ainda não ter sido presidente".

7 No desfile comemorativo do 47º aniversário da Revolução de 1917, em Moscou, a União Soviética apresenta os maiores foguetes nucleares (27 metros de comprimento por quatro metros de diâmetro) já construídos pelo país comunista. "Os que ameaçam destruir outras nações não são pessoas irresponsáveis. Não nos toquem, pois não se pode provocar impunemente o Exército soviético", afirma o ministro da Defesa, Rodion Malinovsky, na presença do premiê chinês, Chou En-lai, e de mais onze líderes de países do bloco socialista.

8 A atriz e cantora Judy Garland apresenta-se com sua filha Liza Minnelli, de dezoito anos, num espetáculo no teatro Palladium, em Londres. O show se repetirá no dia 15, com gravação de ambas as performances para posterior lançamento em disco e exibição na rede de televisão britânica ITV. A maioria das faixas vocais de Judy e Liza é regravada nos estúdios londrinos da Capitol no dia 23 para corrigir falhas técnicas da captação inicial. O repertório inclui, entre outras, "Over the Rainbow".

8 Os Rolling Stones retornam aos famosos estúdios Chess, em Chicago, para gravar mais faixas para seu próximo LP: "What a Shame" e uma nova versão de "Time Is On My Side". Brian Jones, que já deixou de aparecer em vários shows do grupo durante a turnê que estão fazendo nos Estados Unidos, queixando-se de bronquite e estafa, quase não contribui com participações durante as sessões de gravação.

****

9 *Morre no Rio de Janeiro, aos 63 anos, a poeta Cecília Meireles, deixando inacabado o* Romanceiro do Rio de Janeiro, *projetado para o IV Centenário da cidade, em 1965.*

10 Ao sair do hospital da Universidade da Califórnia em Los Angeles (UCLA), onde se submeteu a uma segunda cirurgia nos pulmões — para tentar conter "manifestações um tanto graves", segundo a *Folha de S.Paulo* —, o ator John Wayne graceja com os fãs: "Estão vendo, rapazes? Ainda não morri!". Wayne, na verdade, apresenta os primeiros sintomas do câncer que o matará em 1979, contraído, ao que tudo indica, em 1956, pela exposição a altos níveis de radiação atômica durante as filmagens do western *Sangue de bárbaros*, no estado de Utah, numa localidade exposta às consequências dos testes nucleares do governo norte-americano na época. Noventa e um colegas do ator no mesmo filme — inclusive suas estrelas, Susan Hayward e Agnes Moorehead — morrerão de câncer nos anos seguintes.

11 *A despeito da obstrução do PTB, o Congresso aprova a nova Lei do Inquilinato, que dá mais privilégios aos proprietários de imóveis e prejudica os inquilinos (os contratos ficam atrelados ao salário mínimo).*

11 O Superior Tribunal Militar concede habeas corpus ao jornalista, escritor e militante comunista Astrojildo Pereira, de 74 anos, preso no Rio sob acusação de ter levado Luís Carlos Prestes para o PCB em... 1927. Corajoso o papel de ministros dignos como Victor Nunes Leal, Hermes Lima e Gonçalves de Oliveira. Mas Astrojildo não é imediatamente libertado pelas autoridades militares, sob a alegação de que há outros IPMs que envolvem o eminente crítico machadiano.

12 Começa no Japão uma longa série de protestos contra a primeira visita de um submarino nuclear norte-americano ao país. O USS *Seadragon* atraca de início numa base naval a apenas sessenta quilômetros de Nagasaki e é recebido por 1500 manifestantes do grupo de esquerda Zengakuren.

12 *A França anuncia que criará sua própria força nuclear estratégica, independente da Otan, incluindo submarinos, bombardeiros e mísseis. lançados em terra.*

12 Encerra-se em Tóquio a Paraolimpíada. Os Estados Unidos lideram a contagem de medalhas com 123, cinquenta das quais de ouro. Seguem-se Reino Unido com 61 (dezoito de ouro) e Itália com 45 (catorze de ouro).

11 Grande Otelo dá uma conferência no Museu Nacional de Belas Artes, no Rio de Janeiro, com o tema "Humor Negro". O evento é parte de uma série de atividades culturais visando a volta do Teatro Experimental do Negro, fundado em 1944 pelo ator Abdias do Nascimento e cujas atividades cessaram em 1961, em parte devido à falta de apoio institucional. Em seu depoimento, Grande Otelo afirma que "no Brasil há muito mais cômicos verdadeiros que nos Estados Unidos, onde grande parte deles é e sempre foi fabricada", e que "até hoje muita gente não considera Grande Otelo como um ator e sim como mais um engraçado, e não querem admitir que o negro Grande Otelo pode ser um grande ator".

12 Uma granada antitanque explode no cinema Bruni-Flamengo, matando o vigia e ferindo sete pessoas com gravidade. No dia seguinte, o funcionamento das barcas que fazem a ligação entre o Rio e Niterói é paralisado quando a polícia recebe a denúncia de que haveria uma bomba em uma delas. Segundo o *Jornal do Brasil*, "a polícia da Guanabara e os serviços de inteligência das Forças Armadas [...] vincularam o caso [do cinema] ao denunciado atentado contra o governador Carlos Lacerda". O Dops prontamente prende vinte suspeitos. No dia seguinte, o filme *Sacrifício sem glória*, com Yul Brynner, George Chakiris e Richard Widmark, volta à tela do Bruni-Flamengo.

13 *Caças israelenses bombardeiam posições sírias na fronteira norte da Galileia, e Damasco, apoiada por Moscou, ameaça iniciar uma guerra se a agressão prosseguir.*

13 Os Rolling Stones lançam seu quinto compacto no Reino Unido — uma versão de "Little Red Rooster", de Willie Dixon, com uma composição coletiva da banda, "Off the Hook" (com o crédito costumeiro para Nanker Phelge), no lado B. O compacto logo vai para o primeiro lugar da parada britânica.

✱13✱ Começa no Museu de Arte Moderna do Rio de Janeiro (ainda em construção) a I Feira de Utilidades Gerais, com 130 stands expondo as últimas novidades em eletrodomésticos.

✱13✱ "De repente surge no Art Palácio a alma penada da Cinematográfica Apolo: *À meia-noite levarei sua alma*, direção, argumento, roteiro e interpretação do próprio José Mojica Marins [...] algo de primário e canhestro, agora a versar sobre o filme chamado de 'horror', o que, dado o êxito de bilheteria obtido pelo lobisomem de José Mojica Marins (ao que parece o filme fez 1,5 milhão no primeiro dia de sua exibição), é possível venha a ser o início de uma série rendosa no cinema nacional." B. J. Duarte, *Folha de S.Paulo*.

✱14✱ "O uso de cintos de segurança em automóveis deverá tornar-se obrigatório, já havendo um projeto do deputado Carvalho Neto sobre o assunto. Um grupo de técnicos elaborou um plano que deverá ser encaminhado às autoridades do trânsito para devida aprovação. [...] Esse cinto de segurança poderá ser instalado no seu automóvel em menos de trinta minutos e custa entre Cr$ 15000,00 e Cr$ 18000,00, incluindo a instalação." *Jornal do Brasil*.

✱15✱ *O arquiteto Oscar Niemeyer regressa ao Brasil de navio vindo de Israel, onde supervisionou diversos projetos. Aporta no Rio de Janeiro para depor no 3º Batalhão da Polícia Militar no subúrbio carioca do Méier, disposto a desfazer "boatos sobre a minha posição política" (segundo entrevista à Última Hora).*

✱16✱ *Em Mens Sana in Corpore Samba, produção de Walter Silva no teatro Paramount, em São Paulo, Chico Buarque canta sua composição "Pedro pedreiro". Também estão no espetáculo Taiguara, Toquinho e o Bossa Jazz Trio; na segunda parte, Sylvia Telles, o conjunto de Roberto Menescal e Oscar Castro Neves apresentam o show que estavam realizando na boate carioca Zum-Zum.*

16 *A indústria automobilística nacional chega ao milionésimo veículo produzido desde sua instalação, em 1956.*

18 Em reportagem de capa, a revista alemã *Der Spiegel* traz um lote de documentos que comprovam as afinidades do papa Pio XII com o regime nazista. Eles incluem troca de cartas entre o pontífice e Adolf Hitler, que, de acordo com um historiador do Vaticano, "em sua dimensão e sentimentos, não tem igual em nenhuma outra correspondência enviada pelo Vaticano". Vários outros documentos citados na reportagem mostram Pio XII "extremamente ansioso" com a possível vitória da União Soviética, "bastante interessado" em forjar um tratado de paz entre Reino Unido e Alemanha e declarando a um bispo que "para o futuro da Igreja é absolutamente indispensável um forte Império Germânico".

18 "Da atriz e cantora Carmen Sevilla, sobre o discutido conjunto inglês The Beatles: 'Eles são uma onda passageira com 90% de cabelo e 10% de talento'. Sinceramente, não sei onde é que ela viu 10% de talento nesses caras." Coluna Stanislaw Ponte Preta, *Última Hora.*

19 *Começa em São Paulo o I Concurso Brasileiro de Mágicos, segundo a coluna de Stanislaw Ponte Preta, na* Última Hora.

20 **O Concílio Vaticano II aprova, por 1651 votos contra 99, uma declaração que absolve o povo judeu de "qualquer culpa pela morte de Cristo e retira as acusações de deicida e maldito".**

21 *Concluída no Vaticano a terceira e penúltima sessão do Concílio Vaticano II.*

23 Repetindo o formato do espetáculo anterior, o produtor Walter Silva divide seu *1ª Denti-Samba*, no Teatro Paramount, em São Paulo, entre apresentações de diversos artistas na primeira parte e o show de Elis Regina e Copa Trio, da boate carioca Bottle's, na segunda parte.

23 Os Beatles lançam o compacto com as canções "I Feel Fine" e "She's a Woman".

23 *Um Boeing 707 da TWA explode na pista do Aeroporto Fiumicino, em Roma, após uma decolagem abortada. Cinquenta pessoas morrem, mas, por milagre, há 23 sobreviventes.*

24 Estreia no teatro Carlos Gomes, no Rio de Janeiro, o musical *Como vencer na vida sem fazer força*, de Frank Loesser e Abe Burrows, com coreografia de Bob Fosse. A tradução é de Carlos Lacerda, Billy Blanco assina a direção musical, e a produção é de Oscar Ornstein. O elenco, encabeçado por Procópio Ferreira, tem, entre outros, Marília Pêra, Moacyr Franco, Ary Fontoura, Nestor Montemar e Berta Loran. A renda da primeira apresentação é revertida em benefício da campanha "Ajude Uma Criança a Estudar", da Policlínica Israelita do Rio. A produção original da peça, em 1961, recebeu sete prêmios Tony e o prêmio Pulitzer de texto teatral.

24 *O grupo The Who — que acaba de trocar de nome mais uma vez, desistindo de ser High Numbers — começa uma longa temporada no Marquee Club, em Londres. A casa está sempre cheia, mas a destruição sistemática de guitarras por Pete Townshend — um momento muito esperado do show — mantém a banda sempre no vermelho.*

24 Em uma ofensiva maciça, oitocentos paraquedistas belgas tomam Stanleyville, norte do Congo, base dos guerrilheiros antigovernistas conhecidos como Simba. Lançados de vinte aviões C-130 dos Estados Unidos, eles apoiam o Exército regular congolês (e mercenários estrangeiros), que derrota a tropa guerrilheira. Antes de se renderem, os rebeldes executam 35 reféns ocidentais. O regime de Moise Tshombe só resiste à guerra civil por causa do apoio das potências ocidentais. Embaixadas dos Estados Unidos, Inglaterra e Bélgica na África (Cairo, Nairóbi) e na Europa (Praga, Moscou) são atacadas por manifestantes contrários à intervenção ocidental no conflito.

27 *O IV Salão do Automóvel, no Pavilhão Internacional do Ibirapuera, em São Paulo, abre as portas ao público. O evento reúne mais de 150 empresas de automóveis e autopeças e é organizado pela Alcântara Machado Comércio e Empreendimentos. As grandes atrações são as novidades do Aero Willys, com nova traseira e porta-malas maior, a ignição transistorizada do Simca e "o DKW mais caro do mundo", com acabamento por encomenda, revestido de ouro, com faróis duplos, assentos reclináveis e capota corrediça, oferecido a Cr\$ 15 milhões.*

28 O Conselho de Segurança Nacional dos Estados Unidos decide sugerir ao presidente Lyndon Johnson uma escalada dos bombardeios no Vietnã do Norte.

28 Depois de uma tentativa abortada há uma semana, é enfim lançada de Cabo Kennedy, na Flórida, a sonda espacial norte-americana Mariner 4, com destino a Marte.

30 A União Soviética lança sua sonda espacial a Marte, a Zond 2.

*** Dezembro ***

"**O Ato Institucional foi editado para evitar a implantação da ditadura.**"

(Arthur da Costa e Silva, ministro da Guerra, *Correio da Manhã*, 10 de dezembro)

"A revolução tem que se expandir no espaço e no tempo. No espaço sobre o território brasileiro, em todos os estados, em todos os recantos, e no tempo pelos anos afora, consolidando a aplicação de seus ideais."

(Presidente Castello Branco, em discurso na Assembleia Legislativa de Sergipe, 8 de dezembro)

"[...] este prêmio é um reconhecimento profundo de que a não violência é a resposta para a questão política e moral mais importante do nosso tempo — a necessidade do homem de vencer a opressão e a violência sem recorrer à violência e à opressão."

(Martin Luther King Jr., em seu discurso ao receber o prêmio Nobel da paz, 10 de dezembro)

"**É preciso conter salários e negar as reivindicações até alcançarmos uma política salarial realista.**"

(Roberto Campos, ministro do Planejamento, *Correio da Manhã*, 4 de dezembro)

"Pouquíssimos foram os espetáculos teatrais que nos proporcionaram, nos últimos meses, um prazer e uma satisfação comparáveis aos que sentimos assistindo a essa agradável e interessante *Opinião. Opinião* se coloca, resolutamente, sob o signo da vibração, da comunicação direta: o que pode haver, na verdade, de mais vibrante no Brasil do que a música do povo, quando saída de fontes autênticas e não deformada pelo fantasma do dinheiro e da comercialização?" Em 15 dezembro, é assim que Yan Michalski, crítico de teatro do *Jornal do Brasil*, reage a *Opinião*, espetáculo musical-teatral que estreou há quatro dias no novo teatro do Shopping

ENTÃO É NATAL. Mas tudo está pela hora da morte. Preços impossíveis, salários arrochados, novos impostos, falta generalizada de gêneros básicos. Carestia geral: aumento das tarifas de táxi (100%), das mensalidades escolares (80%), da ponte aérea Rio-São Paulo, que alcança estratosféricos Cr$ 25500,00 (mesmo trajeto de ônibus: Cr$ 2880,00; trem, dependendo da classe e do horário: de Cr$ 2210,00 a Cr$ 7250,00), de passagens de ônibus, laticínios, café, feijão, açúcar (de Cr$ 103,00 para Cr$ 220,00 o quilo), hortigranjeiros. Um cafezinho no balcão sai a Cr$ 25,00. No dia 11, a Sunab libera os preços dos remédios, que sobem até 330%. A alta do custo de vida no Rio de Janeiro é da ordem de 72,8%. O ano termina com inflação de 92,1%, a economia cresce 3,4%, o dólar fecha o ano a Cr$ 1810,00.

A solução parece ser o crediário para quase tudo: catorze pagamentos de Cr$ 19500,00 para uma geladeira Brastemp nas casas Eletro-Radiobraz, de São Paulo; Cr$ 100000,00 mensais e sem entrada! Sem juros! Sem despesas de financiamento! — por um Gordini zero-quilômetro.

Roberto Campos, ministro do Planejamento, garante que tudo será estabilizado, corrigido e muito melhor lá para março de 1965. O chanceler Vasco Leitão da Cunha, representante do Brasil nas Nações Unidas, propõe soluções para a crise financeira... da ONU (sugerindo a inclusão de uma emenda à Carta da organização prevendo o custeio das operações de manutenção da paz). E o Congresso entra em recesso logo no primeiro dia do mês.

Mas existem algumas farturas. De prisões e demissões, algo agora incorporado à rotina do país. Fartura de bajulações — circula a proposta de indicação do nome de Castello Branco para a Academia Brasileira de Letras (verifica-se depois que não há cadeiras livres). Fartura de solenidades de formatura canceladas, como na Faculdade de Filosofia da Universidade de Minas Gerais, em Belo Horizonte; Carlos Heitor Cony seria o patrono dos formandos de jornalismo, e a faculdade declara que as razões do cancelamento são as ameaças terroristas recebidas e a falta de garantias de segurança por parte da polícia da capital. A formatura da Faculdade Nacional de Filosofia, no Theatro Municipal do Rio, para a qual estava convidado como paraninfo Alceu de Amoroso Lima (outro crítico acerbo da ditadura), também é suspensa.

Fartura até de bate-bocas, conflitos, acusações. Carlos Lacerda parte para a jugular de Roberto Campos — acusa o ministro do Planejamento de elevar o custo de vida e trabalhar a favor de interesses estrangeiros (especificamente os da mineradora norte-americana Hanna) — e Campos revida dizendo que o governador da Guanabara tem uma "mente doentia". Entrementes, Lacerda aprova na Assembleia Legislativa o aumento geral de todos os impostos estaduais, renovável semestralmente.

No aeroporto de Tramandaí, litoral do Rio Grande do Sul, um helicóptero da Marinha é metralhado pela FAB. Esta alega que a aeronave não pediu autorização para aterrissar. É mais um capítulo de outra briga, a da Marinha com a Aeronáutica, já engalfinhadas na disputa pelo comando do porta-aviões *Minas Gerais*. O ministro da Aeronáutica, Nelson Lavenère-Wanderley, pede demissão no dia 11, reclamando de favorecimento do governo à Marinha. O novo ministro, da "linha diamante" (de tão dura), é o brigadeiro Márcio de Souza e Mello.

Um rififi internacional põe o Brasil na berlinda: no dia 2, Juan Domingo Perón viaja de Madri para Montevidéu, num voo da Iberia. O anunciado retorno do caudilho à pátria deixa a Argentina à beira de um ataque de nervos. Durante escala no Aeroporto Internacional do Galeão, as autoridades brasileiras, a pedido do governo argentino, obrigam Perón a retornar à Espanha. O ex-presidente argentino pede asilo político ao Brasil (prontamente negado) e fica detido na base aérea por mais de doze horas antes de ser deportado de volta. Em protesto, a Confederação Geral do Trabalho e os sindicatos peronistas anunciam uma greve geral na Argentina e queimam bandeiras do Brasil. Fidel Castro oferece asilo em Cuba a Perón, diante da notícia de que a Espanha lhe deu um mês para deixar o país se não parar imediatamente com suas atividades políticas. Atentados a bomba, inclusive contra um monumento a Tiradentes nos Bosques de Palermo, sacodem Buenos Aires. Segue-se uma crise militar, com um general lançando um manifesto sedicioso, e o governo de Arturo Illia balança. Mas não cai.

No Rio de Janeiro, um grupo de moradores da favela de Brás de Pina vai ao Palácio Laranjeiras no dia 3 para tentar falar com Castello Branco, pedindo sua interferência para que não sejam removidos para os novos conjuntos habitacionais da Zona Oeste da cidade. De início, o grupo é obrigado a recuar por soldados armados com metralhadoras. Uma comissão dos manifestantes, liderada pelo padre José Sanz Artola, acaba sendo recebida pelo chefe da Casa Civil, Luiz Viana Filho, que promete servir de mediador junto ao estado para que os mora-

Copacabana, no Rio de Janeiro, que em breve tomará o nome do show, tornando-se Teatro Opinião. Num ambiente nu, desprovido de cenografia, com um tablado servindo de palco e a plateia disposta ao redor, Zé Kéti, João do Vale e Nara Leão se alternam e contracenam, contando histórias tiradas da vida deles (e depoimentos de Sérgio Cabral, Cartola, Cavalcante Proença, Heitor dos Prazeres) e cantando um repertório de músicas de João do Vale ("Carcará", o maior sucesso do espetáculo, "Peba na pimenta", "Pisa na fulô", "Sina de caboclo"), Zé Kéti ("Opinião", que dá título ao show, "A voz do morro", "Samba, samba, samba", "Nega Dina", "Vestido tubinho", "O favelado", "Malvadeza Durão", "Marcha de Rio Quarenta Graus"), mais obras variadas como a cubana "Guantanamera", "Deus e o diabo na terra do sol" e "Esse mundo é meu", de Sérgio Ricardo, e peças de domínio público como "Incelença", "Desafio" e "Partido alto". A direção musical é de Dori Caymmi, com Roberto Nascimento no violão, Alberto Hekel Tavares na flauta e João Jorge Vargas na bateria. As raízes mais remotas de *Opinião* estão no Centro Popular de Cultura da UNE — agora na ilegalidade —, a que pertencem os autores Armando Costa, Oduvaldo Vianna Filho e Paulo Pontes, e no Teatro de Arena de São Paulo, que assina a produção e de onde vem o diretor (e também autor) Augusto Boal. Depois do golpe, o espetáculo veio sendo urdido em conversas no restaurante Zicartola, no Rio. *Opinião* se torna, com grande rapidez, um enorme sucesso e um marco da cultura brasileira, trazendo para o centro da conversa a música de Zé Kéti e João do Vale, com o endosso da musa da bossa nova Nara Leão, e falando de coisas — favelados, retirantes, marginalização, resistência — que foram postas violentamente à margem de qualquer discurso.

dores permaneçam na favela. No dia 22, Lacerda em pessoa vai a Brás de Pina, e os resultados são desastrosos. Antonio Callado faz o registro dos acontecimentos para o *Correio da Manhã*: "Dedo em riste, duro, o governador Carlos Lacerda investiu contra o padre José Sanz Artola, para agredi-lo. Batina branca franjada de lama, olhos azuis firmes, padre Sanz esperou a arremetida com uma impassibilidade de *toreador*. Um soldado do governador se coçou, tirou o trabuco. Por pouco a favela de Brás de Pina não ganha um mártir". No dia 24, véspera de Natal, são todos removidos para Vila Kennedy.

Apesar de tudo isso, e mais a escalada da Guerra do Vietnã e a endêmica e sangrenta guerra civil no Congo, há pequenas frestas de luz. O *Moveable Feast* (que no Brasil será traduzido com o título *Paris é uma festa*), de Ernest Hemingway, é lançado nos Estados Unidos três anos depois do suicídio de seu autor. Marshall McLuhan afirma que "o meio é a mensagem" em seu livro *Understanding Media: The Extensions of Man*. Há uma boa oferta de cinema nas telas do Brasil: *Dr. Fantástico, A Pantera Cor-de-Rosa, O candelabro italiano, Irma La Douce, Boccaccio 70*, com Federico Fellini, Luchino Visconti e Vittorio De Sica dirigindo três episódios estrelados por Anita Ekberg, Romy Schneider e Sophia Loren, respectivamente. A TV tem *Disneylândia, Repórter Esso*, as séries *Rota 66* e *Bonanza*, os desenhos animados *Mandachuva* e *Os Flintstones*, e a ocupação do horário entre 21 horas e 22 horas por um formato cada vez mais popular: a telenovela.

É verão: Suntan para bronzear, Skin Dew depois da praia ou piscina. Brigitte Bardot, bela ave migratória, volta ao Brasil para mais uma temporada em Búzios com o namorado, Bob Zagury. O Rio de Janeiro entra em ritmo de quarto centenário. A Volkswagen coloca na praça o Fusca com teto corrediço. E é lançada a Fanta Laranja.

Feliz Ano-Novo.

***

Linha do Tempo

＊1＊ O presidente Castello Branco decreta a extinção do centavo de cruzeiro e a criação da nova cédula de Cr$ 10 000.

＊1＊ Aberta a XIX Sessão da Assembleia Geral da ONU. O representante de Gana, Alex Quaison-Sackey, se torna o primeiro presidente negro da organização.

＊1＊ Martin Luther King Jr. encontra-se com J. Edgar Hoover em Washington, para confrontá-lo a respeito da constante campanha de difamação movida contra ele pelo diretor do FBI. No mês anterior, Hoover declarou à imprensa que King é "um mentiroso notório" por ter dito que os agentes do FBI no Sul dos Estados Unidos são "excessivamente próximos" de policiais locais e grupos segregacionistas. O ativista abre a conversa dizendo: "Quero lhe assegurar que minhas palavras têm sido constantemente distorcidas". Hoover defende seus agentes, argumentando que o contato com policiais locais em municípios que se opõem com violência à integração racial serve para "compartilhar informações que possam ajudar a combater violações à lei dos direitos civis". Ao final da conversa, aconselha King a manter o esforço em levar os negros a obterem título de eleitor no Sul. "É o melhor que você pode fazer por sua gente", Hoover diz.

＊2＊ O *Correio da Manhã* noticia que um oficial da Marinha, processado devido à subversão dos fuzileiros navais que antecedeu o golpe, admitiu em depoimento ser um agente provocador infiltrado pelo Centro de Informações da Marinha (Cenimar).

＊2＊ O papa Paulo VI chega a Bombaim, para o XXXVIII Congresso Eucarístico Internacional. A viagem gera protestos da chancelaria portuguesa, em vista de declarações do pontífice favoráveis à descolonização: a cidade-Estado de Goa foi tomada à força pela Índia em 1961, e Portugal ainda não reconheceu o novo status da ex-colônia. O primeiro-ministro português Oliveira Salazar enxerga a viagem como uma espécie de reconhecimento da Santa Sé à invasão indiana. As medidas de segurança são inéditas para deslocamentos papais, diante das ameaças terroristas em Beirute, onde o avião pontifical faz breve escala, e em Bombaim. Afinal, milhões recebem o papa na Índia em procissões e missas sem incidentes graves.

＊2＊ *Ringo Starr, baterista dos Beatles, submete-se a uma cirurgia para remover as amídalas.*

＊2＊ Em Berkeley, milhares de alunos — algumas reportagens mencionam 4 mil — da Universidade da Califórnia instalam-se no prédio da administração, para tentar renegociar as recentes restrições ao envolvimento dos estudantes em atividades políticas. Não são recebidos, mas permanecem pacificamente no prédio, lendo, cantando em companhia da artista folk Joan Baez, participando de aulas de ativismo pacífico ministradas por professores assistentes e até celebrando a festa judaica de Chanucá numa comemoração improvisada pela Associação dos Estudantes Judeus. Na escadaria do edifício o ativista Mario Savio, um dos líderes do Free Speech Movement, discursa dizendo: "Somos um monte de matéria-prima que não quer ser manipulada, não quer ser transformada num produto. Não queremos ser comprados pelos benfeitores da universidade, pelo governo, pela indústria, pelos sindicatos, por ninguém! Somos seres humanos! Chega uma hora em que operar essa máquina se torna algo tão odioso, algo que nos faz tão tristes e enojados que não dá para participar. Não podemos ser passivos. Temos que colocar nossos corpos sobre as rodas, as alavancas e as engrenagens desse aparato para fazê-lo parar. E é preciso mostrar às pessoas que comandam essa máquina, às pessoas que são donas dessa máquina, que, a não ser que sejamos livres, essa máquina vai ser paralisada".

2 "Tipografia é que nem escola. Não pode cantar, não passa mulher, violão não entra. Fui carregar minha lata de massa, ganhava menos, mas era debaixo do céu." Cartola explicando, numa entrevista a Fernando Leite Mendes, do *Correio da Manhã*, por que trocou a profissão de tipógrafo pela de pedreiro, ofício em que usava o chapéu-coco (para que o cimento das obras não lhe caísse no cabelo) que lhe valeu o apelido.

4 O presidente da Comissão de Auxílio às Famílias dos Atingidos pelo Ato Institucional, professor Bayard Boiteux, anuncia que mais de Cr$ 1 milhão já foram distribuídos na campanha.

3 "Recomendo que os Estados Unidos reconheçam a junta militar liderada pelo general Barrientos como governante da Bolívia, e que nossa embaixada em La Paz seja instruída para responder positivamente ao pedido enviado pela junta no dia 7 de novembro solicitando reconhecimento." Memorando do secretário de Estado em exercício, William Averell Harriman, ao presidente Lyndon Johnson.

4 *Pouco depois da meia-noite, o procurador assistente do condado de Alameda, onde fica Berkeley, liga para o governador do estado, Edmund Brown, e lhe pede que ordene a prisão em massa dos alunos da Universidade da Califórnia acampados em torno de Sproul Hall desde o dia 2. Às duas da manhã o prédio é cercado e às três e meia começa a detenção dos mais de oitocentos estudantes que se recusam a sair.*

4 *Beatles For Sale*, o quarto LP de estúdio dos Beatles, é lançado no Reino Unido pelo selo Parlophone. Traz sete canções originais de John Lennon e Paul McCartney, com um tom mais pessoal, diferente do material adolescente que marcou seus discos anteriores: "No Reply", "I'm a Loser", "Baby's in Black", "I'll Follow the Sun", "Eight Days a Week", "Every Little Thing" e "What You're Doing". Também inclui interpretações de algumas das canções favoritas do grupo desde seu início. O disco permanece 46 semanas no topo da parada britânica, competindo com o álbum anterior dos Beatles, *A Hard Day's Night*, que ainda está nos primeiros postos.

✽✽✽✽✽✽✽✽✽✽✽✽✽✽✽✽✽✽✽

4 *Une Femme mariée, de Jean-Luc Godard, estreia na França. Macha Méril é Charlotte, a mulher casada do título, dividida entre o marido, Pierre (Philippe Leroy), o amante, Robert (Bernard Noël), e a vida de consumidora moderna.*

* 4 * Os Yardbirds — Eric Clapton, guitarra; Chris Dreja, guitarra; Jim McCarty, bateria; Keith Relf, vocais; Paul Samwell-Smith, baixo — lançam no Reino Unido seu primeiro álbum, *Five Live*, gravado ao vivo no Crawdaddy Club e no Marquee Club ao longo do ano. O repertório inclui blues ("I'm a Man", "Smokestack Lightning", "Louise") e rock 'n' roll ("Too Much Monkey Business", "Good Morning Little Schoolgirl").

* 5 * Castello Branco, com a filha e o genro, assiste ao musical *Como vencer na vida sem fazer força*, no teatro Carlos Gomes, no Rio de Janeiro. No intervalo entre o primeiro e o segundo atos, vai ao camarim cumprimentar o elenco, e comove Procópio Ferreira com a revelação de que viu o primeiro grande êxito do ator, a peça *A juriti*, de Viriato Corrêa, no teatro João Caetano (então São Pedro), no distante ano de 1921.

* 6 * *O desenho animado em* stop motion Rudolph The Red-Nosed Reindeer *é exibido pela primeira vez pela rede norte-americana de TV NBC. Ele se tornará um elemento essencial das festas natalinas nos Estados Unidos, sendo exibido todos os anos até os dias de hoje.*

* 7 * Às 21h30 estreia em todo o Brasil, transmitida pelas TVs Tupi de São Paulo e do Rio de Janeiro, a telenovela *O Direito de Nascer*, adaptação de Thalma de Oliveira e Teixeira Filho da radionovela de mesmo nome, de autoria do cubano Félix Caignet, antigo sucesso do rádio brasileiro. Lima Duarte, José Parisi e Henrique Martins dirigem, e o elenco é encabeçado por Nathalia Timberg no papel de Maria Helena, filha do poderoso dom Rafael Zamora de Juncal (Elísio de Albuquerque), que se apaixona pelo inimigo da família, dom Alfredo Villareal Martins (Henrique Martins), e com ele tem um filho "proibido", Albertinho Limonta (Amilton Fernandes), a quem se refere o direito de nascer do título. Isaura Bruno como Mamãe Dolores, empregada dos Zamora de Juncal e confidente de Maria Helena, logo se transforma num dos personagens mais populares de uma novela, inspirando no verão a moda do estampado de flores miúdas sobre fundo escuro, que passa a se chamar "estampa mamãe dolores" e pode ser vista em tudo, de vestidos a biquínis. A novela instantaneamente cai no gosto do público e se torna um marco da TV brasileira. Décadas mais tarde, no livro *O circo eletrônico*, o diretor Daniel Filho descreverá sua gênese: "Grande sucesso no rádio, a Tupi do Rio de Janeiro não aceitou colocar *O Direito de Nascer* no ar. Mas o Boni, pessoalmente, junto com o Walter Clark, comprou os direitos da novela. Félix Caignet, o autor cubano, que vivia no México, quis receber o pagamento em dinheiro vivo. Dercy Gonçalves e David Raw foram os portadores dos dólares, que viajaram costurados no casaco de pele da Dercy, e trouxeram os textos originais".

9 *Numa reunião da Federação das Indústrias do Estado de São Paulo (Fiesp), o diretor do departamento de comércio exterior, Sílvio Brand Corrêa, diz que a "revolução fracassou" e que a indústria paulista está "desencantada com a política econômico-financeira do atual governo". Para reforçar seu ponto de vista, Corrêa compara a situação do Brasil com a do Chile: "O governo esquerdizante do Chile em apenas um mês de gestão já conseguiu redução nos preços. O nosso, democrático, até agora nada. Tudo está subindo. Não preciso nem de dados. É o que me diz minha senhora, diariamente".*

***10* Martin Luther King Jr. recebe o prêmio Nobel da paz em Oslo, na Noruega, por seu trabalho à frente do movimento pelos direitos civis nos Estados Unidos.**

11 *Após se recusar a obedecer a uma intimação para depor na Secretaria de Segurança Pública, o ex--governador de Goiás Mauro Borges se refugia na região de Rio Verde, sua cidade natal, no interior do estado, para escapar à perseguição do Exército.*

＊11＊ Como chefe da delegação cubana, Ernesto "Che" Guevara discursa no plenário da XIX Sessão da Assembleia Geral da ONU. Ataca a organização por sua "inabilidade em confrontar a política brutal de segregação racial da África do Sul", mas a parte mais passional de seu discurso se detém sobre a América Latina, cuja história contemporânea, diz ele, será "um épico escrito pelas massas indígenas famintas, os camponeses sem terra, os trabalhadores explorados e as massas progressistas". Enquanto Guevara está na sede das Nações Unidas, a polícia de Nova York consegue neutralizar duas tentativas de ataques terroristas por elementos ligados a grupos cubanos anticastristas — um a faca, durante a chegada da delegação, e outro com uma bazuca armada num barco no rio East, em frente ao prédio.

11 *Sam Cooke, uma das maiores vozes do rhythm and blues e da soul music, é morto, aos 33 anos, com um tiro no coração, pela gerente do Motel Hacienda, no centro de Los Angeles, Bertha Franklin. Num depoimento repleto de contradições e inconsistências, Bertha relata que o cantor, bêbado e furioso, invadiu o escritório da gerência, apenas de sapatos e paletó, exigindo saber o paradeiro de uma mulher que o teria acompanhado até o motel. As últimas palavras de Cooke foram: "Dona, você atirou em mim!".*

11 Morre em Nova York, aos 85 anos, a compositora Alma Mahler, que foi esposa do compositor Gustav Mahler, do arquiteto Walter Gropius e do poeta Franz Werfel. Belo currículo.

12 "Prevendo todas as possibilidades, inclusive a de derrota da nossa Revolução, encomendamos ao jurista Francisco Campos a redação de uma Constituição que iria ser a de São Paulo, apartado do resto do Brasil comunizado." Adhemar de Barros, em entrevista a *O Cruzeiro*, explicando seus planos para a secessão de São Paulo caso o Brasil "caísse nas garras" do comunismo.

13 Recém-agraciada com o prêmio de poesia da Academy of American Poets, Elisabeth Bishop é entrevistada por Léo Gilson Ribeiro para o *Correio da Manhã*. Explica que mora "numa fazenda perto de Petrópolis, projetada por Sérgio Bernardes", e que o apartamento no Leme, onde se dá a entrevista, pertence a sua "amiga Lotta de Macedo Soares, que despertou meu interesse pelo Brasil, no Museu de Arte Moderna, em Nova York". Bishop diz que acabou passando os últimos treze anos no país por causa de um caju, "fruta tropical que achei curiosa. Sofri uma violenta alergia ao sumo ácido, a ponto de perder o navio que me levava numa viagem pelo litoral da América do Sul. Depois, os brasileiros foram todos tão bondosos e simpáticos comigo que fui ficando... até hoje". Bishop conta que acaba de verter para o inglês uma seleção de poemas brasileiros que inclui obras de Carlos Drummond de Andrade e João Cabral de Melo Neto, diz que o país deveria fazer um esforço maior para aumentar o conhecimento mútuo com os Estados Unidos para "desfazer clichês" e comenta: "Um dos aspectos que se notam imediatamente ao chegar ao Brasil é o da democracia racial. Sente-se como que um alívio pela ausência de tensões, de conflitos entre as raças. Acredito que no meu país essa situação grave será solucionada pacificamente".

13 Final do Campeonato Paulista de Futebol: Santos 3 × Portuguesa 2, no Estádio Urbano Caldeira, em Santos. O time vencedor, jogando com Gylmar; Lima, Ismael e Modesto; Zito e Haroldo; Toninho, Mengálvio, Coutinho, Pelé e Pepe, torna-se bicampeão paulista e, segundo o jornalista esportivo Ney Bianchi, da revista *Manchete*, "o maior time do mundo" com jogadores que são "estilistas insuperáveis, peças de uma máquina perfeita de fazer gols".

13 Realiza-se no Theatro Municipal do Rio de Janeiro a cerimônia de entrega dos prêmios Cidade de São Sebastião do Rio de Janeiro aos melhores do disco nacional de 1964. O prêmio é uma iniciativa do jornal *Correio da Manhã* com o apoio da Secretaria de Estado da Educação e Cultura e do Instituto Histórico e Geográfico do Rio de Janeiro. Recebem as estatuetas de bronze Euterpe 64, entre outros: Pery Ribeiro (melhor cantor); Helena de Lima (melhor cantora); Nelson Ned (revelação de cantor); Zimbo Trio (melhor pequeno conjunto instrumental); Altamiro Carrilho (melhor LP de música retrospectiva); Zé Kéti-Hortêncio Rocha (melhor dupla de compositores); Nilo Amaro e Seus Cantores de Ébano (melhor conjunto vocal); Antonio Carlos Jobim (melhor LP de música brasileira, *Antonio Carlos Jobim*, selo Elenco); Wilson Simonal (melhor LP de bossa nova, *A nova dimensão do samba*); Lennie Dale (LP mais original de 64, *Um show de bossa… Lennie Dale e Bossa Três*, selo Elenco). Recebem a medalha Estácio de Sá 64, entre outros: Dorival Caymmi, João Roberto Kelly, Rosinha de Valença, Vanja Orico, Luis Bordon, Waldir Azevedo, Dalva de Oliveira e Os Pequenos Cantores da Guanabara.

14 O Brasil recebe US$ 150 milhões dos Estados Unidos através da Agência para o Desenvolvimento Internacional, destinados a "apoiar os esforços brasileiros para a estabilização econômica, o desenvolvimento e as reformas". *Jornal do Brasil.*

14 A Suprema Corte dos Estados Unidos, julgando um processo civil movido por um hotel de Atlanta, no estado sulista da Geórgia, estabelece que, de acordo com a Lei de Direitos Civis, nenhum estabelecimento hoteleiro tem o direito de praticar segregação ou discriminação racial.

***15* O Canadá muda o desenho de sua bandeira, adotando o estandarte com a folha de bordo.**

15 Lançado nos Estados Unidos pelo selo Capitol o álbum *Beatles '65*, uma mistura de oito faixas do álbum britânico *Beatles For Sale* ("No Reply", "I'm a Loser", "Baby's in Black", "Rock and Roll Music", "I'll Follow the Sun", "Mr. Moonlight", "Everybody's Trying to Be My Baby" e "Honey Don't"), mais as duas canções do compacto "I Feel Fine"/"She's a Woman" e "I'll Be Back", da trilha de *A Hard Day's Night*. Sete das onze músicas são de autoria de John Lennon e Paul McCartney. O álbum entra no número 98 da parada da revista *Billboard* e logo pula para o primeiro lugar, onde permanece durante nove semanas, tornando-se o disco mais vendido do ano seguinte — apesar da competição de vários outros LPs com títulos parecidos, como *Ellington '65*, de Duke Ellington, *Sinatra '65*, de Frank Sinatra, e *Brasil '65*, primeiro álbum de Sérgio Mendes para a Capitol.

15 *Os reis do iê-iê-iê* — título brasileiro para *A Hard Day's Night*, filme de Richard Lester com os Beatles — estreia em grande circuito no Brasil. É solenemente ignorado pela imprensa (à exceção do crítico e poeta José Lino Grünewald, que incluiu o filme na sua lista dos dez melhores de 1964), mas as salas se enchem de adolescentes aos berros.

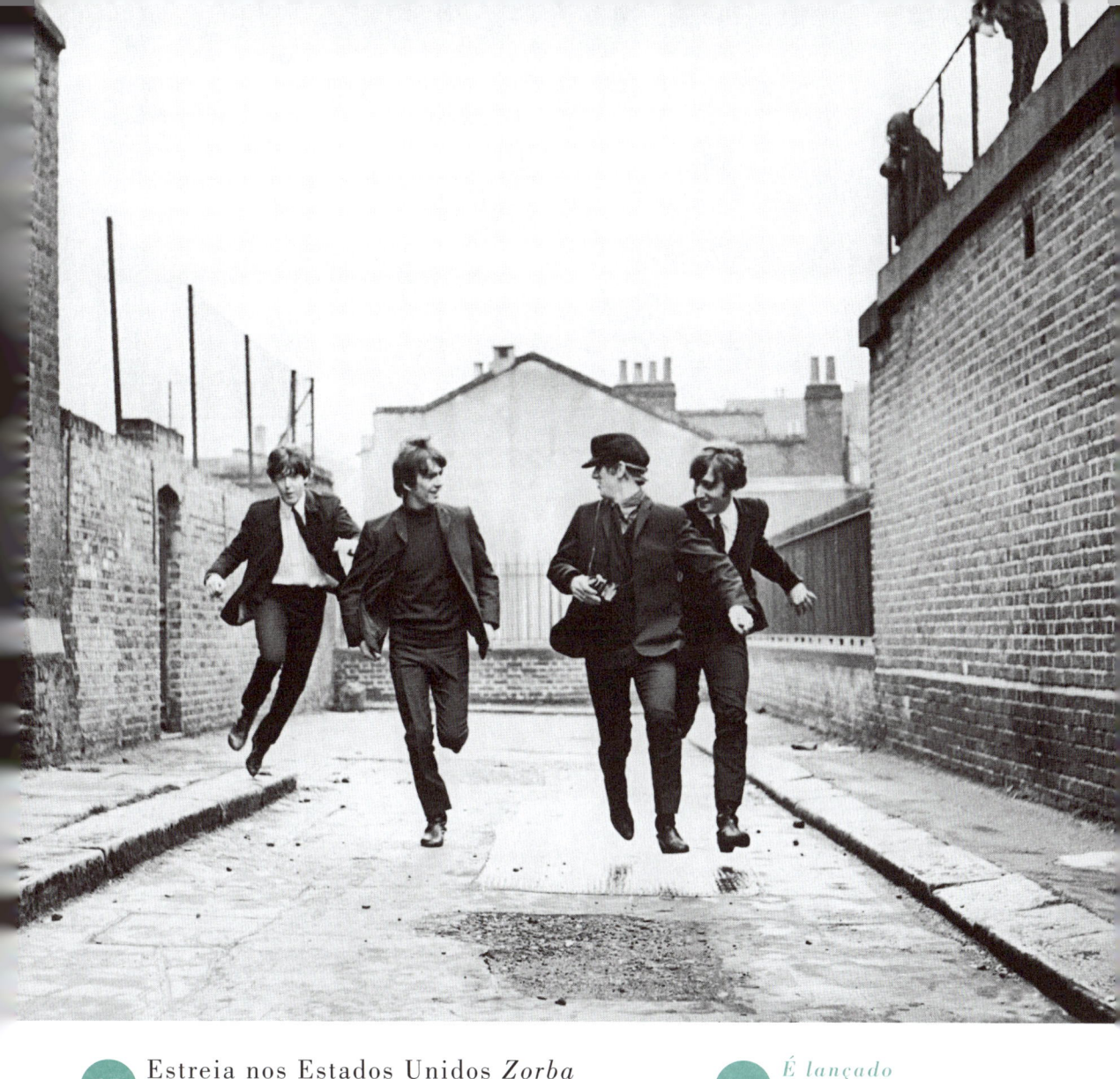

17 Estreia nos Estados Unidos *Zorba the Greek*, adaptação de Michael Cacoyannis do best-seller homônimo de Nikos Kazantzakis (que, por sua vez, se inspirou em um personagem real de sua juventude). Anthony Quinn é o Zorba do título, e Alan Bates interpreta Basil, inglês de origem grega que tenta recomeçar a vida na terra de seus antepassados. O filme e sua trilha farão enorme sucesso, catapultando para as paradas a canção-tema de Mikis Theodorakis e lançando a moda da "dança de Zorba", que Bates e Quinn exibem na cena final (uma coreografia de Giorgos Provias para o tradicional *sirtaki* grego). No ano seguinte, o filme será indicado para sete Oscars e ganhará três.

19 *É lançado apenas nos Estados Unidos o compacto com as canções "Heart of Stone" e "What a Shame", dos Rolling Stones. As duas músicas foram gravadas no começo de novembro nos estúdios da RCA em Los Angeles, com produção de Andrew Loog Oldham.O disco chega ao 19º lugar nas paradas norte-americanas, tornando-se a primeira composição de Jagger e Richards a alcançar os Top 20.*

20 *Final do Campeonato Carioca de Futebol: Fluminense 3 × Bangu 1, no Maracanã. O Fluminense vira o jogo depois de levar o primeiro gol e é o novo campeão carioca, jogando de camisetas brancas com Castilho: Carlos Alberto Torres, Procópio, Valdez e Altair; Denílson e Oldair; Jorginho, Amoroso, Joaquinzinho e Gilson Nunes. Segundo a Última Hora, foi "um título conquistado a duras penas, mas a que o Flu fez jus".*

20 Novo golpe de Estado no Vietnã do Sul, o sexto em catorze meses: jovens generais liderados dissolvem o Alto Conselho Nacional e prendem quase todos os seus membros. O general Nguyen Chanh Thi está mais uma vez por trás do movimento armado, que desagrada a Washington.

20 "A bomba atômica transformar--se-ia em benefício para a humanidade nas mãos de são Francisco de Assis, porque ele, próximo a Deus, encontraria a forma de beneficiar seus irmãos." Dom Agnelo Rossi, em seu discurso de posse como arcebispo de São Paulo.

22 Seixas Dória, ex-governador de Sergipe, lança no Rio de Janeiro seu livro *Eu, réu sem crime*, em que narra seu calvário político e pessoal durante a longa prisão e denuncia a repressão imposta pelo novo regime.

24 Começam em Los Angeles as gravações de "The Cage", que deverá ser o episódio-piloto de *Star Trek* (no Brasil, *Jornada nas Estrelas*), uma nova série de ficção científica proposta pelo escritor Gene Roddenberry à rede de TV NBC. Com direção de Robert Butler, o episódio segue as aventuras da nave *USS Enterprise*, comandada pelo capitão Christopher Pike (Jeffrey Hunter) e sua Primeira Oficial Number One (Majel Barrett), quando decidem responder a um pedido de socorro vindo do quarto planeta do sistema Talos. Exibido para os executivos da NBC em fevereiro de 1965, o piloto será recusado e um novo episódio será encomendado.

25 Os presentes de Natal de "personalidades e personalidadezinhas do mundo", segundo o Caderno B do *Jornal do Brasil*: um automóvel esporte "vermelho e brilhante" para Christian Vadim (de um ano e meio), filho do cineasta Roger Vadim e Catherine Deneuve; um presunto de Parma "imenso" para o produtor Carlo Ponti, de sua esposa, Sophia Loren; uma cesta de frios e foie gras para Richard Burton, de sua esposa, Elizabeth Taylor; uma bolsa de crocodilo de Cingapura para a atriz Joanne Woodward, de seu marido, Paul Newman.

21 *A terceira aventura cinematográfica de James Bond,* Goldfinger, *que já faz sucesso no Reino Unido, tem pré-estreia em Nova York, no DeMille Theater. O filme é exibido em 485 telas em todos os Estados Unidos — um número excepcional para a época — e se torna um dos maiores sucessos de público e crítica da série.*

21 O comediante Lenny Bruce é condenado a quatro meses de prisão com trabalhos forçados por obscenidade — em abril, já havia sido preso depois de duas apresentações no clube Café Au Go Go, em Greenwich Village, Nova York, pelo uso de "palavras obscenas" (segundo documentos de sua detenção) durante o show. Em seu julgamento, várias figuras importantes da arte e da cultura norte-americana, como Norman Mailer, James Baldwin, Allen Ginsberg, Woody Allen e Bob Dylan, apresentaram testemunho a seu favor.

26 "Rosemary é a Rita Pavone da Zona Norte carioca. Mora em Lins de Vasconcelos e só vai à Zona Sul para gravar seus discos e participar, com sucesso, de diversos programas de tê-vê. Em janeiro estará em Buenos Aires. Tem hoje dezenove primaveras em flor. É loura e toda mansa como a sua voz. Especializou-se em baladas, menos agressivas e mais lentas que as que Rita Pavone interpreta. Gosta de surf, *hully gully* e twist, mas só para cantar." Revista *Manchete*.

27 "A bomba e a farsa — eis *Dr. Fantástico*, filme de Stanley Kubrick, que, aos 36 anos, compreende melhor que ninguém a angústia atômica, a intolerância e a estupidez militar. Kubrick pensa, logo existe. [...] Pensa no perigo que não é mais eventual, e sim efetivo. [...] A verdade do absurdo e da monstruosidade em que se apoia *Dr. Fantástico* é tão incontestável quanto o riso desesperador." Sérgio Augusto, sobre o filme *Dr. Fantástico*, que acaba de estrear no Brasil, *Correio da Manhã*.

28 Início, no Canadá, das filmagens de *Doutor Jivago*, adaptação do best-seller internacional de Boris Pasternak pelo diretor inglês David Lean, com produção de Carlo Ponti, estrelado por Julie Christie e Omar Sharif. O Canadá "faz o papel" da Rússia nas cenas invernais de trem. De lá a produção seguirá para a Finlândia, para mais sequências de inverno, e por fim para a Espanha, onde será rodada a maior parte do projeto. Em 1966 o filme será indicado a dez Oscars, ficando com cinco deles, inclusive o de melhor trilha sonora, para Maurice Jarre.

29 "O Who, apresentando-se toda terça-feira no Marquee, em Londres, deve ser anunciado não apenas como 'o máximo em R&B', mas como 'R&B sensacional'. Estes quatro jovens músicos apresentam sua versão pessoal de um rhythm and blues poderoso e agressivo que, na última terça-feira, rapidamente estimulou uma plateia entusiasmada. 'Heatwave', o sucesso de Martha & The Vandellas, ganhou o tratamento The Who. Outro número sensacional foi o instrumental '(You) Can't Sit Down'. Este show demonstrou a técnica bizarra e eficiente do guitarrista (Pete) Townshend, que usa muito bem o feedback dos alto-falantes como elemento de muitos dos seus solos. O Who, impulsionado por um baterista absolutamente empolgante e um vocalista incansável, com certeza será um dos grupos mais influentes de 1965." Nick Jones, *Melody Maker*.

31 *"Expressão derradeira e maior da cooperação nacional em favor da reconstrução do Brasil, temos no admirável povo brasileiro, a cuja compreensão e patriotismo é justo creditar a bravura com que tem suportado duras e amplas restrições, que sabe impossíveis de evitarmos nesta hora de sacrifícios." Castello Branco, em pronunciamento à nação em rede de rádio e TV.*

Trivial Variado

Principais músicas, discos, filmes e livros em destaque no Brasil e no mundo em 1964

CANÇÕES DE SUCESSO NO BRASIL E SEUS INTÉRPRETES

"A perereca da vizinha", Dercy Gonçalves
"Acorrentados", Agnaldo Rayol
"Ai de mim", Golden Boys
"Al di la", Emilio Pericoli
"America", Trini Lopez
"Amigo, palavra fácil", Nelson Gonçalves
"Andorinha preta", Hebe Camargo
"Aquarela brasileira", Martinho da Vila
"Beijo gelado", José Augusto
"Berimbau", Quarteto em Cy
"Bicho do mato", Jorge Ben
"Bigorrilho", Jorge Veiga
"Bossa Nova Baby", Elvis Presley
"Capela do amor", Wanderléa
"Consolação", Wilson Simonal
"Datemi un martello", Rita Pavone
"Deep Purple", Nino Tempo & April Stevens
"Deixa isso pra lá", Jair Rodrigues
"Desespero", Leila Silva
"Diz que fui por aí", Nara Leão
"Do You Want to Know a Secret?", The Beatles
"Doce amargura", Moacyr Franco
"Dominique", Giane
"Dominique", Irmã Sorriso
"É proibido fumar", Roberto Carlos
"El Relicario", The Clevers
"Esse mundo é meu", Sérgio Ricardo
"Esta Noche Pago Yo", Lucho Gatica
"Exército do surf", Wanderléa
"Forget Him", Bobby Rydell

"Formosa", Baden Powell e Vinicius de Moraes
"Hello, Dolly!", Louis Armstrong
"I Want to Hold Your Hand", The Beatles
"If I Had a Hammer", Trini Lopez
"Jalousie", The Clevers
"Java", Al Hirt
"La Bamba", Trini Lopez
"Lobo bobo", Wilson Simonal
"Louie Louie", The Kingsmen
"Love Me Do", The Beatles
"Love Me With All Your Heart", The Ray Charles Singers
"Luz negra", Nara Leão
"Marcha do remador", Emilinha Borba
"Maria Elena", Los Indios Tabajaras
"Mas, que nada!", Jorge Ben
"Me apeguei com meu santinho", Wanderléa
"Menino das laranjas", Elis Regina
"Meu broto só pensa em estudar", Albert Pavão
"Mulher governanta", Silvinho
"My Boy Lollypop", Millie Small
"Nanã", Wilson Simonal
"O calhambeque", Roberto Carlos
"O passo do elefantinho", Trio Esperança
"O ritmo da chuva", Demetrius
"O sol nascerá", Cartola
"Olhando para o céu", Trio Esperança
"Parei na contramão", Roberto Carlos
"Please Please Me", The Beatles
"Pombinha branca", Silvana
"Que queres tu de mim", Altemar Dutra
"Rancho da praça Onze", Dalva de Oliveira
"Relógio", Adilson Ramos
"Rua Augusta", Ronnie Cord
"Sabe Deus", Carlos Alberto
"Samba de verão", Marcos Valle
"Scrivi", Rita Pavone
"Se eu morresse amanhã", Waldick Soriano
"She Loves You", The Beatles
"Sugar Shack", Jimmy Gilmer & The Fireballs
"Telefone", Agostinho dos Santos
"The Girl From Ipanema", Astrud Gilberto e Stan Getz
"The Hully Gully", Chubby Checker

"Tristeza de nós dois", Claudette Soares
"Tudo de mim", Altemar Dutra
"Twist and Shout", The Beatles
"Um leão está solto nas ruas", Roberto Carlos
"Uma lágrima no rosto", Tony Campello
"Una lacrima sul viso", Bobby Solo
"Veneno", The Clevers
"Viva Las Vegas", Elvis Presley

LPs

A arte maior de Leny Andrade, Leny Andrade
A Bit of Liverpool, The Supremes
A Girl Called Dusty, Dusty Springfield
A meiga Elizete nº 5, Elizete Cardoso
A nova dimensão do samba, Wilson Simonal
A Session With The Dave Clark Five, The Dave Clark Five
Ain't That Good News, Sam Cooke
Amore scusami, Dalida
Anyone Who Had a Heart, Dionne Warwick
Baden Powell à vontade, Baden Powell
Beach Boys Concert, The Beach Boys
Ben é samba bom, Jorge Ben
Born to Wander, The Four Seasons
Bossa Nova York, Sérgio Mendes Trio
By Request, Brenda Lee
Cannonball's Bossa Nova, Cannonball Adderley e Sexteto Bossa Rio
Clássicos para dançar, Waldir Calmon
Cotton Candy, Al Hirt
Dançando com The Clevers, Os Incríveis
Dance With The Shadows, The Shadows
Diagonal, Johnny Alf
Don't Let the Sun Catch You Crying, Gerry & the Pacemakers
É dona da bossa, Claudette Soares
Ella Fitzgerald Sings The Johnny Mercer Songbook, Ella Fitzgerald
Etta James Rocks the House, Etta James
Folk Singer, Muddy Waters
Friendly Persuasion, Ray Conniff
Funny Girl, Barbra Streisand
Geraldo Vandré, Geraldo Vandré
Going Baroque/De Bach aux baroques, The Swingle Singers

Hello Broadway, Marvin Gaye
Here I Go Again, The Hollies
I Walk the Line, Johnny Cash
I'll Search My Heart and Other Great Hits, Johnny Mathis
In Love Again!, Peggy Lee
In Person at El Matador, Sérgio Mendes & Brasil '65
In the Hollies Style, The Hollies
Inútil paisagem, Eumir Deodato
Italianíssimo, Jerry Adriani
It's Monk's Time, Thelonious Monk
Invisible Tears, Ray Conniff
Joan Baez/5, Joan Baez
Kissin' Cousins, Elvis Presley
Le Monde musical de Baden Powell, Baden Powell
Looking for Love, Connie Francis
Make Way for Dionne Warwick, Dionne Warwick
Miles Davis in Europe, Miles Davis
Nara, Nara Leão
O samba como ele é, Jair Rodrigues
On the Move, Trini Lopez
Opinião de Nara, Nara Leão
Oscar Peterson Trio + One, Oscar Peterson Trio e Clark Terry
People, Barbra Streisand
Pobre menina rica, Carlos Lyra, Dulce Nunes, Moacir Santos, Thelma
e Catulo de Paiva
Pure Dynamite! Live at the Royal, James Brown
Quarteto em Cy, Quarteto em Cy
Quero você, Wanderléa
Quincy Jones Explores the Music of Henry Mancini, Quincy Jones
Runnin' Out of Fools, Aretha Franklin
Sacundin Ben samba, Jorge Ben
Sambas para todo gosto, Jamelão
Sanfona do Povo, Luiz Gonzaga
Shut Down Volume 2, The Beach Boys
*Sinatra Sings Days of Wine and Roses, Moon River and Other Academy
Award Winners*, Frank Sinatra
South of the Border, Herb Alpert's Tijuana Brass
Stevie at the Beach, Stevie Wonder
Sweet & Sour Tears, Ray Charles
Tempo, Tamba Trio
Tender Is the Night, Johnny Mathis
The Dave Clark Five Return!, The Dave Clark Five

The Fabulous Ventures, The Ventures
The Five Faces of Manfred Mann, Manfred Mann
The Many Moods of Tony, Tony Bennett
The Seekers, The Seekers
The Swinger from Rio, Sérgio Mendes
The Third Album, Barbra Streisand
The Ventures in Space, The Ventures
The Wonderful World of Andy Williams, Andy Williams
The Wonderful World of Antonio Carlos Jobim, Tom Jobim
Together, Marvin Gaye e Mary Wells
Tom Jones, Tom Jones
Two Great Guitars, Bo Diddley e Chuck Berry
Viva Las Vegas, Elvis Presley
Vou de samba com você, Jair Rodrigues
When Lights Are Low, Tony Bennett
With a Smile and a Song, Doris Day

OS TOP 20 DA REVISTA *BILLBOARD*

1. The Beatles, "I Want to Hold Your Hand"
2. The Beatles, "She Loves You"
3. Louis Armstrong, "Hello, Dolly!"
4. Roy Orbison, "Oh, Pretty Woman"
5. The Beach Boys, "I Get Around"
6. Dean Martin, "Everybody Loves Somebody"
7. Mary Wells, "My Guy"
8. Gale Garnett, "We'll Sing in the Sunshine"
9. J. Frank Wilson & The Cavaliers, "Last Kiss"
10. The Supremes, "Where Did Our Love Go"
11. Barbra Streisand, "People"
12. Al Hirt, "Java"
13. The Beatles, "A Hard Day's Night"
14. The Beatles, "Love Me Do"
15. Manfred Mann, "Do Wah Diddy Diddy"
16. The Beatles, "Please Please Me"
17. Martha & The Vandellas, "Dancing in the Street"
18. Billy J. Kramer e The Dakotas, "Little Children"
19. The Ray Charles Singers, "Love Me With All Your Heart"
20. The Drifters, "Under The Boardwalk"

OS FILMES DE MAIOR BILHETERIA

1. *My Fair Lady*, direção de George Cukor. Com Audrey Hepburn, Rex Harrison.
2. *Goldfinger*, direção de Guy Hamilton. Com Sean Connery, Gert Fröbe.
3. *Mary Poppins*, direção de Robert Stevenson. Com Julie Andrews, Dick Van Dyke.
4. *The Carpetbaggers*, direção de Edward Dmytryk. Com Alan Ladd, George Peppard, Carroll Baker.
5. *Moscou contra 007*, direção de Terence Young. Com Sean Connery, Robert Shaw.
6. *Per un pugno di dollari*, direção de Sergio Leone. Com Clint Eastwood, Gian Maria Volonté.
7. *Father Goose*, direção de Ralph Nelson. Com Cary Grant, Leslie Caron.
8. *Um tiro no escuro*, direção de Blake Edwards. Com Peter Sellers, Elke Sommer.
9. *Os reis do iê-iê-iê*, direção de Richard Lester. Com The Beatles.
10. *A noite do iguana*, direção de John Huston. Com Richard Burton, Ava Gardner, Deborah Kerr.

LIVROS DE DESTAQUE

1280 almas, Jim Thompson
A Caribbean Mystery, Agatha Christie
A legião estrangeira, Clarice Lispector
A Nation of Immigrants, John F. Kennedy
A paixão segundo G.H., Clarice Lispector
Antes, o verão, Carlos Heitor Cony
Armageddon, Leon Uris
As palavras, Jean-Paul Sartre
At The Mountains of Madness and Other Novels, H. P. Lovecraft
Beleza e tristeza, Yasunari Kawabata
Canções de limiar, Lya Luft
Charlie and the Chocolate Factory, Roald Dahl
Chitty Chitty Bang Bang, Ian Fleming
Desobsessão, André Luiz, através de Chico Xavier e Waldo Vieira
Flowers for Hitler, Leonard Cohen
Garoto linha dura, Stanislaw Ponte Preta (Sérgio Porto)
Herzog, Saul Bellow

Julian, Gore Vidal
La Tumba, José Agustín
Le Cru et le cuit, Claude Lévi-Strauss
Le Retour, Michel Droit
Little Big Man, Thomas Berger
Marat/Sade, Peter Weiss
O ato e o fato, Carlos Heitor Cony
O braço direito, Otto Lara Resende
O cachorrinho Samba na Rússia, Maria José Dupré
O coronel e o lobisomem, José Cândido de Carvalho
O livro vermelho: Citações do presidente Mao Tsé-tung, Organização de
   Lin Piao
O pícaro búlgaro, Campos de Carvalho
One-Dimensional Man, Herbert Marcuse
Os pastores da noite, Jorge Amado
Ou isto ou aquilo, Cecília Meireles
ReVisão de Sousândrade, Augusto e Haroldo de Campos
Tarzan and the Madman, Edgar Rice Burroughs
The Fortunate Pilgrim, Mario Puzo
The Italian Girl, Iris Murdoch
The Machineries of Joy, Ray Bradbury
The Man, Irving Wallace
The Terminal Beach, J. G. Ballard
Uma vida em segredo, Autran Dourado
Understanding Media: The Extensions of Man, Marshall McLuhan
Une Mort très douce, Simone de Beauvoir
Verão no aquário, Lygia Fagundes Telles
Why We Can't Wait, Martin Luther King Jr.
You Only Live Twice, Ian Fleming

Fontes

JORNAIS

Correio da Manhã
Folha de S.Paulo
Jornal do Brasil
O Estado de S. Paulo
O Globo
The New York Times
Última Hora

LIVROS E ARTIGOS

DELGADO, Lucília de Almeida Neves. "O governo João Goulart e
    o golpe de 1964: Memória, história e historiografia". *Tempo*, Niterói,
    UFF, v. 14, n. 28, pp. 123-43, 2010.
FAUSTO, Boris. *História concisa do Brasil*. São Paulo: Edusp/Imesp,
    2000.
FICO, Carlos. *O grande irmão: Da operação Brother Sam aos anos
    de chumbo. O governo dos Estados Unidos e a ditadura militar
    brasileira*. Rio de Janeiro: Civilização Brasileira, 2008.
GASPARI, Elio. *A ditadura envergonhada*. São Paulo: Companhia das
    Letras, 2002.
GORENDER, Jacob. *Combate nas trevas. A esquerda brasileira: Das
    ilusões perdidas à luta armada*. São Paulo: Ática, 1987.
JUREMA, Abelardo. *Sexta-feira, 13. Os últimos dias do governo João
    Goulart*. Rio de Janeiro: Edições O Cruzeiro, 1964.
TAUBMAN, William. *Kruschev: The Man and His Era*. Nova York: W.
    W. Norton & Co, 2003.
WELCH, Clifford Andrew. "Movimentos sociais no campo até o
    golpe militar de 1964: A literatura sobre as lutas e resistências dos
    trabalhadores rurais do século XX". *Lutas e Resistências*, Londrina,
    UEL, v. 1, pp. 60-75, 2006.

REVISTAS

Fatos e Fotos
Manchete
O Cruzeiro
Pif Paf
Revista do Rádio

INTERNET

A verdade sufocada <www.averdadesufocada.com>
Acervo Folha <www.acervo.folha.com.br>
All Music <www.allmusic.com>
Arquivo Público do Estado de São Paulo <www.arquivoestado.sp.gov.br>
Dicionário Cravo Albin da Música Popular Brasileira <www.
    dicionariompb.com.br>
Festival de Cannes <www.festival-cannes.com>
HistoryOrb <www.historyorb.com>
Internet Movie Database <www.imdb.com>
In the Life of… The Beatles <lifeofthebeatles.blogspot.com>
Memória viva <memoriaviva.com.br>
Mofolândia <www.mofolandia.com.br>
Museu dos esportes <museudosesportes.blogspot.com>
NameBase <www.namebase.org>
Rock's Backpages <www.rocksbackpages.com>
Teledramaturgia <www.teledramaturgia.com.br>
The Official Ed Sullivan Site <www.edsullivan.com>
The Oscars <www.oscars.org>
The Who <www.thewho.com>

OUTROS

Academia de Artes e Ciências Cinematográficas
Biblioteca Lyndon Johnson
Departamento de Estado dos Estados Unidos

Créditos das imagens

Todos os esforços foram feitos para determinar a origem das imagens deste livro. Nem sempre isso foi possível. Teremos prazer em creditar as fontes, caso se manifestem.

Capa
Cassius Clay/Keystone/Getty Images; Campeonato Estadual do Rio de Janeiro. Final entre Fluminense 3 X 1 Bangu. Fidelis, jogador do Bangu, caído, observa chute de Gilson Nunes, 20 de dezembro de 1964 Arquivo/ Agência O Globo; Silhueta de um soldado vietnamita/Larry Burrows/ Time & Life Pictures/ Getty Images; Rolling Stones no aeroporto de Londres/Gamma-Keystone/ Getty Images; Fidel Castro com Nikita Khruchóv/ AFP/ Getty Images; Brigitte Bardot no Rio de Janeiro em 7 de maio de 1964/ Paul Popper/ Popperfoto/ Getty Images; Os Beatles na escadaria do avião indo para Los Angeles, 18 de agosto de 1964/ Gamma-Keystone/ Getty Images; Audrey Hepburn em *My fair lady*/ Warner Brothers/ Getty Images; Castello Branco/Folhapress

pp.18-9: Stan Wayman/ Time & Life Picture/ Getty Images
p.21: Otis Imboden/ National Geographic/ Getty Images
p.22: Ralph Morse/ Time & Life Picture/ Getty Images
p.23: DR/ Revista Manchete
p.25 (abaixo): DR/ Revista Manchete
p.26: Photo by United Artist/ Getty Images
p.27: Arquivo JB
p.28: Popperfoto/ Getty Images
p.29 (acima): Agência RBS
p.29 (abaixo): Arquivo O Cruzeiro/ EM/ D.A Press
p.30 (acima): Gamma-Keystone/ Getty Images
p.30 (abaixo): Arquivo/ Agência O Globo
p.31: Dmitri Kessel/ Time & Life Picture/ Getty Images
pp.32-3: AFP/ Getty Images
p.35: Arquivo JB
p.36: AFP/ Getty Images
p.37: Time & Life Picture/ Pix. Inc./ Getty Images
p.38: Arquivo/ Agência O Globo
p.40: Arquivo JB
p.42: Willy Rizzo/ Paris Match via Getty Images
p.43: Arquivo/ Agência O Globo
p.44: Arquivo Última hora/ Arquivo Público do Estado de São Paulo
p.45: Buyenlarge/ Getty Images
p.48: Thomas D. Mcavoy/ Time & Life Picture/ Getty Images
p.49: Rolls Press/ Popperfoto/ Getty Images
pp.50-1: Arthur Schatz/ Time & Life Picture/ Getty Images
p.54 (acima): Donald Uhbrock/ Time & Life Picture/ Getty Images
p.55: DR/ Herdeiros Ary Barroso
p.58: Keystone/ Getty Images
p.61: Larry Burrows/ Time & Life Picture/ Getty Images
p.63: Columbia Pictures/ Getty Images
p.64: François Pages/ Paris Match/ Getty Images
p.66: Arquivo O Cruzeiro/ EM/ D.A Press
p.67: Jean Tesseyre/ Paris Match/ Getty Images
p.69: Courtesy Everett Collection/ Everett/ Latinstock
pp.70-1: Burt Schavitz/ Pix. Inc./ Time & Life Picture/ Getty Images

Créditos das imagens

p.72: Donald Uhbrock/ Time & Life Picture/ Getty Images
p.73: Express/ Getty Images
p.77: STR/ AFP/ Getty Images
p.78: Sergio Del Grande/ Mondadori Portfolio via Getty Images
p.79: GAB Archive/ Redfrrns
p.80: Acervo Cinemateca Brasileira/ SAV/ MinC
p.81: Arquivo/ Agência Estado
p.82: Arquivo/ Agência O Globo
p.83: Ron Case/ Keystone/ Getty Images
p.85: Keystone-France/ Gamma-Keystone via Getty Images
p.88: Arquivo JB
p.90: DR/ Revista Manchete
p.91: DR/ O Cruzeiro
p.92: Arquivo O Cruzeiro/ EM/ D.A Press
p.93: Arquivo JB
p.94: Arquivo/ Agência O Globo
p. 95: Mondadori via Getty Images
p.99: Photoresearchers/ Latinstock
p.100-101: United Artist/ Getty Images
p. 102: Photo by John D. Kisch/ Separate Cinema Archive/ Getty Images
p. 103: Arquivo JB
p. 105 (acima): Arquivo Última hora/ Arquivo Público do Estado de São Paulo
p.105 (abaixo): Keystone-France/ Gamma-Keystone via Getty Image
p.106: Philippe Le Tellier/ Paris Match via Getty Images
p.107: Philippe Le Tellier/ Paris Match via Getty Images
p.109: Arquivo/ Agência O Globo
p.110: DR/ Pedro de Moraes. DR/ Herdeiros de João Cabral de Mello Neto
p.115: Arquivo O Cruzeiro/ EM/ D.A Press
pp.116-7: Arquivo Nacional/ Fundo Correio da Manhã
p.121: Acervo Millôr Fernandes/ Acervo Instituto Moreira Salles
p.124: Arquivo/ Agência O Globo
p.129: AP Photo
p.131: Indianapolis Museum of Art, USA/ Mr. and Mrs. Richard Crane Fund/
   The Bridgeman Art Library
p.133: OFF/ AFP/ Getty Images
p.136: Philippe Le Tellier/ Paris Match via Getty Images
p.137: DR/ Acervo pessoal
p.139: Corbis/ Latinstock
p.143: Keystone-France/ Gamma-Keystone via Getty Images
p.144: Arquivo JB
p.148: Larry Burrows/ Time & Life Pictures/ Getty Images
p.150: Jack Manning/ New York Times Co./ Getty Images
p.152: Arquivo JB
p.161: Folhapress
p.167: Correio da Manhã/ Fundação Biblioteca Nacional – Brasil
p.168: Arquivo/ Agência O Globo
p.170: Correio da Manhã/ Fundação Biblioteca Nacional – Brasil
p.175: Correio da Manhã/ Fundação Biblioteca Nacional – Brasil
p.177: ABC Photo Archives/ Getty Images
p.178: MGM-TV/ Getty Images
pp.182-3: Keystone-France/ Gamma-Keystone via Getty Images
p.184: Michael Ochs Archives/ Getty Images
p.186: Mark and Colleen Hayward/ Redferns/ Getty Images
p.188: Sergio Del Grande/ Mondadori Portfolio via Getty Images
pp.190-1: Nat Farbman/ Time & Life Picture/ Getty Images
p. 193: Courtesy Everett Collection/ Everett/ Latinstock

pp. 194-5: Sovfoto/ UIG via Getty Images
p. 197: Central Press/ Getty Images
p. 198: Keystone/ Getty Images
p. 199: AFP/ Getty Images
p. 202: Warner Brothers/ Getty Images
p. 203: Central Press/ Getty Images
p. 207: Arquivo O Cruzeiro/ EM/ D.A Press
p. 213 (acima): Corbis/ Latinstock
p. 213 (abaixo): Folhapress
p. 220: Folhapress
p. 222: Arquivo JB
p. 230: Bob Prent/ Hulton Archive/ Getty Images
pp.232-3: Arquivo/ Agência O Globo
p. 235: United Artist/ Courtesy Getty Images
pp. 237-8: Arquivo/ Agência O Globo

Esta obra foi composta por Debs Bianchi em Bodoni e Hipster e foi
impressa pela Geográfica em ofsete sobre papel Paperfect da Suzano
Papel e Celulose para a Editora Schwarcz em março de 2014